ちくま学芸文庫

ソフィストとは誰か？

納富信留

筑摩書房

目次

第一部　哲学問題としてのソフィスト

ソフィストとは誰か?

まえがき

この本は、「ソフィストとは誰か」に興味がある、すべての人に向けて書かれている。ある人は、どこかで「ソフィスト」という名を目にし好奇心をそそられたが、それが古代ギリシア世界で名声を誇った職業名であることも知らなかったかもしれない。また、ある人は、哲学史をある程度詳しく勉強して、そこで出くわしたこの不思議な人々のことを知りたく思ったが、適切な書物に出会えないでいたかもしれない。実にさまざまな人が、さまざまな興味からこの本を手に取って下さることと思う。歴史的な好学心、哲学的な問題関心、古代文明への憧れ、現代社会への危機意識。そういった背景をもつすべての人が、何らか自ら考えるための言葉を、ここに与えられたらと希望する。

この本では、哲学や歴史の知識をある程度期待しながらも、できるだけ幅広い人々に、「ソフィストとは誰か」という問題に触れてもらいたい。したがって、学術的な註は省き、ギリシア語はすべて日本語に訳した。やや煩瑣な検討や、登場する多数のギリシア人名は、読み飛ばしていただいても構わない。この本を踏み台に、自らさらにソフィストのことを調べ、考えていきたい人には、巻末の参考文献が役に立つであろう。

この本を読み進めると、不思議な構成に気づくはずである。序章の後、第一部では、ソフィスト全般について理論的な考察が与えられ、第二部では、ゴルギアスとアルキダマスという二人のソフィストに絞って、作品の翻訳と分析が進められる。第一部は、哲学の側からのソフィスト批判を、第二部は、ソフィスト自身の側からの挑戦と反撃を、それぞれ扱う。したがって、両者は対《つい》として読まれることを意図している。ただ、他の重要なソフィストたち、すなわち、プロタゴラス、プロディコス、ヒッピアス、アンティフォン、トラシュマコスらを、第二部では扱うことが出来なかった。それは今後の課題として、ここではソフィストを見据える視点の確保を課題にした。

ソフィストに関する専門研究は、世界ではすでに歴史が重ねられている。しかし、この主題は、哲学にとって一筋縄では扱えない、底知れぬ深淵を伴っている。この本も、「ソフィスト」を追跡する足掛かりを据えるに留まっている。ただ、「ソフィストとは誰か」という問いが、哲学にとって根源的で、挑戦的な問いであることを、一途に追求してきた。古代ギリシアのソフィストたちが、哲学に向けた挑戦に、私たちがどう応えるかが、ここで向きあう課題である。

序章　ソフィストへの挑戦

一　忘れられたソフィスト

ソフィストとは誰か？

「ソフィスト」という名称を世界史や哲学史で耳にしたことのある人も、おそらく、古典期にギリシアで活躍した思想家たち、という以上の理解は持っていないことであろう。英語の"sophist"をカタカナにした「ソフィスト」という名称も、かならずしも一般に認知されている訳ではない。「ソフィスト」には、辞典などで通常「詭弁家《きべん》」という、お世辞にも誉れあるとは言えない解説が加えられている。彼らの存在は、"sophisticated"（洗練された）や"sophism"（詭弁）といった現代語に痕跡を留めるものの、その実態は歴史の彼方に忘却されてしまっている。ソフィストとは、一体誰か？　ソフィストは、哲学にどのような意味を持つのか？　これが本書の追求する主題である。

だが、ソフィストたちが忘れ去られているのも無理はない。ギリシア・ローマという西洋古代社会の終焉とともに、この名で呼ばれる職業もまた消滅し、中世・近世以降、彼らはこの地上に存在しなくなってしまったのであるから。現在「ソフィスト」とは、歴史上の登場人物を指す名称に過ぎない。それでは、なぜそのような遠い過去の存在に、ここであえて光を当てようとしているのか？

「ソフィスト」（ギリシア語で「ソフィステース」sophistēs）と呼ばれる一群の知識人たちは、古代ギリシア社会において、きわめて重要な役割を果たした。彼らが最初に活躍した紀元前五〜四世紀は、ソクラテスやプラトンが「哲学」（フィロソフィア）という人間の知的営為を成立させた、まさにその時代であった。ソフィストは、この哲学の成立に、肯定・否定両面から決定的な仕方で関わっている。ギリシアにおいて哲学は、ソフィストなしではあり得なかった。

ギリシアに始まった西洋の「哲学」には、十九世紀以降、とりわけ二十世紀に、さまざまな形で根本的な反省が加えられている。普遍的で絶対的真理の追求と信じられていた「哲学」の営みとは、実は人間理性への誤った信仰であり、科学技術の悪用や全体主義の暴力など、人類を不幸へと導く元凶となってしまったのではないか。「哲学とは何か」を問い直すべき現在、その始まりに批判的に関わったソフィストの意義を見きわめることが、私たちに課せられている。

「哲学者」（フィロソフォス）と呼ばれる生のあり方と「哲学」という知的営為は、古代ギリシアに始まり、中世・近世を経て、現代にまで営々と受け継がれている。他方で、それと対をなし、その成立を促した「ソフィスト」は歴史の舞台から姿を消し、その存在は忘却の淵に沈んでいる。だが、ソフィストとは、哲学がいったん確立してしまった以上、乗り越えられ捨て去られるべき存在であったのか。

本書で論じていくように、ソフィストは、つねに哲学そのものの可能性への挑戦として、私たち自身に問いを突きつける存在である。私たちはソフィストと対決することによってのみ、哲学の可能性を手にすることができる。とすると、ソフィストを忘却してきた哲学の歴史こそ、問い直されるべきものではないか。ソフィストを消し去ったこの二千年にも及ぶ哲学史は、その実、哲学が成立していない状況、「哲学」が名のみさまよう舞台であったのかもしれない。それとも、「ソフィスト」という職業が消えても、哲学者と哲学の営みにおいては、実にソフィストは変わらず重要な役割を演じ続けてきたのであろうか。

十九世紀半ばに、ドイツの厭世哲学者ショーペンハウアーは、「大学の哲学について」という論文で、同時代のフィヒテ、シェリング、そしてヘーゲルを、似而非《えせ》哲学者、ソフィストとして、徹底的に非難した。そこでは、真理の探究に従事する本当の哲学者に対して、金銭を稼ぐために哲学に従事する学者が対比され、プラトンの対話篇『プロタゴラス』でのソフィスト批判が、直接に参照されている。ショーペンハウアーは、自らの哲学の基礎をプラトンとカントに求め、当時流行のヘーゲル哲学に対抗したことで有名である。「ソフィスト」という古代の名称は、同時代のライヴァルを攻撃するレッテルとして、かろうじて姿を留めていた。

ソクラテスが自らの生において、そして、プラトンが対話篇において示した「哲学者」とは、人々の生を吟味に晒《さら》し、社会のあり方を批判する危険な存在であった。ソクラテスは、彼と対話を交わした多くの人々の反発を惹き起こし、裁判にかけられ刑死する。しかし、やがて「哲学」が学問や職業として確立され社会に定着すると、その存在は自明視されてしまう。当初哲学が突きつけたきびしい問いは、専門家集団の内輪のパズルへと回収されて、象牙の塔のなかの遊戯と化してしまう。現在「哲学者」とは、大学で専門的な問題を論じ、過去の思想を教えることで給料をもらったり、哲学書と称する書物を世に出すことで社会に権威をもつ職業人（プロフェッショナル）を意味している。

だが、自明の栄誉をもって認知されている時、哲学はむしろ死に瀕しているのかもしれない。デカルトの「魔物」やカントが対決した「懐疑論」は、哲学そのものの可能性を根源から問い直すことで、真摯な思索の途を切り拓いていった。私はそのような事態、すなわち、哲学の成立と可能性そのものを、ギリシアという原点に立ちもどって捉え直したい。そのために、「ソフィストとは誰か」という問いを考えていきたいのである。

もし私たちがソフィストの問題を忘却しきっているとしたら、その時、私たちは真に哲学に与《あずか》ってはいない、と言うべきであろう。他方で、ソフィストとは、そのような忘却の暗闇に逃げ込むことを本性とした存在である（プラトン『ソフィスト』253E－254A参照）。ソフィストは哲学者と区別された存在ではないと思わせることが、ソフィストの本領なのである。その意味で、ソフィストの忘却こそが、ソフィストによる哲学への挑戦の成功とも言える。そのソフィストを明るみに引き出し、それと正面から対決していくことにより、私たちははじめて、哲学する者となり得るのではないか。

私たちが受け継ぐ「哲学史」が、ソフィストを忘却してきた歴史であるとすると、それはソクラテス・プラトンによる「哲学」の勝利ではなく、ソフィストたちが実質的に支配する歴史であったのかもしれない。

本書で私が追求していくのは、このようなソフィストの問題である。

二　ソフィストの世紀

「ソフィスト」と呼ばれる職業的知識人が現われたのは、前五世紀半ば、民主政アテナイを中心とするギリシア世界においてであった。東方の専制王国ペルシアによる二度の侵攻をスパルタと共に退けたポリス・アテナイは、その頃、繁栄の頂点にあった。将軍ペリクレスの指導のもとに民主政を完成し、デロス同盟を率いて海上帝国に君臨した、軍事・政治・経済の中心アテナイ。そのアクロポリスの丘には彫刻家フェイディアスの指揮でパルテノン神殿が再建され、ディオニュソス劇場ではソフォクレスやエウリピデスの悲劇やアリストファネスの喜劇が毎春上演されていた。アゴラではソクラテスが人々と対話を交わしている。そのようなアテナイに乗りこみ、市民を魅惑しながらポリスを知的興奮の渦に巻きこんだ時代のスターが、ソフィストたちであった。

彼らの華やかな言論の演示、新たな思想の息吹き、政治への参画の促し、世界の見方の転換は、若者たちを中心に人々を虜《とりこ》にした。前五世紀末にトゥキュディデスがつづったペロポネソス戦争の『歴史』は、当時流行であったソフィスト的な見方を随所に反映している。エウリピデスの悲劇の登場人物たちはソフィスト的な議論を展開し、アリストファネスがそんなソフィスト的風潮を批判的に揶揄する。また、アテナイの指導者ペリクレスは自然学者アナクサゴラスと並んで、ソフィストのプロタゴラスとも親しく交際したと伝えられる。前五世紀半ばから前四世紀前半にギリシアの人々に絶大な思想的影響を与え、その文化と社会を形づくったのは、ソフィストと呼ばれる人々であった。ギリシア古典期は、いわば、ソフィストの世紀であった。

まずは、ソフィストたちの生き生きとした活躍を再現したプラトンの対話篇『プロタゴラス』を開いてみよう。

夜がまだ明けやらぬアテナイの街で、ソクラテスの家の扉をたたく者がいる。一人の有為なアテナイ人青年ヒッポクラテスが、興奮を抑えきれずに、ソクラテスを起こしに来たのである。アブデラのプロタゴラスがアテナイを再訪し、滞在している。それを聞きつけたヒッポクラテスが、矢も盾もたまらず、ソクラテスに紹介を求めてやって来たのであった。

ソクラテスはまだ朝も早いとヒッポクラテスを引きとめ、しばし対話を交わす。「最大の知者」と言われるプロタゴラスとは、一体何者か？　プロタゴラスは「ソフィスト」である。では、そのソフィストのもとに赴いて、君は一体何を学び、何になるつもりなのか、と。

二人は、やがてプロタゴラスが逗留する富豪カリアスの邸にたどりつく。外国人の門番は、「またソフィストだな」と邪険に扱うが、自分たちはプロタゴラスに会いに来ただけであると告げ、ソクラテスとヒッポクラテスは邸内に入る。そこで目にした光景は、華麗なソフィストたちの競演であった。

ギリシア随一の知者と評判のプロタゴラスは、回廊を逍遥しながら、何かを講義している。諸国から付き従ってきた「追っかけ」と、カリアスをはじめとするアテナイの名士の子弟たちは、プロタゴラスが踵《きびす》を返すたびに整然と向きをかえて、彼の話を拝聴しながら行き来する。目を転じれば、エリス出身のソフィスト・ヒッピアスが、高椅子に腰を下ろして一座を前に天文学の質問に答えている。別の部屋では、寝椅子に横たわり毛布をはおったケオス島のプロディコスが、人々に取り囲まれて低い声で何かを語っている。

ソクラテスはその中央に進みでて、プロタゴラスと挨拶を交わし、彼が公言する「ソフィスト」としての営みとは何か、を問い尋ねる。それをきっかけに、ソフィストの大御所プロタゴラスと、ソクラテスとのあいだで、丁々発止の対話がくり広げられる。

（プラトン『プロタゴラス』310A-316Cの粗筋）

ソフィストたちが一堂に会するこの豪勢な場面は、おそらく、アテナイがペロポネソス戦争に突入する以前、ペリクレス全盛の前四三二年頃に設定されている。ヒッピアスが「他ならぬギリシアの知恵の殿堂であるこのポリス」（『プロタゴラス』337D）と述べる、自由で闊達な知的雰囲気において、緊張と興奮の一場が展開される。

プロタゴラス、ヒッピアス、プロディコスといった著名なソフィストたちは、諸国をわたり歩きながら、カリアスのような土地の有力者の庇護を受け、若者たちにさまざまな学知や技術を授けていた。ギリシア諸ポリスの中でも、とりわけ、文化と政治の中心アテナイが、彼らの活動の場であった。そして、そのようなソフィストたちの華々しい言論、学問、教育活動によって、アテナイはギリシア文化の精髄を花咲かせていたのである。ソフィストは、人々の前で弁論の演示を行ない授業料を取って教育を授ける、西洋史上初めての職業的教師であった。その名声はギリシア全土に鳴り響いていた。

プロタゴラスと並んでソフィストの大立者となるゴルギアスは、しかし、前四三二年にはまだその舞台にデビューしていなかった。ゴルギアスが母国レオンティノイへの救援要請のため、外交使節としてアテナイ民会の壇上に立ち、アテナイ民衆を伝説的な雄弁で魅了し熱狂の渦に巻きこんだのは、その五年後、前四二七年のことであった。故国をシラクサに滅ぼされたゴルギアスは、やがて各地を転々とするソフィストとして身を立てる。

プラトンは『プロタゴラス』と並ぶ初期の雄篇『ゴルギアス』で、ソクラテスをこのゴルギアス、および、その弟子ポロスというソフィストたちと対決させている。ソクラテスは友人カイレフォンと連れ立ち、アテナイを訪れているゴルギアスの講演にかけつけるが、ゴルギアスはすでに弁論の演示を終えていた。そこで、ゴルギアスが滞在するアテナイ人青年カリクレスの館で、ソクラテスはゴルギアスと一対一の対話を始める。

ソフィストが華やかに弁論を披瀝する場に、ソクラテスが参入して対話を始め、彼らの本性を暴きながら最終的に論駁する姿を描く「対話篇」こそが、プラトンの示す「哲学」であった。プラトンは、哲学者ソクラテスを主役に立てて、ソフィストの世紀に挑んだのである。

三　ソフィストの敵

古典期ギリシアにおいて時代の花形であったソフィストは、なぜ今日まで忘却されてしまっているのか？　そこには、資料の欠如という状況があり、その背後には、ソフィストの敵というべき哲学者プラトンがいる。この事情を、やや詳しく見ておこう。

プロタゴラス、ゴルギアス、ヒッピアス、プロディコス、トラシュマコス、そして、エウテュデモスとディオニュソドロス兄弟といったソフィストたちの活動をもっとも生き生きと描写し、彼らの主張や思想を豊かに伝えているのは、一連のプラトン対話篇である。プラトンは、前四世紀前半に執筆した対話篇の多くにソフィストを登場させ、直接、間接に師ソクラテスを彼らと対決させている。前五～四世紀のソフィストたちの活動と思想を扱うために、プラトン対話篇は単に欠かすことのできない資料というだけでなく、多くの事柄に関してまさに唯一の証言と言ってもよい典拠なのである。

そのプラトン対話篇には、資料として用いるにあたり留意すべき偏りがある。まず、プラトンは前五世紀に活躍したソフィストたちを数多く登場させながら、あるケースでは意図的に沈黙している。アンティフォンという、ソクラテスと同世代のアテナイ人ソフィストの場合である。彼の名は、あまり優秀でない「弁論術」の教師として、『メネクセノス』

（236A）の一箇所で軽く言及されるに留まっている。しかし、アンティフォンの歴史的・哲学的な重要性は、研究者たちに近年より強く意識されている。プラトンの沈黙は、ある意味でこのソフィストに、より複雑な問題意識を抱いていた可能性を示唆している。プラトン対話篇は、同時代のライヴァルたち、たとえば、アンティステネス、クセノフォン、デモクリトスらにあえて言及しないという手法をとる。プラトンが取り上げたソフィストが、この時代の全体を現わすと考えるのは性急であろう。

何よりも、プラトンの目をつうじてソフィストを見ること自体が、大きな問題をはらんでいる。そのプラトンこそ、ソフィストのもっとも手強い敵であり、強烈な批判の意図を明瞭に抱いてソフィストを描いているからである。ソフィストへの考察は、彼らの活動や思想をどのような資料から、どのように復元し、それをどのように扱い評価するかにかかっている。ここでまず、ソフィストを見る私たち自身の立場を反省するために、彼らの活動を今日に伝える資料の問題を概観しておこう。

二千四百年を越える時の隔たりから致し方ないとはいえ、ソフィストたちが書いた作品は、現在ではほとんど残っていない。多くの場合、限定的な発言や、著作のごく短い一節が、同時代や後世の著述家たちによって引用されたり言及されたりして、「断片」として残されているだけである。これは「ソクラテス以前の哲学者」と総称される、前六世紀初めから前五世紀後半にかけての初期ギリシアの思想家たちに共通する資料的困難であり、ソフィストたちの場合、状況は相対的に恵まれていると言えなくもない。ディールスとクランツが二十世紀前半に編集した『ソクラテス以前の哲学者断片集』（DKと略）の第二巻に、ソフィストたちについての資料がまとめて収録されている。各ソフィストによって典拠の分布は異なるが、同時代の証言としては、アリストファネスの喜劇、プラトン対話篇、クセノフォン『ソクラテスの想い出』、そして、アリストテレスのいくつかの著作がある。その中でも、質量ともに他を圧するのが、プラトンであった。

後世の証言では、ローマ時代の哲学史家ディオゲネス・ラエルティオスが、『ギリシア哲学者列伝』にプロタゴラスについて項目を残しているが、他のソフィストにはほとんど触れるところがない。他方で、やはりローマ時代のフラウィオス・フィロストラトス『ソフィスト列伝』は、ゴルギアス、プロタゴラス、プロディコス、ヒッピアス、クリティアスらについて、もっともまとまった記述を残してくれている。哲学者として取り上げられることもあるプロタゴラスとゴルギアスには、懐疑主義者セクストス・エンペイリコスによる学説紹介が参照される。他方で、ゴルギアスとトラシュマコスは、修辞技法に関してハリカルナッソスのディオニュシオスら後世の弁論術理論家によってしばしば言及され、ラテン語ではキケロやクインティリアヌスにも証言がある。興味深いところでは、ハルポクラティオン、ポッルクスといった後二世紀頃の文法学者たちが残した古語の蒐集が、アンティフォンやクリティアスの言い回しを数多く記録している。

伝承されたソフィストの資料は、それぞれの時代と著者の問題関心から取り上げられ、その結果残ってきたものである。他方で、断片的でしばしば不確かな証言にまじって、ソフィストの著書からのまとまった引用も散発的にある。もっとも重要な例では、後三〜四世紀の新プラトン主義者イアンブリコスが、『哲学の勧め』（プロトレプティコス）という著作に、ソフィストの誰かが書いたと推定される倫理・政治の論考を一部でそのまま用いている。

著作がそのまま残った稀な例もいくつかある。ゴルギアスには、『ヘレネ頌《しょう》』と『パラメデスの弁明』という二つの弁論小品が、完全な形で写本で伝承されている。また、『ないについて、あるいは、自然について』と題される哲学的な論考についても、後世の二つの報告が残されている。一つは、ヘレニズム期か紀元前後のペリパトス派作品と推定される擬アリストテレス『メリッソス、クセノファネス、ゴルギアス』、もう一つは、後二世紀後半のセクストス・エンペイリコス『学者たちの論駁』で、これら二つの間接的な報告から、ゴルギアスの議論は大筋で復元可能である。比較的豊富に資料が残されたゴルギアスの言論活動については、第二部で詳しく検討しよう。

ゴルギアスの教えを受け、前四世紀前半にアテナイで活躍した二人のソフィスト、イソクラテスとアルキダマスについても作品が伝承されてきた。人前での即興演説を得意としたアルキダマスには、『書かれた言論を書く人々について、あるいは、ソフィストについいう擬似弁論作品が残されている（こちらは、彼のものであるか、疑問も投げかけられている）。また、プラトンのライヴァルであったイソクラテスには、多くの弁論作品や書簡が残され、古典作品として今日でも広く読まれている。

懐疑主義者セクストス・エンペイリコスの著作の写本には、裏面に、著者不明ながら前五〜四世紀頃のソフィストの作と思われる論文が収録されている。今日『両論』（ディッソイ・ロゴイ）と呼ばれるその論考は、「善と悪、美と醜、正と不正、真と偽」といった反対概念について、それぞれが「別々である」と「同じである」という「二通りの言論が論じられている」と論を始める。著者の同定や論考の精確な位置づけは困難ながらも、同じ主題について反対の議論を並べる論述には、プロタゴラスの顕著な影響が認められる。

さらに、謎に覆われた「ソフィスト」アンティフォンについては、『真理について』という著作の一部が、エジプト・オクシュリンコスの砂漠からパピルス断片として出土している。「ノモスとフュシス」の対比を論じるその箇所は、ソフィスト思想についてかけがえのない資料を提供してくれる。

ソフィストたちを理解するためには、このような残存する作品や断片が最重要の資料となる。しかし、これらの多少まとまったいくつかの文献を離れると、彼らの言説は途端に霧や闇に包まれてしまう。プロタゴラスの有名な「人間尺度説」のように、残された著作冒頭の一行が、途方もなく多様な議論を誘発してきた例もある。

ソフィストの著作は、ローマにいたる古代社会ではある程度流布していた。「ソフィスト」という職業と名称は、ヘレニズム期以降も古代世界に受け継がれ、ローマ期には「第二次ソフィスト思潮」という文化現象として、再度の盛り上がりを見せていたからである（その時代の著作も残されているが、本書の基本的な考察からは外される）。後三世紀ローマのソフィスト、フラウィオス・フィロストラトスは、「古いソフィストたち」の伝記を執筆するにあたり、それらに目を通していたに違いない。彼は第二次ソフィスト思潮の一員として、ソフィストの技術を誇りにしており、その起源を古典期ギリシアのソフィストに求めたのである。しかし、その後のソフィストへの関心の急激な低下とともに、ソフィストたちの著作は散逸し、ほとんどが消滅してしまった。

ソフィストについては、まがりなりにも、このように今日ある程度の資料が残されている。しかし、それらも、プラトンやアリストテレスが残した立派な著作集や完全な哲学体系と比べると、個々の内容でも全体像としても圧倒的に見劣りしてしまう。この両者を、対比的に見てみよう。

同時代のプラトンには、ほぼ間違いなくすべての対話篇といくつかの書簡が――今日では「偽作」と見なされるプラトン以外の手になる擬似作品も含めて――三十六篇、九つの四部作に編集されて、プラトンの学園アカデメイアやアレクサンドリアの図書館等で保存された。それらは、中世に羊皮紙に写され、さらに近代には印刷・出版されて、今日にまで広く読み継がれてきた。

また、アリストテレスについては、浩瀚な講義録が人目に触れずに保管され、数奇な運命をたどって前一世紀に再び光を浴びる。「アリストテレス著作集」は、以後ラテン世界やアラビア世界を経て、やはり今日にまでほぼ完全な形で伝えられている（他方で、アリストテレスが生前に公刊した「対話篇」は、講義録の普及と引きかえに、古代に散逸してしまった）。西洋の哲学・学問の柱をなしてきたこれら哲学者たちの著作と比べると、彼ら以上に時代の注目を集めた前五〜四世紀のソフィストたちの著作が、今日では見る影もないあり様であることには、やはり不思議の感を免れない。

ソフィストの作品は、なぜこれほどわずかしか残らなかったのか。それは歴史の淘汰であり、ソフィストは時間がもたらす忘却に耐えられなかったのだ、と考える人も多いであろう。しかし、淘汰にはそれなりの理由がある。ソフィストに対しては、単なる無視以上の意図的な忘却、つまり、批判による抑圧が加えられたことも想像される。

たとえば、誰もが認めた当代随一のソフィスト・プロタゴラスには、「真正断片」と呼びうる原典からの直接引用は、わずか数箇の短文しか伝わっていない。これは、他のソフィストの場合と比べても異常な事態と言わなければならない。その理由には、次のような推測が可能かもしれない。

プロタゴラスは『神々について』という書物を著わした。その冒頭で次のように述べ、そのため彼は「不敬神」の咎で訴えられたと伝えられる。

「神々について私は、あるとも、ないとも、姿形がどのようであるかも、知ることができない。これらの各々を私が知るには障害が多いから。その不明瞭さや、人間の生が短いこと。」(断片DK 80B4改:エウセビオス『福音の準備』等から復元)

そして、プロタゴラスは、「アテナイ人たちから追放になり、彼の本は伝達官によって各所持者から回収され、広場《アゴラ》で焼却された」という伝承が古代に広まっていた(DK 80A1。A3、4も参照)。「不敬神」とは、知識人や政敵に対してもち出される漠然とした罪状であり、ソクラテスもその裁判にかけられた。プロタゴラスがもし実際に「不敬神」で訴えられたとしたら、それは、ペリクレスとの親交といった政治絡みであった可能性もあり、異国人であった彼にはアテナイ出国は容易であったろう。

他方で、もし焚書の報告が事実を反映しているとすると、『神々について』だけでなくプロタゴラスの他の著作も、生前からすでに物理的に迫害されていた可能性もある。文字による媒体がようやく広まったばかりの前五世紀においては、限られた数のパピルスに筆写された書物の伝承は、今日の印刷文化からは想像もできないほど厳しいものであったに違いない。一時的にであれ組織的な物理的破壊を被ったプロタゴラスの著作が、その後の歴史に痕跡を留めなくなったことは、十分にあり得る。

実際、プロタゴラスの著作は、古代末期でも直接にはほとんど読まれていなかったようである。たとえば、セクストス・エンペイリコスがプロタゴラスの学説を紹介する際、彼はプラトン『テアイテトス』を基本とし、それをさらにヘレニズム的な術語によって解説している。『テアイテトス』では、プロタゴラスの相対主義が批判的に吟味されるが、そこではヘラクレイトスの流動説という、別の哲学説に結びつけて議論されている。ところが、セクストスは、プロタゴラスの相対主義について、「質料が流転する」、「現われのロゴスは質料のうちにある」という解説を与えている（『ピュロン主義哲学の概要』第一巻三二章）。ここには、プラトン『テアイテトス』やアリストテレスの哲学術語が混淆しており、プロタゴラス自身の言葉からまとめがなされているとは、とうてい思われない。プロタゴラスの相対主義について、その証言を基本的にプラトンに頼らざるを得ない状況は、現代だけのことではなかったのかもしれない。

しかし、こういったソフィストの著作の淘汰や忘却の歴史を差し引いても、そもそもどれほど多くの著作が書かれていたか、想像してみる必要がある。

ソフィストという職業は、授業料を支払って聴講にくる人々に、講演によって教育を与える営みを主としていた。後で論じるように、彼らの多くは人前で弁論を披瀝すること、とりわけ、その場で与えられたテーマについて即興で見事な弁論を作ることを特技とし、また、聴衆からのどのような質問にも答える臨機応変な対応能力を売り物にしていた。そのような職業には、教科書やパンフレットのような二次的な目的の書き物を除いて、基本的に著述の必要はなかったとも考えられる。

ゴルギアスの『ヘレネ頌』や『パラメデスの弁明』は、自らの言論技術によって潜在的な聴講生を説得する、いわば宣伝パンフレットか商品見本のような作品である。いずれにしても、ソフィストは「語ること」を売り物にする専門家であり、彼らにとって「書くこと」が二次的な作業に過ぎなかったことは、歴史状況に照らしても十分に推定される。本書で取り上げるゴルギアスの弟子アルキダマスは、前四世紀に、書き物に依拠する他のソフィストたちを批判し、即興の弁説能力の重要性を強調した。もっとも、その論考は、当時イソクラテスらソフィストたちが書き物を多く用いて好評を博していた状況をも垣間見せる。

ソフィストのそのような活動と意図を考慮すると、「対話篇」を書くことによって哲学を遂行したプラトンや、体系的な哲学を完成させたアリストテレスの「講義録」と、ソフィストたちの「著作」とは、はじめから意図も内容も分量も大いに異なっていたとして不思議はない。プラトン・アリストテレスら哲学者たちと、演説や対人的な議論に従事していたソフィストたちとは、そもそも対等に比べようもなかった。この点では、同時代に活躍したソクラテスを想起すべきであろう。彼は、対話にだけ従事し、何一つ書き著わさなかったのである。現代の私たちは、ソフィスト評価にあたって、こういった点を十分に考慮する必要がある。

いずれにしても、ソフィストたちが何らかの理論的な書き物も執筆したことは確かであり、それがほとんど伝承されなかった事実は大きい。ほぼ同時代にソフィストを取り上げ、もっともきびしい批判をぶつけたプラトンに、その原因は求められる。

彼の対話篇をつうじて得られるソフィスト像とは、詭弁を弄《ろう》する似而非《えせ》知者、若者を誑《たぶら》かす不道徳なイカサマ師といったものである。さらに、ソフィストたちがソクラテスに完膚なきまでに論駁される様を見せつけられると、彼らが真の知恵には与らない二流の知識人である、との印象は免れない。他の証言や断片を完全に圧倒する、生き生きしたソフィストの言動イメージは、プラトン対話篇ならではの劇的効果であった。今日プラトン対話篇を読む私たちだけでなく、それを哲学の「古典」として読み継いできた西洋哲学の長い伝統のなかで、誰もがそういったイメージを受けてきたに違いない。

ソフィストは、彼らの時代においてはきわめて大きな影響力を揮っていた。そのソフィストが偽の知者であり、取るに足らない二流の思想家に過ぎないという偏見が、歴史の流れにおいてソフィストを忘却へと追いやったのである。その最大の責任は、ソフィストの敵プラトンにあった。哲学者プラトンによるソフィスト批判は、第一部で取り上げる。

四　ソフィストの復活

ソフィストは忘却されてきた。これは、職業としてのソフィストが消滅した中世以降については、明白な成りゆきである。近現代において「ソフィスト」という名称は、おもにプラトン対話篇から浮かび上がるイメージに過ぎなかった。しかし、十九世紀以降、彼らは静かに復活し、その存在意義を哲学史において主張し始めている。

ソフィストはながらく悪人の代表であり続けた。無神論や不可知論や相対主義によって社会と道徳を破壊し、金銭を取って若者たちに詭弁を授けて彼らを腐敗させる背徳者。そのようなソフィスト悪人像は、十九世紀まで道徳思想家たちによって提示され、今日でも一般に流布している。

たとえば、十九世紀半ばに書かれたシュヴェーグラーの『西洋哲学史』では、ソフィストたちの文化史的意義をある程度認めるにあたり、こう前置きしている。

「ソフィスト哲学の学的および倫理的欠陥はおのずから明らかであるし、二、三の最近の歴史家はその暗黒面をいやが上にも暗く描いて、その軽薄、背徳、享楽欲、虚栄、利己心、からっぽな見せかけの智慧、論争術をきわめて苛酷に非難したのであるから、そ

れはこれ以上詳説するに及ばない。」(『西洋哲学史』上、八〇―八一頁)

知性と正義を代表する「哲学者」の対極にある否定的な「ソフィスト」像は、容易に拭い去ることはできない。ソフィストは、プラトンによって歴史のスティグマを背負わされてきたのである。

ソフィストたちを哲学史において積極的に復権させたのは、十九世紀初めのヘーゲルであった。ヘーゲルは『哲学史講義』で、イオニア自然学の即自的で素朴な思索に対して、多元的で反省的なものの見方を導入したソフィストたちを、ソクラテスやプラトンにいたる重要な契機と捉えた。ソフィストたちが教える「教養」がそれ自体として取り上げられ、ソフィストの役割が始めて哲学史において評価されたのである。

ヘーゲルの弁証法的な哲学史観は、しかし、その後のソフィスト評価にとって両刃の剣であった。一方では、この理解によりソフィストは哲学史上に確固とした位置を占め、以後のギリシア哲学史で真剣に扱われる資格を得ることになった。エドゥワルド・ツェラーやヴィルヘルム・ネストレといったドイツの哲学史家たちは、基本的にヘーゲル的な見方でソフィストを評価し続けたのである。

他方で、ヘーゲルの光の当て方は、ソフィストを「主観主義」の思想家とする否定的な像を結ぶ。ソフィストはソクラテスの哲学を準備した、という前哲学的な位置づけが固定されることにもなった。ソフィストが背負う否定性は、ヘーゲルによって消されはしなかったのである。ソフィストを哲学史において肯定的に評価する態度と、否定性ゆえに評価する態度は、共にヘーゲルに端を発しつつ、今日に受け継がれる。

十九世紀半ばには、イギリスの歴史家で政治家のジョージ・グロートが大著『ギリシア史』の中で、ギリシア文明におけるソフィストの意義を積極的に評価した。グロートは、それまで「ソフィスト」として一括され頭ごなしに批判されてきた思想家たち、それぞれに目を向け評価するように促す。他方で、彼の研究は、個別のソフィストを重視するあまり、逆に、ソフィストに共通する本質を見失わせる可能性をはらんでいた。

ソフィストへの歴史的評価は、彼らが前五世紀のギリシア社会、とりわけ、アテナイの民主政において果たした積極的な役割に光を当てる。ソフィストが市民に与えた弁論術や道徳の教育は、一般市民の政治参加を促し、伝統に縛られない自由なものの見方を普及させた、と評価される。ソフィストという職業の斬新な衝撃は、たとえば、二十世紀後半に歴史家ジャクリーヌ・ド・ロミーイが『ペリクレス時代アテナイの大ソフィストたち』で強調した点であった。

イギリスで包括的な研究書『ソフィスト思潮』を公刊したジョージ・カーファードは、ソフィストたちが、イオニアの自然学者やアテナイの哲学者たちと同様に、多様な哲学的成果を挙げたことを論じた。彼らは、数学や天文学をはじめとする自然の研究、社会や価値や言語についての根本的な洞察、宗教への批判的な検討と、実にさまざまな分野で知的な貢献をなしていたのである。しかし、カーファードのこうした積極的評価は、ソフィストを哲学者に同化し、その一種として独自性を消してしまう恐れもあった。ソフィストは、従来は不当に見くびられてきたが、実は一流の哲学者たちであった、という訳である。

ソフィストに積極的な意義を見ようとする復権の方向は、とりわけ、ゴルギアスが発展させた弁論術（レトリック）への再評価として、ここ数十年盛んになっている。伝統的にレトリック研究が盛んなフランス、イタリアに加えて、近年ではアメリカでも、コミュニケーション理論としてのレトリックの意義が真剣に取り上げられ、その歴史的源としてソフィストが注目されている。この流行は、ソフィストへの積極的評価と同時に、「反哲学」としてソフィストを復活させることにもなる。

ソフィストと哲学者との対置を尖鋭化し、その評価を逆転させたのが、ニーチェ以来の現代思想による「哲学批判」であった。ニーチェは哲学の反動性をきびしく批判しながら、ソフィストこそが「ギリシア的」であると評価する。

「この瞬間はきわめて注目に値する。すなわち、ソフィストたちがはじめて道徳の批判に、はじめて道徳に関する洞察に着手し始める。」（『力への意志』428）

ソクラテスやキリスト教を「奴隷道徳」として徹底して批判するニーチェが、自らが従事した「道徳の批判」の始まりをソフィストに帰する栄誉は大きい。ニーチェ以降の伝統的な西洋「哲学」への反省は、ソクラテスとプラトンの知性主義を批判し、それと対照的にソフィストを「反哲学」のヒーローとして称揚していくのである。

カール・ポパーは、有名な『開かれた社会とその敵　第一部』で、プラトンの全体主義的な思考を攻撃するにあたり、ソフィストの自由で開かれた思考を評価した。ポパーにとってプロタゴラスやゴルギアス一派は、反貴族主義的で平等主義的な人間主義を提唱した理論家であった。同様に、エリック・ハヴロックは、民主主義を擁護し相対主義・多元主義の基盤を準備したプロタゴラスを、ギリシア文明の英雄と考える。

歴史の忘却の淵から復活したソフィストは、さまざまに自己主張を始めている。ソフィストは哲学に貢献した重要な思想家、あるいは、反対に哲学そのものを批判した英雄とも見なされている。だが、ソフィストは、各論者の時代や思想を映し出す鏡となっているに過ぎないのかもしれない。「ソフィストとは誰か」、その本質はいまだ明らかにされてはいない。

五　ソフィストの現在

ここで、私たちが生きる現代の日本に目を向けてみよう。

西洋文明を導入した近代日本では、ソクラテス・プラトン・アリストテレスというアテナイの巨人哲学者にのみ、目が注がれてきた。ソクラテスは一種の「聖人」とさえ見なされ、彼の徹底した批判精神は「無知の知」といった誤った標語のもとに牙を抜かれてきた。プラトンやアリストテレスのテクストは中国の孔孟のように神聖視され、その哲学への批判的吟味さえタブー視される状況も出現する。それら哲学者たちが絶対的真理への途を示す偉人とされる以上、その対極にあるソフィストたちは、端的に無視されるか、悪人という自明の前提のもとに徹底して批判される運命にあった。

明治以降、本格的なギリシア哲学研究に着手し、それを発展させてきた日本の哲学界において、二十世紀に「ソフィスト」について書かれた単行本は、驚くべきことに、一九四一年二月に刊行された田中美知太郎著『ソフィスト』一冊に留まった。

この本は、日中十五年戦争の直中、対米英参戦を目前にした厳しい状況で書かれ出版されている。著者の田中は、文献学的・歴史的研究に徹しながら、全体主義社会への静かな抗議を込めて、民主政ギリシアの自由の精神を伝えようと思っていた。その論考は、当時の欧米でのソフィスト研究に比しても高い学問水準を示し、いくつかのオリジナルな洞察は今日でも十分に通用する。ソフィストを「悪名」から解放することを目指し、歴史的な意義と哲学的な貢献を客観的に評価しながらソクラテスの哲学との対比を結論づける、バランスのとれた論述は、戦後に何度も再版され、この主題にとってスタンダードであり続けた。他方で、田中のメッセージは戦後日本社会において、性急なアメリカ的民主主義の導入と盲目的な追従への批判という、別の意味を帯びていったことも確かである。

ともあれ、この記念碑的な『ソフィスト』以後、日本でソフィストという主題が一度も本格的に取り上げられることがなかったのは、驚くべきことである。これは、現代日本において、ソフィストがまだ深い忘却のうちにある事実を示しているのかもしれない。二十一世紀に入ると、ローマ期の「第二次ソフィスト思潮」を代表するフィロストラトスの『ソフィスト列伝』が翻訳され、プラトンのソフィスト批判を分析する拙著『ソフィストと哲学者の間』と合わせて、ようやくこのギャップが埋められ始めた。また、クセジュ文庫から、ジルベール・ロメイエ＝デルベのフランス語解説書『ソフィスト列伝』の翻訳も出版され、より広い視野からソフィストへの接近が可能になってきている。

では、ソフィストは、現代日本とは無縁な存在であろうか。名称や歴史を脇におけば、「ソフィスト」悪人像に重ねられる現象は、現代社会でも数多く目にすることができる。現代における典型的な「ソフィスト」たちを見てみよう。

テレビ番組や映画で馴染みのアメリカ流弁護士の活動、つまり、陪審員を説得するさまざまなレトリックや駆け引き、口先で白黒のすべてが決定されるあり様は、現代版ソフィストの痛快活劇といってよい。日本では司法制度や社会背景の違いから同様の自由な活躍は見られないが、ことジャーナリズムに関しては、アメリカと大差ないと言える。ワイドショーやパフォーマンスに満ち溢れた討論番組は、言論の効果や印象を最大限に追求し、人々への迎合で世論を煽りながら、それがもたらす教育的影響に無反省であり続ける。その底辺には、身もふたもない保守的な価値観と権威への迎合が、またその反面、嫉妬や憎悪や好奇心といった感情を煽る態度が蔓延している。そういった番組に「知識人」の名で登場し、無責任な言説を垂れ流す学者や評論家たちも、現代のソフィストと言えるかもしれない。

また、実質的な政策よりも、マスメディアをつうじた派手な言動によって世論や人気を煽る政治家たちも、その延長線上にいる。口下手ではあるが根回しの得意な旧来の日本型政治家（といっても、戦前には尾崎行雄のような雄弁な政治家が稀ではなかったことを想起したい）に代わって、テレビの討論番組で瞬時に機転のきく言葉を発して聴衆の印象を勝ちとることに長けた政治家が、たしかに増えているように見受けられる。

大学を頂点とする学問・高等教育機関は「アカデミズム」と呼ばれ、プラトンの学園「アカデメイア」の名を受け継いでいる。しかし、それは、授業料を取って学生に知識や資格を与える教育産業へと傾斜しており、実用性や効率性を強調する昨今の風潮は、ソフィスト的な教育を助長させているかのようである。受験という具体的目標のために学生に知識を与える予備校なども、それと相補的に見える。

私たちがソフィストの負の側面としてイメージする現象は、現代の日本社会でもいたるところに見られる。その意味では、ソフィストは、現在の私たちの生にとっても、きわめてリアルな問題である。にもかかわらず、私たちはプラトンのきびしい批判もソフィストたちの妖しい力も、共に忘却しきってしまっている。ソフィストは、私たちが呼吸する空気のような自明さをもって、私たちの回りに、そして私たち自身の内に棲みついているのかもしれない。

古代ギリシア社会におけるソフィストたちの活躍は、現代の日本社会を何らか照らし出すように思われる。しかしそれは、今見たような社会現象をすべて「ソフィスト」の責任として非難して済むような、単純な問題ではない。ある意味では、ソフィストたちが担った負の側面は、現代のさまざまな病理の根を示してくれるかもしれない。その場合、ソフィストを批判的に検討することは、現代に向けて、何らかの積極的な意義を持つことになる。あるいは、ソフィストの思索や活動は、現代の表層的な状況とは異なり、より根源的な問題を提起し、さらにそれを乗りこえる方途を示唆しているかもしれない。今日の日本社会の問題点を概観しておくことは、ソフィスト考察が念頭におくべき論点を見定める上で役に立つはずである。私たちが生きる社会について、六つの特徴を取り出そう。

第一に、絶対的な価値や世界観が崩壊し、その反動から自由や個性の名のもとに相対主義に流される問題状況は、ソフィストが活躍した古代ギリシアと現代日本に共通する。第二次世界大戦の敗戦によってそれまでの絶対的な体制「大日本帝国」が滅亡し、「天皇制」が根本的に形を変えた。そうして成立した「戦後民主主義」の理想も形骸化し、「高度経済成長」や「終身雇用」といった神話も時代とともに姿を消した。東欧共産諸国やソビエト連邦が崩壊し、「共産主義」が幻影となると、保守的な資本主義、自由主義、拝金主義が、思想性のないままに社会を支配する。こういった反イデオロギー的な状況は、生の拠り所や方向を見失わせている。

第二に、現代の相対主義は、「価値観は人それぞれで異なる」といった耳障りのよい標語を口にする。その背景には、伝統的な哲学がとってきた真理や価値の絶対主義への反発がある。イデオロギーや発展史観への反動から、社会学や歴史学、さらには自然科学（論）でも相対主義的な見方が蔓延している。歴史とは後世がでっち上げる物語であり、科学も時代ごとのパラダイムに過ぎない、と相対主義が昂然と唱われる。「真理など存在しない。人間が勝手に作り出したものである」というその主張は、達観したようで、ひどくシラケたものの見方を若者たちに提供している。それは、個人を自由へと解放するように見えながらも、結局は「国家、社会、大学」といった体制の中で身動きできない状況を作り出している。しかも、それが根拠のないものであると自己に言い訳しながら、それに従って生きざるを得ないというダブル・バインドに人々を置いている。とりわけ、学問世界に身を置きながら「相対主義」の名のもとに既成の学問や価値を否定する教師たちに、拠り所を奪われた学生たちは、醒めた目を向けている。

第三に、「自分がそう思えば、それでよい」という、一人の思われに閉じこもる態度が、個人主義として蔓延している。「気持いい／気持わるい」という即時的な快感に依存する立場は、他者との対話を拒絶し、独りよがりの生き方に引きこもらせる。そこでは、言葉の彩が生み出す豊かな感情世界は、文学と共に失われる。他方で、快感をもたらすさまざまな力、たとえば、経済力や権力への無批判の信奉が生み出される。現代の消費社会とコマーシャリズムは、ゴルギアス弁論術を信奉する若者カリクレスの「快楽主義」を、まざまざと想起させる（プラトン『ゴルギアス』第三部）。

第四に、「神や宗教は所詮でっち上げであるが、信じることで精神の安定が得られる」といった、一見合理的な非宗教的態度が、結果として、新興宗教などへののめり込みをもたらす。やはり、プロタゴラスやプロディコスらの啓蒙的な宗教批判の意義が、西洋文明の一つの根として再考されるべきであろう。

第五に、「正義や法は、各社会や国家が決めたものに過ぎない」という社会相対主義が、実際には現実の力、たとえば、超大国による小国への侵略や、政府軍による非力な住民の抑圧を「正義」と呼ぶような現状を容認し、暴力への諦め、権力・宗教への盲従を引き起こす。このような現代の状況は、「民主政」の名のもとに帝国として他の弱小ポリスを支配したアテナイでのソフィスト的言説、たとえば、トゥキュディデス『戦史』第五巻が描く「メロス島対話」を彷彿とさせる。力と言論による他者支配については、ゴルギアスの言論を後で見る。また、正義や法を人為の産物に過ぎないとする見方は、ソフィストたちの「法・慣習（ノモス）／自然本性（フュシス）」の区別に由来する。それに依拠して、社会の「正義」に根本的な疑問を向けるグラウコンのソフィスト的議論は、現代においてより現実的な力を持っている（プラトン『ポリテイア（国家）』第二巻）。

最後に、「個性的な生き方、自分らしい生き方、独自の価値観」を求めるという現代の社会幻想が、若者にプレッシャーを与えながら、結局は画一的なファッション、落伍と無力感を生む状況を指摘しよう。「自分」など、安易に見出すことはできない。自己が暗黙のうちに従っている価値観を相対化できずに、「自己」を甘く絶対化する傾向が、現代相対主義の一つの帰結である。ソフィストと哲学者の間で、「他者」と「自己」をどう捉えていくかが、やはりこの状況を反省する鍵となる。

相対主義と多元主義との混同を整理し、健全な相対的視点や多元的な価値観を確保することは、現代における哲学の急務である。他方で、ある絶対的なものへの希求が、人間が善く生きることにおいて本質的である限り、ソフィストの思想を丁寧に分析しながらも、それと何らか根本的に対決することが、哲学の使命であり続ける。

六　ソフィストとの対決

では、このソフィストと、今日どのように対決していくべきか。私は、次の二つの基本方針で臨みたい。

第一に、「ソフィスト」を、各自の思いこみを投影したイメージから解放しよう。そのためには、まず歴史に内在して、彼らの言論や思索のインパクトを原点から明らかにすることが必要である。私たちは、いまだに「ソフィストとは誰か」をはっきりと知ってはいない。その実像を見きわめながら、ソフィストという「問題」の本質に迫ることが求められる。

第二に、ソフィストを、まさに現在、私たちが直面する哲学の問題として捉えていく。すでに見たように、「ソフィスト」は西洋古代に特有の歴史現象に留まらず、現代社会に深く根を下ろす私たち人間の生のあり方の問題なのである。現在を見据えるというこの方針は、一見、歴史への内在という第一の方針と矛盾するように思われるかもしれない。しかし、徹底した歴史性だけが、本来の問題を歴史の忘却から解き放って、私たち自身の問題として提示してくれるはずである。この二つの基本方針は、一対のものとして追求される。

私たちはソフィストを、カーファードのように哲学者の一種として無害化することなく、あくまで哲学者との対において扱うべきである。その際、ヘーゲルが位置づけたような前哲学の反省契機としてではなく、また、ニーチェらが称揚したような反哲学のヒーローとしてでもなく、「ソフィストとは誰か」を見きわめていかなければならない。

哲学者かソフィストか、の二者択一において、一方を取り他方を忘却するのではなく、哲学者とソフィストが対をなす構造そのものを捉えていかなければならない。両者の対が生み出すダイナミズムが、問題そのものを構成する。ソフィストは哲学者への挑戦としてしか意味を持たない。他方で、哲学者もソフィスト批判なしでは、その役割を果たし得ないのである。

このような方針のもとに、本書は「ソフィストとは誰か」をつうじて「哲学とは何か」を改めて問い直していく。ソフィストが「哲学問題」であるのは、それが哲学の扱うべき諸々の問題のうちの一つである、という意味でではなく、まさに「哲学」そのものの成立可能性を賭けた「問題」であるからである。そこで試されるのは、私たちが哲学することは可能か、つまり、私たちが今、哲学者として、より善く生きることが真に可能か、という問題なのである。この問題をにらみながら、これから「ソフィストとは誰か」を問い求めていくことにしよう。

この哲学問題は、対の視点から考察される。第一部では、ソフィストの問題を、おもに哲学からの対決において検討していく。本章で瞥見したように、ソフィストはプラトンら哲学陣営の批判をつうじて、歴史上にかろうじて姿を留めてきた。哲学者とソフィストとの対決を前者の視点から吟味する作業が、最初の課題となる。哲学者は、ソフィストを「非哲学者」として徹底的に批判し、そこから自らを峻別することで成立している。その批判の本質を、哲学問題として捉えよう。

第二部では、その反対、つまりソフィストの側から彼らの本質を明らかにしてみたい。しかし、ソフィストの立場から見るという作業は、より錯綜した様相を伴う。そこには三つの困難がある。

まず、「ソフィスト」と一口に言っても、彼らはそれぞれ異なった立場や態度をとり、単一の視点で捉えることが難しい。たとえば、有名な「ノモス対フュシス」や「相対主義」は、厳密にはごく一部のソフィストの主張にしか現われない。ソフィストの立場を（哲学が措定しがちな）一枚岩として前提することを避けながら、彼らの活動をそれ自体として捉える方途が模索される。

そのため本書第二部では、現存するソフィストの言論作品、ゴルギアスの三つの著作（一つは概要）と弟子アルキダマスの著作を取り上げる。彼らが残した議論を詳細に分析することによって、哲学からの批判とは異なるソフィストの生きた姿を甦らせることが期待されるからである。ソフィストたちの中で二人に焦点を絞ることで、「ソフィストとは誰か」という巨大な論究へ一つの視座を据えることが、本書の試みである。

第二に、ソフィストは哲学者と正面から対決し、同じ土俵で対等に争う存在ではない。むしろ彼らは、両者の境界そのものを消し去り、融合させ、茶化していく。その営み自体が、より高次の意味で「哲学」の否定につながる。この意味で、ソフィストの側から哲学を見ることはより困難な作業となる。だが、この錯綜する構造を精確に取り出すことこそが、本書の目標となる。

第三に、ソフィストを分析しようとする私たちは、「哲学」が鍛え上げた概念や分析手段しか持ち合わせていない。私たちが依拠する考察は、すでに対称性を欠いている。ソフィストの言説を見る目が、歪んだ視野、哲学からの批判を含意した一方的な見方となってしまう可能性は、私たちにつねにつきまとう。「ソフィストの忘却」は、哲学において必然の成りゆきであった。こういった困難を十分に意識し、最大限に警戒していかなければならない。

そもそも「ソフィストとは誰か」という問いは、問う人の視点やアプローチによって大きく異なった性格を持つ。どのような「言葉」で分析し、どの視点から評価するか、それが考察の鍵となる。哲学の枠組みを無条件に前提して、そこからソフィストを裁断することは、もはや許されない。かといって、ソフィストに自己を同化して彼らの主張を単に代弁することも許されない。

私たちが語っていく「言葉」は、哲学者とソフィストの双方を見渡し、かつ、それぞれに内在的に寄り添いながら、両者を冷徹に見つめる叙述でなければならない。ある場面では、ソフィストからの批判を意識した哲学者からの応答を、別の場面では、哲学者の議論を転覆させるソフィストの言説を、私たちは語っていく必要がある。場面に応じて語りの立場を意識的に動かしながら、多元的で移動するパースペクティヴへの自覚をもって、ソフィストと哲学者の両者を見つめる鳥のような目が必要である。

そのような鋭敏で俯瞰的な目は、人文学、とりわけ、歴史学と文献学によって養われる。歴史の文脈をできる限り復元して考慮すること、ならびに、残された文献テクストそのものに語り出させることが、私たちの叙述の基本となる。それは、上から押し付けるような一方的な見方ではなく、哲学そのものをも相対化するような、ソフィストと哲学者の葛藤から生まれ出る生きた言葉であろう。そのような鳥瞰的な叙述を、本書は試みていく。

ソフィスト思潮を論じる仕方としては、従来二通りのアプローチがとられていた。一つは、「ソフィスト」を一括した上で、「政治、弁論術、宗教」といった特定の主題ごとにその思想や特徴を検討していく手法であり、田中やカーファードやド・ロミーイらがそのような仕方で論じている。他方で、ソフィスト一人一人を個別に検討し、そこからソフィストのあり方を探っていくアプローチは、イタリアのウンターシュタイナーらによって採用されている。ガスリーのように両方を併用する研究者もいる。どちらにも長所と短所があるが、私はより繊細な方法論的意識を持って、二つの方向を二部構成に取り入れる。第一部と第二部は、そのようにソフィストをめぐる問題の対をなすが、両者が描き出す姿はかならずしも一つの像には統合されない。両者のずれと緊張こそが、ソフィストという哲学問題の核心をなすからである。

第一部

哲学問題としてのソフィスト

本書前半では、哲学者、とりわけプラトンの視点から、「ソフィストとは誰か」を問題化し、追求していく。古代ギリシアに鮮烈に登場し、時代の花形となったソフィストたちは、単に一時的な社会現象としてでなく、「哲学問題」として普遍的な考察の対象となった。その契機は、前三九九年に、ソフィストとして裁判にかけられ処刑されたソクラテスにあった。師ソクラテスがソフィストではなく、哲学者であったことを弁証するプラトン対話篇が、「ソフィスト」の本質を「哲学者」との対比で明らかにしていったからである。

「ソフィスト」という名称は、ギリシア社会では、しばしば論敵を攻撃するレッテルとして用いられた。しかし、これが何らかの実体を表わし「哲学者」と対をなすことを、プラトンは定義をつうじて論究する。ソフィストは、どのような意味で「非哲学者」であるのか、それを識別することが「哲学」そのものを成立させる。哲学者とソフィストは、私たちが生きる二つのあり方の選択として、私たちの前に姿を現わす。

第一章　「ソフィスト」ソクラテス

一　ソクラテスとソフィストたち

ソフィストを考察するにあたり鍵となるのは、ソフィストとは正反対に位置づけられてきた人物、ソクラテスである。ソクラテスとソフィストの関係を吟味するため、まず伝統的な哲学史に目を向けてみよう。そこに現われるのは、「哲学者」の代表であるソクラテスと、その影になり哲学史から排除されてきたソフィストの姿である。

ギリシア哲学史は、伝統的に、ソクラテスという一人物の登場を節目に、大きく区分されてきた。二十世紀前半にケンブリッジでギリシア哲学研究を導いた碩学、F・M・コーンフォードは、一九三二年に「ソクラテス以前・以後」と題する公開講義をおこなった。ソクラテスを軸とする転換は、一般に「自然や宇宙の探究から、人間や道徳への関心へ」と図式化され、キケロはソクラテスを「はじめて哲学を天空から呼び戻した」人物と呼んでいる（『トゥスクルム荘論議』第五巻4・10）。だが、「ソクラテス以前」と呼ばれる自然哲学と、ソクラテス以後の古典哲学とを区別する伝統的な枠組みは、ソフィストたちの哲学史上の位置づけをきわめて微妙なものにしてしまっている。

二十世紀初めに初期ギリシア哲学に関する証言を『ソクラテス以前の哲学者断片集』として編纂したヘルマン・ディールスは、その最後に「古い時代のソフィスト思想」という章を立て、ソフィストたちの資料をまとめた。今日まで基礎資料集となるディールスとクランツ（補訂）の編著は、ソフィストたちを「ソクラテス以前」に含めながら、他の思想家たちとは別の一群にまとめたのである。さらに、その章は、おそらくゴルギアスの弟子であったリュコフロンや作者・年代不確定の『両論』、イアンブリコス『哲学の勧め』所収の論考は含むものの、アルキダマス、イソクラテス、ポリュクラテスら、プラトンと同時代のソフィストたちは含んでいない。この扱いは、ソフィストたちへの光の当て方に、大きな偏りや歪みをもたらした。

「ソクラテス以前」を時代区分とする哲学史は、たとえば、プラトンと同時代の原子論者デモクリトスを、ソクラテスとの年代差ではなく、思想内容において「ソクラテス以前」と扱ってきた。デモクリトスの流れを汲む「アブデラ派」も、アリストテレスの同時代ながらDK断片集に含まれることを考慮すると、ソフィストの取り扱いはより問題含みとなる。

しかし、まがりなりにも、イオニアやイタリアの自然学者たちと一緒にソフィストたちに「ソクラテス以前」の位置を与えたディールス・クランツに比べると、カーク・レーヴン・スコフィールドによる二十世紀後半の代表的な概説書『ソクラテス以前の哲学者たち』は、ソフィストたちにまったく頁を割くことはなかった。編者たちは、同書の視野を「自然学者たち」に絞ることを宣言して、序文でこう述べている。「私たちはまた、ソフィストたちを排除した。彼らの積極的な哲学的貢献は、しばしば誇張されているが、おもに認識論と意味論の領域にあるからである。」

ソフィストたちの主たる関心は、たしかに、社会、道徳、政治、そして、言語という人間諸事象に向けられていた。カーク・レーヴン・スコフィールドが明言したように、伝統的な「ソクラテス以前の哲学」という枠組みが自然学の流れに限定されると、ソフィストは決定的に異質な存在となってしまう。この点でソフィストたちは、むしろ、ソクラテスやプラトンと一緒に扱われるべきであろう。だが、ソフィストをソクラテスと同じ側にくり入れるとすると、ソクラテスより年長であったプロタゴラスやゴルギアスにおいて、哲学史の決定的な転換が起こったと見なされる可能性が生じる。哲学の目を人間に向けかえた英雄という栄誉は、ソクラテスではなくソフィストたちに与えられるのかもしれない。

しかし、ソクラテスよりもソフィストたちを高く評価する見方は、哲学史にはほとんど現われない。むしろ、カーク・レーヴン・スコフィールドのように、ソフィストを「ソクラテス以前・以後」の枠組みからすっかり排除してしまうという選択肢が取られることもある。これは、ソフィストが二流の思想家に過ぎない、いや、そもそも「思想家」とすら呼べず、弁論術などに従事した別種の職業人かイカサマ師であるという伝統的なソフィスト無視とも結びつく。

ソフィストは、さまざまな意味で「ソクラテス以前」とは言い難く、「ソクラテス以後」に含めることも難しい。それゆえ、ソフィストは「哲学史」から抹殺される危険に晒されてきた。後三世紀に『ギリシア哲学者列伝』を著わしたディオゲネス・ラエルティオスは、そのかなり包括的な哲学者の系譜に、相対主義者プロタゴラス以外のソフィストは誰一人含めていない。このような態度は、基本的に、アリストテレスがまとめた「哲学史」(『形而上学』第一巻)と同様である。ディオゲネスと同じローマ時代に『ソフィスト列伝』を書いたフラウィオス・フィロストラトスは、逆に「哲学者」と区別される「ソフィストたち」の伝記をまとめている。これは、ソフィストが「哲学史」からはみ出す可能性を負った存在であることを告げている。ソフィストを哲学史にどう位置づけるかは、各論者の立場の分かれ目であり、「ギリシア哲学史」への一つの挑戦なのである。

しかし、ソクラテスを決定的な転換点とし、「自然学から倫理学へ」といった図式をとる従来の枠組みには、多くの疑問が投げかけられる。まず、イオニアに始まる「哲学」を自然学の流れとして整理したのは、アリストテレスとその弟子テオフラストスに由来する

「学説誌」の伝統であった(〈学説誌〉(ドクソグラフィ)は、ディールスによる造語であり、古代においては「摘要」（エピトメ、プラキタ）と呼ばれる学説整理の系譜史であった）。しかし、初期ギリシア哲学においても、クセノファネスやヘラクレイトスの断片や、ピュタゴラスの教えを「自然学」に一括して処理することには無理があり、原子論者デモクリトスには膨大な倫理学の断片が残されている。反対に、ソフィストたち、とりわけヒッピアスやアンティフォンは、数学や天文学に専門的な貢献をしたことが知られている。自然学か倫理学かという二者択一や、その間での転換という単純な図式は、哲学史を大きく歪めてしまう危険性をはらんでいる。「ソクラテス以前の自然学」という学説誌の伝統図式は、ソフィストたちを哲学史から基本的に排除する見方に寄与したのである。

ソクラテスとソフィストが同じ前五世紀後半にアテナイを中心に活動し、類似の問題関心をもっていたことは否定し難く、両者が一つの潮流をなすと見なす可能性も検討されるべきであろう。この点では、二十世紀後半の代表的なソフィスト研究者、カーファードが、ソクラテスも「ソフィスト思潮」に含めて扱うべきであると提案している。だが、ソクラテスは「哲学者」であり、ソフィストたちともっとも尖鋭に対比され、区別されていたのではないか。ソフィストの思潮にソクラテスを含めることは、哲学に対する冒瀆になるのではないか。ソクラテスをソフィストと一つに扱うという提案は、今でも根強い反発を受けている。

哲学史上の位置づけにおいて対立するソクラテスとソフィストの関係は、それ自体として重要な哲学的焦点となる。それは、ソクラテスの活動をめぐって問題化される。

二　ソクラテスの刑死

ソクラテスは、前三九九年、七十歳にして不敬神の罪でアテナイの法廷にひき出され、死刑判決を受けて毒杯を仰いだ。ソクラテスの死は、弟子プラトンの『ソクラテスの弁明』『クリトン』『パイドン』や、クセノフォンの『ソクラテスの弁明』といった一連の作品で描かれ、それらをつうじてソクラテスは歴史上もっとも偉大な「哲学者」となった。だが、前五〜四世紀のアテナイにおいて、ソクラテスはけっして「ソフィスト」と截然と区別された「哲学者」ではなかった。むしろソクラテスはその裁判において、アテナイ民衆によってまさに「ソフィスト」として告発され処刑されたのである。この状況を、ソクラテスの同時代から見てみよう。

アニュトスとメレトスとリュコンの三名によってバシレウスの役所に提出された告訴状は、次の文面であったと伝えられる。

「ソクラテスは、ポリスの認める神々を認めず、他の新奇な神霊《ダイモーン》を導入することのゆえに、不正をなしている。また、若者を腐敗させることのゆえに、不正をなしている。」

「不敬神」とは、しばしば、新思想を提唱し伝統を破壊すると思われた人々、とくにソフィストに向けられた曖昧な非難である。それゆえ、プラトンの『ソクラテスの弁明』においてソクラテスは、自らに対する「ソフィスト」としての告発を、最初に正面から否定している。自分はゴルギアスやプロディコスやヒッピアスたちのように金銭を取って教育に従事するソフィストなどではない、と明快に主張する。

しかし、ソクラテスに対する社会の告発の根は深かった。喜劇作家アリストファネスが『雲』という作品を上演し、口先で人を騙す術を教授する「ソフィスト・ソクラテス」の姿を面白おかしく示したのは、前四二三年、ソクラテス壮年の頃のことであった。

ストレプシアデスという田舎紳士が、ソクラテスの「魂の思索所《フロンティステーリオン》」に弟子入りする。それは、「金さえ払えば、正しいか正しくないかお構いなしに、言論で勝つ術を教えてくれる」という評判を聞き、借金とりを追い払う弁論の術を手に入れるためであった。ソクラテスは「空を歩み、日輪をば見ている」姿で登場し、ゼウスら伝統的な神々の存在を否定して、ソフィストの守り女神たる「雲」を信奉している。ストレプシアデスは、邪論を身に付けた道楽息子フェイディッピデスに詭弁でやりこめられ、ついにソクラテ

スに復讐を決意する。(アリストファネス『雲』の粗筋)

アリストファネスは、煽動政治家クレオンらに引き続いて、『雲』で新興知識人たちを標的に取り上げていた。悲劇詩人エウリピデスなど、新しい発想で言論活動をくり広げる人々は若者たちに悪影響を与え、社会や宗教を否定させる、といった保守派の危惧がアテナイに根強かったからである。アリストファネスは、失われた喜劇『宴《うたげ》の人々』でも、ソフィストを攻撃していたと推定されている。ソクラテスは『雲』で、そういった攻撃の矢面に立たされたのである。

アリストファネスは、かならずしもソクラテスに個人的な悪意を抱いていた訳ではなかったかもしれない。プラトンは『饗宴』で、前四一六年にコンクールで優勝した悲劇詩人アガトン邸を舞台に、二人の戯れに満ちた親しい間柄を描いている。この飛び抜けた才能の喜劇作家は、「ソフィスト」という一般者を揶揄するために、変わり者として有名なソクラテスを舞台へ(そして、吊り籠の上へ)と持ち上げたのかもしれない。しかし、そのような舞台設定が喜劇として機能したこと自体、ソクラテスが当時のアテナイの人々から、いかがわしいソフィストと見られていた状況を反映している。

別の喜劇詩人アメイプシアスも、ソクラテスを登場させ揶揄していたという(ディオゲネス・ラエルティオス『哲学者列伝』第二巻5・28)。ボロをまとって街を歩きまわるソクラテスは、変わり者で、うさんくさい人物として、アテナイで知られていた。だが、アリストファネスらの真意がどこにあったにせよ、その戯画化がアテナイ民衆に「ソフィスト・ソクラテス」像をより鮮明に印象づけ、固定していったことは確かである。

ソクラテスが処刑されたのは「ソフィスト」と見なされてであったとは、前四世紀のアテナイ人にとってはごく自然な受けとり方であった。およそ半世紀後の前三四五年には、弁論家のアイスキネスも「ソフィストであるソクラテス」という呼び方をしている(『ティマルコス論駁』173)。ソクラテスの刑死については、死後、その賛否をめぐってアテナイで大きな論争が起こっていた。

裁判の数年後、前三九三年頃には、ポリュクラテスというソフィストが『ソクラテスの告発』と題する模擬弁論作品を発表し、ソクラテスの政治や教育や宗教の罪を論じ立てたとされる。これに対して、ソクラテスの弟子たちは反対の論陣を張り、その一人クセノフォンは『ソクラテスの想い出』と題する言行録を執筆した。プラトンの一連の対話篇も、ソクラテスの真実を明かそうとする弟子たちの試みの一環であった。

ソクラテスについては、やがて、おもにプラトン対話篇の影響下に、「殉教者・ソクラテス」としてのイメージが定着し、キリスト教の普及とともに、パウロの布教活動などに重ねる見方さえ生まれた。古代・中世から近世、現代へ、ギリシアから地中海世界、アラビア、西欧、そして東洋へと、ソクラテスは「哲学者」の典型として、哲学史に受け継がれていく。

そのソクラテスは、前三九九年、「ソフィスト」として裁判に引き出された。この事情を、さらに追いかけてみよう。

三　ソクラテス裁判の核心

ソクラテス裁判とは何であったのか、なぜソクラテスは無実の罪で死んでいったのか。これらの疑問に対しては、当時のアテナイでもさまざまな見解が示され、結局、今日においても謎であり続けている。

ソクラテスの刑死後、彼に敵対する人々はソクラテスの罪を断じ続けた。裁判の七年ほど後に公刊された『ソクラテスの告発』でのポリュクラテスの非難には、クセノフォンの『ソクラテスの想い出』第一巻が直接に応答する。

ソクラテスの弟子たちは、互いに他の弟子たちの言論に対抗しながら、ソクラテスについて独自の見方を展開した。たとえば、クセノフォンは『ソクラテスの弁明』という小著の冒頭で、こう宣言する。

「さて、このこと（裁判での弁明と最期）については、他の人々も書いているが、彼らは皆、ソクラテスの大言壮語《メガレーゴリア》を捉えている。このことゆえに、ソクラテスが本当にそのように語ったことは明らかである。だが、彼自身には生よりも死が望ましいと思われていたことを、他の人々は明らかにしていない。それゆえ、彼の大言壮語が思慮を欠くものに見えてしまうのである。」(『ソクラテスの弁明』1)

クセノフォンは、彼以前にソクラテス裁判について複数の人々が書いていることを証言している。その中には、間違いなく、プラトンの『ソクラテスの弁明』も含まれていたはずである。だが、他にそういった作品がいくつも流布していたのである。

ソクラテスが生涯をかけて従事した「知を愛する」(フィロソフェイン)営みは、アテナイの人々の日常の生を挑発し、憎悪の対象となった。そこでソクラテスの哲学が提起した問題は「教育、政治、道徳、言論、知識、神」といった事柄にわたり、ソフィストが関わる問題群と重なっている。社会のあり方に挑戦し人々の生き方にショックを与え、その反発を受けたという点で、ソクラテスとソフィストは同一の問題圏に属している。ソクラテスは、その意味では、同時代を生きるほとんどすべての人々にとって、紛れもない一人のソフィストであった。

前三九九年にアテナイの法廷で、ソクラテスは、社会を害する悪人「ソフィスト」と見なされて死刑の評決を得たのである。

(二) 教育問題

ソクラテス告発の公式の罪状は「不敬神」にある。しかし、そのような一般的で曖昧な罪状のもとに「若者たちの教育」という直接の問題があったことは、告訴状本文の第二行からも明らかである。「ポリスの認める神々を認めず」の内実をなすかのように、「若者を腐敗させることのゆえに」という罪状が付け加えられているからである。この批判は、授業料を取って新思想を裕福な若者たちに教えていたソフィストに対して、伝統的価値観を生きる保守的な市民たちが抱いていた敵意を言い表わしたものに等しい。

ソフィストの教育がアテナイをはじめとするギリシア各地で若者たちの熱狂的な支持を受けていたことは、プラトン『プロタゴラス』の最初の場面でも示されている。他方で、ソフィストが与える自由で斬新な教育が、伝統的価値観の崩壊と社会や政治の混乱という時代状況の一因と見なされていたことも、確かである。

プラトンは『メノン』の後半で、告発者アニュトスを、ソクラテスとメノンの対話に巻き込んでいる。「誰が市民に徳を教えるか」という問いに、ソクラテスは「ソフィスト」がその任にあたる可能性を示唆する。通りがかりに対話に加わった保守派の政治家アニュトスは、それを聞いて憤然とし、「その者こそ、明らかに、ともに交わる者たちへの害毒であり、腐敗なのだ」と言い放つ(『メノン』91C)。アニュトスらにとって、ソフィストの教育に若者を委ねることは許し難い不道徳であった。だが、市民が市民を教育しているという自らの見解をソクラテスによって論駁されると、彼は今度はソクラテスに憤激を抱いて立ち去る。この一場は、明らかに、プラトンが後年の裁判を読者に意識させるために創作したものである。告発の中心人物アニュトスとソクラテスの対立が若者の教育をめぐっていたことを、プラトンはこのように示唆したのである。

ソクラテスはアテナイ市民、とりわけ若者たちを相手に、広場（アゴラ）や体育場（ギュムナシオン）で「徳とは何か」をめぐって対話を交わし、彼らに「徳の配慮」を促していた。クセノフォンやプラトンら若者たちを魅了し、信奉者たちに囲まれたソクラテスの姿に、ソフィストたち以上に危険な「ソフィスト」を見る人は多かったに違いない。

（二） 政治問題

さらに、そのように集う弟子のなかからアルキビアデスやクリティアスといった危険な政治家が育ち、後にアテナイ社会を危機に陥れたことが、ソクラテスの教育責任を問う声を高くした。

アルキビアデスは、アテナイ名門の出で、少年時代から美貌と才気で人々に抜きん出ていた。彼は、ペロポネソス戦争中期に、自らの野心からシチリア島遠征という無謀な計画を提案する。しかし、その指揮官として出立する前夜アテナイ市内で起こった「ヘルメス神像破壊事件」への関与を問われ、遠征先から召還されると、途上で敵方のスパルタに逃亡する。アルキビアデスを欠く遠征軍はシチリアで全滅し、彼がスパルタに献策した軍事上の秘策はアテナイを弱体化させ、戦争の帰趨に大きな影響を与える。さらに彼は、スパルタで反発を受けると、今度はペルシアに亡命し、再びアテナイについて艦隊を率いてスパルタ相手に勝利を収めるなど、自由奔放で無節操な行動によってすべての陣営を翻弄した。前四〇四年、ペロポネソス戦争の終結後、そのアルキビアデスもついにスパルタと三十人政権の命により暗殺される。

プラトンの母の従兄であったクリティアスは、やはり名門の出で、スパルタの政治・文化を崇拝する寡頭主義者、本人たちの呼び方では「優秀者政」(アリストクラティア)提唱者の首領であった。彼はペロポネソス戦争の敗北とともに、スパルタの指揮官リュサンドロスの後ろ楯で「三十人政権」と呼ばれる寡頭政を樹立する。だが、政権は次第に民主派や一般市民たちを弾圧し、恐怖政治を敷いていく。仲間割れでテラメネスを処刑した政権は、やがて民主派の反撃で崩壊に追い込まれ、翌前四〇三年にはクリティアスが敗死してアテナイは民主政へと復帰する。

プラトンは『プロタゴラス』で、アルキビアデスとクリティアスの二人の若者が揃ってソフィストたちの競演を聴講する様を描く。彼らがソクラテスと親しく対話する弟子であったことは、周知の事実であった。彼らは、結局ソクラテスの教えに従うことなく、自惚れゆえに反発さえした、とクセノフォンは『ソクラテスの想い出』で論じる。それは、事実であったかもしれない。しかし、こういったアテナイの若い危険分子と交際し、彼らに反民主政的な危険思想を吹き込んだという嫌疑は、アテナイの人々が「ソフィスト・ソクラテス」に見た政治的罪状であった。

アルキビアデスやクリティアスといった反民主政的・反社会的な政治家を生み出した前五世紀末の知的風土は、ソフィストに由来するものと見なされた。後世の伝承では、クリティアスは、自身ソフィスト思想にふかく染まっていたとされる。ソクラテスはそういった悪影響の主として断罪されたのである。

(三) 道徳問題

ソクラテスは人々と対話を交わし、「魂」ができるだけ善くなるように配慮すること、すなわち、「徳《アレテー》の配慮」を促していた。他方で、政治的市民を育成するという「徳の教育」こそ、ソフィストが標榜する職業的営為に他ならない。プロタゴラスは、プラトン『プロタゴラス』で、ソフィストとしての自らの教育をこう説明する。

「私から得る学識とは、身内の事柄については自分の一家をもっとも善く斉《ととの》え、ポリスの事柄については語り行なう能力をもっとも有する者となる、善き思案である。」(『プ

ロタゴラス』318E–319A)

「徳を教える」とは、民主政アテナイにおいて、市民として政治に参加する能力・卓越性を身に付けさせることを意味した。しかし、そういった教育への社会的な必要性とは裏腹に、その実質への疑念が、ソフィストという存在に対する社会の不信や敵意を醸成していた。

ソクラテスがソフィストによる「徳の教育」の公言をきびしく批判した時、その真意を理解する者はほとんどいなかったであろう。彼の批判は、徳を勧め、人々を教化するソフィスト同士の対抗意識の現われと見なされても仕方なかった。「徳」の内実の理解、そして、それを「教える」ことへの態度の違いは、ソフィストの間の方法論の相違にしか見えなかったであろう。「徳の教師」を自負するプロタゴラスや、弁論術によって「徳」を手に入れさせると公言したゴルギアスらソフィストとソクラテスは、アテナイ人たちにとっては同類であった。

(四) 言論問題

『プロタゴラス』でソクラテスは、プロタゴラスが教育すると称する「徳」について執拗に問いただす。徳の本性についてのきびしい追求と舌鋒に、たじろぎ困惑するプロタゴラス。しかし、そのような場面は、ソクラテスをソフィストから区別してその嫌疑を晴らすこととは程遠かったかもしれない。言論《ロゴス》をより巧みに操り相手を言いくるめる術こそ、ソフィストが専らに取り扱う武器であった。プロタゴラスをやりこめたソクラテスは、そのような言論によって、より強力なソフィストと見なされたに違いない。より弱い議論をより強く見せかけること、つまり、「弱論強弁」がソフィストの誇る能力であった。

ゴルギアスを典型に、ソフィストの教育は弁論術（レトリーケー）に向けられていた。民主政アテナイやギリシア諸ポリスでは、政治的決定機関である民会や、裁判で正・不正を判定する法廷で、どう上手に議論を披瀝し人々を説得するかが、政治能力や生死を決定づけていた。ソフィストはこの言論の能力を授けることで、徳や政治能力を身に付けさせると宣伝する。また、私的な議論において一問一答により相手を論駁する争論、つまり、言論で勝つこともソフィストの力であった。だが、ソクラテスは彼らと対等にわたり合う、論駁（エレンコス）の名手であった。

言論が扱う内容についても、プラトンやクセノフォンに描かれるソクラテスは、ソフィストたちに劣らず、むしろそれ以上に逆説的な議論を展開している。

「自らすすんで悪を行なう者はいない。」

「善き者は、害悪を被ることはあり得ない。」

「徳は知である。」

これらの主張は、今日でも「ソクラテスの逆説《パラドクス》」の名で呼ばれ、哲学研究者を悩ませている。私たちの常識を逆なでするような主張をソクラテスが強力な言論で擁護し、日常的な思いに生きる人々を徹底的に論駁する時、人々はソクラテスこそが詭弁を操り「弱論を強弁する」ソフィストであると思ったとして不思議はない。

ソクラテスは、知者と思われる人々を相手に対話を交わし、彼らが知を標榜する事柄について、実は彼らが知ってはいないことを明らかにした。ソクラテスに論駁され、無知を人前に晒された社会の有識者たちは怒り、それをソクラテスが操る言論の魔術のせいにする。ソクラテスの論駁がその人の生の基盤を覆し、根本的な行き詰まり（アポリア）に追いこむ力を持てば持つだけ、彼は弱論を強弁する「恐るべき論者」と見なされることになった。アリストファネスの『雲』が描く「ソクラテス」が、ソフィストの典型となる。

プラトン『ソクラテスの弁明』には、告発者の一人メレトスを相手に、ソクラテスが罪状の趣旨を吟味する場面がある。いつもの一問一答によってメレトスを矛盾に追い込み、無自覚を露呈させる鋭い舌鋒は、もし実際に裁判で語られたのであれば、聴衆に対してどのような印象を与えたであろうか。

（五）知の問題

ソクラテスは人の生き方や「徳」を主題とし、人々と対話を続けた。その対話において、

「正、美、善」といった大切な事柄について、自らは「知らない」と徹頭徹尾明言していた。知らないことを自覚するがゆえに、知を愛し求めるという「哲学者」（フィロソフォス）のあり方が可能になる。この点で、「知識をもつ者」と名乗り、その知ゆえに金銭と名誉を得るソフィストたちと、ソクラテスは根本的に異なるはずではないか。

だが、大切な事柄について「知らない」と言い続けながら、もっとも強力な言論で「知者たち」を論破するソクラテスの姿は、彼が宣言する「不知」とは逆に、最高の知をもつ者の「空とぼけ」（エイローネイア）と人々に映っていた。これほど見事に論じるソクラテスが、本当に知らないはずはない。実は真理を知っていながら知らない振りをして、自分では真理を開示せずに相手に問いを投げかけているだけに違いない。人々の無知を暴露して悦ぶ人の悪い姿が、ソクラテスに対する「空とぼけ」という批判を生んだ。

自ら「知者」を公言するプロタゴラスらよりも、「知らない」振りをすることで自らの知をより鮮明に印象づけるソクラテスの方が、よほど手強い「ソフィスト」と思われても不思議はない。

(六) 宗教問題

そして、「ソフィスト・ソクラテス」への非難は、最終的に「不敬神」の罪状に至る。ソクラテスが若者たちに言論で植え付ける新思想は、ポリスが伝統的に信奉する神々を否定し、新奇な神霊《ダイモーン》を導入するものと考えられたからである。

太陽や月や自然現象を神々やその仕業と見なすギリシアの宗教に対しては、自然学者たちが考察と批判を加えていた。アナクサゴラスは、月や太陽は「神」ではなく「石」であると主張していた。ソフィストたちは、それら自然学的考察を時代の思想として、さらに認識論的な考察を加える。人間はどのように神のことを知り得るのか、という過激な言論を公にしたプロタゴラスが、アテナイを追放され、彼の著作は焚書にされたとの伝承は、序章で見た。ソクラテスが人々の生き方に向けた根本的な論究とその転覆も、人々が安住する価値観を否定し懐疑の淵に投げ込む点で、ソフィストたちの問いかけと共通していた。

他方で、ソクラテスは「ダイモーンの声」を聞き、それに従って奇行を見せることがしばしばあったという。人々は、ソクラテスの危険性を、究極的には彼の神々への不敵な態度に由来するものと捉えた。若者たちに新奇な宗教を吹き込むという新思想一般への敵意が、ソクラテスという謎の怪物への恐れと反発を「不敬神」という告発にまとめ上げたのである。

ソクラテスは、このように、一般に「ソフィスト」に非難が向けられるその同じ問題に関わっていた。同時代のアテナイ人にとって、彼を他のソフィストたちから区別して捉えることは、難しかったであろう。むしろ、異国人であるプロタゴラスやゴルギアスらよりも、生粋のアテナイ市民であるソクラテスの方が、「ソフィスト」の問題としてはより重大であったのである。

こうしてソクラテス裁判は、教育、政治、道徳、言論活動、知、そして宗教といった根本問題に及ぶ。ソフィストといういかがわしい存在への非難を混然と集約する形で、アテナイ人たちは七十歳のソクラテスに死刑の評決を下す。

四　「哲学者」ソクラテスの誕生

では、ソクラテスが「哲学者」として、他の「ソフィスト」から区別されたのは、いつ、どのような経緯によるのか。ソクラテスの生前、前五世紀に書かれた資料としては、アリストファネスの『雲』しか、私たちに残されていない。ソクラテスが自身の活動や生き方についてどう考えていたのかは、死後の資料から推測するしかない。前四世紀前半、ソクラテスの無罪と正しさを示そうとした試みの中で、「哲学者ソクラテス」を「ソフィスト」から区別し、それをもっとも印象的に提示したのは、弟子プラトンであった。

ソクラテスの裁判と死刑は、その後のアテナイに大きな論争を引き起こし、とりわけ、前三九三年頃に公刊されたポリュクラテスの『ソクラテスの告発』は、亡きソクラテスの活動への賛否両論を巻き起こした。アンティステネス、クセノフォン、アイスキネス、パイドン、エウクレイデスら弟子たちは、ソクラテスを主人公とする対話篇を数多く執筆し、プラトンもその言論活動の一翼を担う。「ソクラテス文学」と呼ばれる哲学作品群の登場である。

「ソクラテス文学」において、弟子たちは、それぞれ独自の視点と思想によって理想のソクラテス像を描いていた。彼らは互いに対抗し、他の弟子の作品を強く意識しながら、自らの立場を鮮明にしていったのである。その中で、「哲学者ソクラテス」像を強力に押し出し、とりわけそれを「ソフィスト」との対比で示したのは、プラトン独自の戦略であった。

今日に残されたプラトン著作集の圧倒的な影響力から、私たちはソクラテスが「哲学者」であり、彼が強烈に「ソフィスト」と対決したことは自明であるかのように思っている。しかし、プラトン以外の弟子たちが執筆したソクラテス文学の作品を考慮すると、ソクラテスがかならずしもソフィストと区別されて描かれていた訳ではなく、「哲学者ソクラテス」という像も取られてはいなかったことが推定される。プラトン以外で今日まで伝承されたごくわずかのソクラテス文学の作品、および、断片から、その様子が窺い知られる。

プラトンと同世代の弟子クセノフォンには、四つのソクラテス文学作品が残されている。『ソクラテスの想い出』『ソクラテスの弁明』『饗宴』『家政論』という四著作において、ソクラテスが「哲学」との関連で扱われる箇所は少ない。それにもまして、ソクラテスが「ソフィスト」と対決するのは、『ソクラテスの想い出』第一巻六章で「ソフィスト・アンティフォン」と辛辣な応酬をくり広げる一章だけであり、ヒッピアスと交わす別の対話でもソフィストという話題は登場しない。クセノフォンが描くソクラテスは、人々を賢明に導き、益する立派な人物である。しかし、それは「ソフィスト」との対比で浮かび上がる「哲学者」である必要はなかった。

私たちが直接検討できる作品はこの四つに留まる。しかし、断片や間接的な証言から、他の弟子たちが「ソクラテス」と「ソフィスト」に対して、プラトンとはまったく違った態度を取っていた様が浮かび上がる。

プラトンより年長で、以前からソクラテスに従っていた有力な二人の弟子、アリスティッポスとアンティステネスは、共に独自の立場からソクラテスを自身の思想の礎にした。しかし、アリスティッポスは自ら、ソクラテスの弟子の中で初めて、授業料を取る職業的知識人、つまり「ソフィスト」となり、同時代人たちからも、また、少し後のアリストテレスの著作でもそう呼ばれていた。

アリスティッポスよりは若く、プラトンと同世代の弟子アイスキネスも、あまり裕福でなかったためにやはり授業料を取って弟子に教えており、実質的に「ソフィスト」として生計を立てていたようである。アイスキネスはソクラテスを生き生きと描く対話篇をいくつも執筆したが、その断片からは「哲学者」の強調は明らかではない。

また、アリスティッポスと並ぶ有力な弟子アンティステネスは、アテナイの生まれで、ソクラテスと親しくなる前にはゴルギアスの弟子であったと伝えられる。彼がソフィストのようにイストミア祭で演説を試みようとした話や、著作のうち『真理』と『哲学の勧め』が弁論家的な文体を駆使していたことを、ディオゲネス・ラエルティオスが証言している（『哲学者列伝』第六巻1・1）。『哲学の勧め』（プロトレプティコス）という標題は、一方でソクラテスの影響を強く感じさせ、そこでゴルギアス流のレトリックが用いられていたとされる点は興味深い。『真理』という標題も、プロタゴラスやアンティフォンの主著と共通する。ソクラテスに師事するようになった後でも、アンティステネスの中では両者の影響が矛盾なく並立していた可能性が高い。アンティステネスがゴルギアスと手を切り、きっぱりとソクラテスに転向したといった逸話も後世に伝わるが、本人にとってゴルギアスの教えを受けてその影響を維持することと、ソクラテスの親しい仲間でいることとは、何ら不思議な組み合わせではなかったのであろう。

実際、アリストテレスの『形而上学』では、アンティステネスは、「反論することは不可能である」という言語論を展開したとされている。この詭弁とも思われる議論は、ソフィストたちが好んで用いた論法であり、論拠は異なっていたかもしれないが、プロタゴラスがまったく同じ主張をしていたことが知られている。アンティステネスのこういった活動は、間違いなくソクラテス死後のことであり、彼がソクラテスに交わることで、ソフィスト思潮との関わりを絶ったとは考えられない。

プラトン対話篇では、ソクラテスの死の場面に立ち会ったという『パイドン』の証言以外、アンティステネスへの直接の言及は皆無である。にもかかわらず、ソフィスト的なこの兄弟子に対して、対話篇のさまざまな箇所で批判が暗示されている、と研究者たちは解釈してきた。プラトンとアンティステネスの個人的な仲違いは、古代の著述家たちに格好の逸話を提供したが、その対立は、個人的な感情だけでなく、「ソフィスト」へのスタンスをめぐるものであったろう。プラトンの後期対話篇『ソフィスト』では、「晩学者」とあだ名される人々の言語観が取り上げられ、徹底的に批判されている。この「晩学者」は、年をとってからソクラテスに弟子入りしたアンティステネスを指すものと、以前から推測されてきた。「晩学者」の誤った言語論は、ソフィストたちが見かけの矛盾を生み出す誤謬と共通の根をもつものとして、共に断固退けられている。

このように検討していくと、プラトン以外のソクラテスの弟子たちは「ソフィスト」について批判的な立場を取ることがほとんどないばかりか、何人かは恥じらいもなくそれを職業として受け入れていた状況が判明する。「ソクラテスこそが哲学者であり、ソフィストと生涯対決した」というプラトン対話篇の図式は、プラトンが独自にとった戦略である可能性が高い。

この考察は、ソクラテスが生きていた時代からすでに「哲学者対ソフィスト」といった対立軸があり、それがプラトンによってそのまま描写されているという素朴な歴史観を覆すに十分であろう。ソクラテスの生き方をめぐって彼の死後に展開された論争において、プラトンが強力に打ち出したのが、ソクラテスに「哲学者」のモデルを見て、「ソフィスト」との対比で区別をはかる戦略であった。プラトンはそうして自らの「哲学」を創出し、ソクラテス像をつうじて広めていった。その中核の作業が、ソフィストへの痛烈な批判なのであった。

無論、プラトンはそういった対比を、勝手にでっち上げたとは考えていなかったはずである。師ソクラテスの死を見つめ、その生を描き出そうとする対話篇の試みの中で、他の弟子たちとは違った形で、ソクラテスの「真実」を際立たせたのであろう。

プラトンが「ソフィスト」を批判する時、ソクラテスと同時代に活躍したプロタゴラス(彼はソクラテス裁判以前に世を去っている)らよりもむしろ、彼の時代まで長生きしたゴルギアス、あるいは、その弟子アルキダマスやイソクラテスら同時代人への批判が強く意識されていたことは確かである。プラトンが対話篇を執筆し、学園アカデメイアを開いた前三八〇年代には、ゴルギアスはまだ健在であった。「ソフィスト」は、ソクラテスが対決することで片付いた過去の問題ではなく、まさにプラトンが生きる時代状況の問題であった。

また、彼ら以上に、ゴルギアスの影響を受けた同門のアンティステネスや、ソフィストとして活動したアリスティッポス、アイスキネスらへの暗黙の批判が、対話篇でのソクラテスによる「ソフィスト」批判に込められていたかもしれない。仲の悪い他の弟子を、自作の中でソクラテスに痛烈に批判させる手法は、たとえば、クセノフォンが『ソクラテスの想い出』でソクラテスにアリスティッポスを非難させる有名な例に見て取ることができる。プラトンの「ソフィスト批判」とは、そのように重層的で、同時代的な営みであった。「哲学者ソクラテス」は、はじめから「ソフィスト」と明瞭に異なる存在であった訳ではない。彼の死後、プラトンの言論活動によって鮮明な対比軸が構築され、その区別が後世に受け継がれ定着したのである。

五　ソクラテスの逆説

「哲学者」ソクラテスをソフィストと対比させる図式は、プラトンの見事で印象的な描写によって、長い歴史をつうじて人々に受け入れられてきた。

前五〜四世紀のアテナイで、ソクラテスの活動を目にし耳にした人々、あるいは、直接ソクラテスによって論駁され、自らが当たり前と信じて生きてきた知の思いこみを破壊された人々から見ると、ソクラテスこそが伝統と社会を破壊し、人々を言論で誑《たぶら》かす危険人物であった。このことは、「ソフィスト」という職業に反感をもつアニュトスら保守的な人々に、格好な標的を与えた。

アリストファネスが前四二三年に喜劇『雲』を上演した時、アテナイの人々は宙空にたたずむソクラテスを観て、笑い飛ばすことができた。しかし、アルキビアデスがアテナイを攪乱し、ペロポネソス戦争後にクリティアスが粛清の嵐を揮うに及んで、すでに年老いたソクラテスは、人々の真剣な告発に直面せざるを得なくなる。告発の中心人物アニュトスは、クリティアスら寡頭政権への反撃を指揮し、軍事的勝利を収めて帰還した民主派の大立者であった。

ソフィストや思想家一般への反発を一身に受けて、ソクラテスは有罪の判決を受けた。やや意地悪な見方をすれば、ソクラテスは「ソフィスト」として、アテナイ社会において告発されるべくして告発された。しかし、彼は何度もの逃亡の機会や提案を退け、従容として死に就く。ソクラテスは一般のソフィストをはるかに超えていた。プロタゴラスは自らの言論が原因となった「不敬神」の告発に接してアテナイを逃れたとされるが、同じ罪状で告発されたアテナイ市民ソクラテスは、すすんで死刑を受けたのである。

百十歳近く生きたとされるゴルギアスのように、「ソフィスト」の多くは栄誉のうちに長寿を全うした、と後世に語られている。フィロストラトスは、「長寿」をソフィストの特徴とした。一方で、ヒッピアスには政争で殺されたとの伝承があり、また、前四一一年に寡頭派革命に参画したアンティフォンも政治的理由で処刑されている。だが、ゴルギアスに代表される、各地で多額の授業料を得ながら名声と長寿のうちに生を終えるという「ソフィスト」像は、憎悪のなかで晩年に処刑されたソクラテスとは、対極的に見える。

しかし、時代の花形として注目されながら、きわめて大きな反発も受けた「ソフィスト」で、その悪名を背負って死刑に処せられたのは、ソクラテスただ一人であった。これはソクラテスがもたらす最大の逆説である。真に「哲学者」であるはずのソクラテスが、正反対の「ソフィスト」として死刑にされる。ソクラテスにまつわるこの逆転こそ、ソフィスト問題の根源的次元を示す。ソクラテスは、死ぬことにより、ソフィストを超える哲学者のあり方を身をもって証した。プラトンの対話篇は、私たちにそう訴えかける。

では、ソクラテスが「ソフィスト」ではなく「哲学者」であるとは、一体どのようなことか。それは、どのように証明されるのか。プラトンがとった戦略は、何よりもその哲学的な証明を要求する。ここに「ソフィスト」は、哲学問題となる。

第二章　誰がソフィストか

一　「ソフィスト」という名称

「ソフィスト」(sophist) という名辞は、ギリシア語の「ソフィステース」(sophistēs) をそのまま近代語に移したものである。この語は、「知恵」(ソフィア) や「知者」(ソフォス) と同語源で、「知をもつ者」を意味している。

ギリシア語では、従来、「ソフィスト」は「知者」(ソフォス) と同義で用いられていた。たとえば、ヘロドトスは『歴史』で、アテナイの政治家ソロンや伝説的な宗教家ピュタゴラスを、否定的なニュアンスなしに「ソフィスト」と呼んでいる。この語が「知者」とは異なった特殊な意味を担うようになったのは、前五世紀半ばにプロタゴラスが自らこの名で呼ばれる専門職業人を標榜したことによる。プロタゴラスはこうして「最初のソフィスト」と呼ばれる。

プロタゴラスが「ソフィスト」という名で公言したことは、人々に市民としての徳を授ける「人間の教育」であった。しかし、プラトン『プロタゴラス』で、彼はこう説明を加える。

「私は、ソフィストの技術は古いものであるが、それに従事していた昔の人々は、その術への妬みを恐れ、仮面を作ってそのもとに隠れていた、と主張する。たとえば、ホメロスやヘシオドスやシモニデスは、詩を、また、オルフェウスやムーサイオスのまわりの人々は、秘儀や予言を仮面としていたのだ。」（『プロタゴラス』316D）

プロタゴラスがあえてその「仮面」を脱ぎ捨てた時、「ソフィスト」が職業として自立したのである。つまり、詩の朗唱や神の言葉の解釈をつうじて、あるいは、体育教師や音楽家として人々を教化するのではなく、人間の教育そのものを目標に掲げ、それに専門的に従事する職業人が誕生したのである。これは、ギリシア社会にとって大きな衝撃であったばかりでなく、人類の歴史にとって新たな一頁となった。

ギリシア社会においては、伝統的には、神々や英雄や人間のあり様を唱う詩人たちが「知者」として尊敬されてきた。また、適切な判断と優れた弁舌で国と人民とを導く政治家も「知者」と呼ばれる。そして、自然や宇宙のあり方を探究する上流階層出身の思想家たちも「知者」と見なされていた。しかし、「ソフィスト」と名乗る新しい知識人は、そのような従来の社会的存在とは別に、職業として「知者」であることを宣言したのである。

彼らの職業性（プロフェッショナリズム）は、人々から授業料を取って教育を与えることにある。このような職業的「知者」に対して、一方で、社会から、とりわけ、伝統的で保守的な人々から懐疑や批判の目が向けられる。プロタゴラスが語る「仮面」とは、そのような批判を強く意識した比喩であった。他方で、あえて「ソフィストの術」を打ち出すことによる新鮮な知的刺激と、直接社会に役立つ教育という謳い文句は、政治的野心を持つ若者たちの熱狂的な歓迎を受けた。一部の有力家系に独占されていたそれまでの政治や社会の体制から、能力と才覚によって誰もが政治権力の中枢に登り得るという開かれた民主政への変化が、ソフィストの職業と補完的であったことは、想像に難くない。

プロタゴラスらソフィストの登場に、プラトン対話篇のソクラテスは、徹底して批判的な立場をとる。その批判の焦点は、真に「知者」（ソフォス）と呼び得るのは神の他になく、神に比して人間の「知」などは無に等しいという自覚にあった。実際、「正、美、善」といったもっとも大切な事柄について、人間は「何であるか」を知ってはいない。そうしてソクラテスは、不知でありながら知を愛し求めつづける人間のあり方を「哲学者」（フィロソフォス）と呼ぶ。

これは、「神／人間」が知において絶対的に隔たるという、ホメロス以来の伝統的な見方を、ある意味で受け継ぐ立場であり、人間の知の伝達や進歩を高らかに謳うソフィストの対極にあった。ソクラテスの立場からすると、臆面もなく自ら「知者」であると宣言して人々に徳の教育を施そうとする「ソフィスト」は、偽の知者に違いない。ソクラテスは、プロタゴラスやゴルギアスやヒッピアスらソフィストと対決し、彼らの「知」が見かけに過ぎないことを暴露していく。こうしてプラトン対話篇において「ソフィスト」は、最終的に、「知者を真似る者」(『ソフィスト』268C)、つまり、「知者と現われているが、実際はそうでない者」と定義される。

この定義を受けて、プラトンに学んだアリストテレスは、『ソフィスト的論駁について』の第一章で、ソフィストを「知恵に見えるが本当はそうでないもので金銭を稼ぐ者」と規定する。哲学者たちによるこの批判の流れにおいて、「ソフィスト」の悪名は一応確立したかに見える。

だが、一見決定的にも見える哲学者たちのソフィスト批判も、この名称をめぐる当時の状況を詳細に分析すると、まったく異なった相貌を見せる。

プラトンと同時代のライヴァル・イソクラテスは、ゴルギアスに教えをうけた弁論家であった。彼の著作では、「ソフィスト」という語が「知恵をもつ者」という一般的な語義でも用いられている。前四世紀に入っても、「ソフィスト」の原義が保持され、否定的な語義として固定はしていなかったことが分かる。他方で、イソクラテスは、「ソフィスト」

の語がかつてと今とで意味を変え、明らかに否定的な使われ方をしていることも自覚している。彼は、「ソロンは七ソフィストの一人と呼ばれ、今あなた方によって批判され不名誉と思われている呼び名をもっている」（『アンティドシス』235）と語るが、「七ソフィスト」とは、ソロンがつねにその一人に数えられる「七賢人《ソフォイ》」の意味である。イソクラテスは、「ソフィスト」という語が元来「知者《ソフォス》」と同義であったという歴史的認識を、この語の肯定的な語義の復権に利用しようとする。そこでは、同時代のプラトンからの徹底した批判が、逆に強く意識されていた可能性が考えられる。

イソクラテスは前三九〇年頃に自らの学校を開いて、授業料を取って弟子たちに弁論術を教授した。イソクラテスはその意味で紛れもない「ソフィスト」であり、本人もそのことをはっきりと自覚していた。彼は他のソフィストたちのいかがわしい教育法をきびしく批判したが、それは一般の人々が「ソフィスト」に向ける謂れのない非難と偏見を取り除くことを意図したものであった。イソクラテスは、おそらく自らの弁論術学校を開設するにあたっての宣伝パンフレットとして、『ソフィスト反駁』という著書を公刊した。そこでなされた他のソフィストたちへの批判と、自らの教育理念の提示は、後年の弁論作品『アンティドシス』でより詳しく展開されている。彼の批判は、「ソフィストであることを公言しているが実際にはまったく違ったことをなしている人々の劣悪さを、彼らと何ら共通しないものを追求している人々に帰すがゆえに、哲学を軽蔑するかわりに、もっとずっと辛らつに咎《とが》め立てる人々」に向けられている(『アンティドシス』215)。

人々は、ソフィストが授業料を取って行なう教育はまったく効果が無いといって批判するか、効果があると認める者は、今度はそれが若者を腐敗させていると批判しているという。イソクラテスは、このような非難に対してソフィストの教育を擁護する一方、他のソフィストたちを痛烈に批判したのである。イソクラテスにとって真のソフィストとは「哲学者」であり、有益で尊敬に値する教育者なのであった。

後に検討するアルキダマスも、『書かれた言論を書く人々について、あるいは、ソフィストについて』と題された論考で、今度はイソクラテスらのやり方を痛烈に批判する。「書き物」を主な仕事とする人々は、「ソフィスト」ではなく「作家」と呼ばれるべきである。イソクラテスが従事する著述活動は、余技ではあってもソフィスト技術が本来誇るべき仕事ではないのである。

プラトンやアリストテレスが「ソフィスト」をペテン師として徹底的に批判した同時代に、「ソフィスト」こそが真の知者であり、優れた教育者であると論じる有力思想家たちがいたことに、現代の読者は驚きを感じるかもしれない。しかも、イソクラテスもアルキダマスも、「ソフィスト」と「哲学者」とを重ねて論じていた。ソフィストが社会で活躍したこの時代に、彼らへの称讃が批判と同等に大きかったのは事実であろう。しかし、その理解と評価をめぐるプラトンらとの隔たりは、あまりに大きい。

その後の歴史を振り返ってみると、弁論家、そして社会や文化を担う教育者・知識人という意味での「ソフィスト」は、ヘレニズムからローマ期まで社会で大いに活躍し、後二〜三世紀にはローマ帝国で第二の盛期を迎える。ヘロデス・アッティコスやフラウィオス・フィロストラトスを代表とするこの時代のソフィストたちは、皇帝から弁論術教授に任命され、社会において絶大の尊敬を集める知識人であった。この時代には、プラトンが「ソフィスト」という職業に着せようとした汚名は、すっかり蔭に追いやられてしまったかのようである。

では、ソフィストが受けたこの正反対の評価は、何に由来するのか。「ソフィスト」という名称は、古典期のギリシアで、一体何を意味していたと考えるべきであろうか。

二　レッテルと実体

これまでおもに「ソフィスト」という名称への評価を見てきたが、この名称が誰に適用されたかを検討すると、問題はさらに錯綜する。そもそも「ソフィスト」と呼ばれる実体が存在したのか、それが問題となるからである。

まず、プラトン対話篇でプロタゴラスらソフィストたちをきびしく批判する「哲学者」ソクラテスが、当時のアテナイの人々に「ソフィスト」と見なされていたことは、前章で論じた。アリストファネスの『雲』をはじめとして、ソクラテスははっきりと「ソフィスト」と呼ばれ、その代表として扱われていたのである。さらに、イソクラテスは、他のソフィストを批判する際に、プラトンもそれに含めていた可能性がある。また、弁論家リュシアスもプラトンを「ソフィスト」と呼んでいたと伝えられる。

こういった例から、「ソフィスト」という名称が、一定の集団に属する人を指す客観的な語としてではなく、相手を批判するために便宜的かつ恣意的に用いられていた状況が想像される。しかし、「ソフィスト」が当時の社会において帯びた悪印象ゆえに、知識人たちが互いに非難し合う際にこの語を用いていたとすると、それは実体を欠くレッテルに過ぎなくなってしまうのではないか。

これと似た問題が、前五世紀からアテナイに登場する「シュコファンテス」という名称にも見られる。「シュコファンテス」とは、告訴常習者としてアテナイの民主的裁判制度を悪用して人々から嫌悪された人々であった。しかし、近年の歴史学では、「シュコファンテス」と呼ばれる職業人が実際に存在したのか、それとも、法廷などで相手方を貶《おとし》めるために用いられたレッテルに過ぎないのか、が大きな論争になっている。たとえば、前四世紀半ばに弁論家デモステネスとアイスキネスが相対立する立場から激しく弁論を戦わせた際、互いに相手を「シュコファンテス」として攻撃している。このようなレッテル機能を重視すると、「シュコファンテス」と呼ばれる実体的な人々は存在せず、その都度さまざまな人が論敵からそう呼ばれていたという疑いが強まる。

「ソフィスト」についても、この名称が単に相手を非難するためのレッテルに過ぎず、ソフィストとして一括される実体は存在しないという解釈が成り立つかもしれない。しかし、そのような見方は、「ソフィスト」を言葉上の問題に解消してしまう。「ソフィスト」という名辞は、たしかに時として批判の道具に用いられたこともあったに違いない。だが、単にそれに留まらない時代のリアリティを持っていたことは、確かである。

「シュコファンテス」の場合には、たとえば、前四〇四年にクリティアスら三十人政権によって「不正の輩」として粛清された「シュコファンテス」は、以前の民主政下で告訴に常習的に従事していた者たちであった、と考えられる。他方で、前四世紀に入ると、単なるレッテルとしての機能が主となっていく。この名称が用いられる場合、相手を批判するレッテルとして利用されているだけか、何らかの実態を伴った活動主体であったのかが、困難な場合が多いにせよ、適正に判別される。

「ソフィスト」についても同様に、レッテルとして機能した面と、その基盤となった実体との間を、適正に判定しながら検討していくことが可能であろうか。もし「ソフィスト」という名称で呼ばれたことのある人をすべてソフィストと見なすとしたら、ソクラテスやプラトンを含めたほとんどの思想家がソフィストになってしまう。その場合、この名称は、単に批判の道具として用いられるレッテルか、あるいは、哲学者との区別なく用いられる

「思想家」一般の意味になる。逆に、自ら「ソフィスト」と名乗った人だけをそう見なす場合も、すぐに見るゴルギアスの場合のように、従来ソフィストとされていた人を排除する、狭すぎる規定になってしまう。レッテルは、批判のために他者に貼るだけでなく、自身からは外そうとするものであるから。これら両極の間で、ある一群の知的専門家を「ソフィスト」と見なすことができ、その実体を特定する定義を与えることができれば、私たちはソフィストを適正に捉えたことになる。

その作業のために、まずは、実際にソフィストとして活動した人々とその営みを歴史的に特定しておこう。そこで何らかの普遍的なあり方が把握できれば、ソフィストの実体への手がかりとなる。「ソフィスト」を実体として定義する試みは、哲学にとっての挑戦なのである。

では、「ソフィスト」とは、どのような人々に付された名称か。大まかな特徴を押さえながら、「ソフィスト」の名が一つのまとまりに適用できる規準を探そう。

まず、ソフィストたちは「学派」(school)と呼びうる結びつきによる集団ではなかった。彼らは一人ひとりが独立の自営業者であり、それ以上に、互いに強烈なライヴァル意識を持っていた。

プロタゴラスやゴルギアスやヒッピアスらは、それぞれまったく異なる出身地や背景をもってそれぞれの活動に従事していたのであり、彼らの間に師弟的なつながりはなかった。

もっとも、プラトン『ゴルギアス』では、ゴルギアスに弟子ポロスが従い、師を弁護している。このようなゆるやかな学派意識が形成されていた場合もあるが、「弟子」と呼ばれていても、それがどの程度深い影響関係であるかは、まちまちである。単に数回の講義を受けただけかもしれないし、生涯にわたって本質的な影響を受けた場合もあろう。ソクラテスも、皮肉を込めて、自分はプロディコスの弟子であると語っている。

また、弟子たちの間でも、連帯意識よりも対抗心の方が顕著であったようである。ゴルギアスの弟子でも、イソクラテスとアルキダマスの間には強い対抗関係があった。また、前四世紀初めにイソクラテスが弁論術の学校を開設するまでは、組織化された場で共通の知識を授けることもなかったようである。ソフィストの弟子たちは、授業料を支払ってその都度の会場で聴講するか、師につき従って直接教えに与っていたのである。

プロタゴラスやゴルギアスといったソフィストたちは、本質的に、激しい対抗意識に燃えて互いを批判しつつ活動を展開していた。たとえば、プラトン『プロタゴラス』で「ソフィスト」として大いに自己宣伝をするプロタゴラスは、同じ邸にいる他のソフィストたちを意識して、自らのソフィストとしての営みについてこう語る。

「ヒッポクラテスが私のもとに来るのなら、誰か他のソフィストと交わる場合に受けるようなひどい目には会わないだろう。他の連中は、若者たちを痛めつけるのだが。若者たちが諸技術からせっかく逃げ出しているのに、いやいや引き戻して、算術だの天文学だの幾何学だの音楽だのを教えて、また諸技術の中に投げ込んでね。」(『プロタゴラス』318D-E)

こう言ってプロタゴラスは、目の前で弟子を引き連れているソフィスト・ヒッピアスを一瞥する。博識家で知られ、とりわけ「算術、幾何学、天文学」などの専門知識を誇るヒッピアスのソフィストとしての教育が、ここでの揶揄の的なのである。

また、ゴルギアスは、次節で論じるように、自らを「ソフィスト」と呼んだり「徳の教師」を名乗ることはけっしてなかった。しかし、これは明らかに、プロタゴラスら他のソフィストたちへの対抗心からであり、自らそう名乗らないことで、あえてソフィストとしての差別化を図っていたのである。

彼らはまた、「教義」(doctrines)と呼びうる思想を共有することもなかった。ソフィストに通常帰される「相対主義」については、プロタゴラスを除くと、厳密な意味でこの立場に立っていた者を認めることは難しく、「ノモスとフュシス」の議論も、ヒッピアス、アンティフォンら一部の論者に限られる。彼らの思想的立場も、伝統的な社会規範に対して、それを擁護する保守からそれを転覆する革新まで、実にさまざまなのである。具体的な「思想」内容という点において、ソフィストたちを括る共通項を特定することはきわめて難しい。

　では、学派でも思想の共通性でもないとしたら、ソフィストたちが一つのまとまりを成すのは、どの点によるのか。それは、何よりもまず彼らの職業性（プロフェッショナリズム）、つまり、知的活動を行なう専門家としての社会的役割においてであろう。その職業性は、具体的には、人々に授ける教育の見返りに授業料、つまり、金銭を受け取ることを特徴とする。この職業的教育者は、基本的に自分の属するポリスの市民を教化するという伝統的な教育の枠組みを越え、誰でも望む者、そしてそれに見合う金銭を支払いうる富裕な人に、国籍や出身を問わずに教育を授ける。これを、具体的な規準と考えて、「ソフィスト」を特定することが可能ではないか。

　もっとも、金銭を取得することは、ソフィストであることとの必要条件とはなっても十分条件とはならないかもしれない。たとえば、パルメニデスの弟子であったエレアのゼノンは授業料を取っていたと言われるが、通常「ソフィスト」と見なされてはいない。ゼノンが人々への教育を自らの営みでも、異なった意味が与えられていたからかもしれない。同種の職業と見なしていたとは、あまり考えられない。

　授業料を取って教えるという職業性から光を当てると、ソフィストの活動がおぼろげながら姿を現わす。まず、彼らが教育を公言したのは、基本的には「徳」であった。しかし、その標語のもとに彼らが実質的に行使し、また、人々に教授するのは、言論を扱う術であった。法廷や民会でどのように上手に語り相手を説得するかが、ソフィストの授ける教育の中核にあった。ソフィストは、直接、間接に「弁論術」(レトリケー)に関わっている。こういった活動をつうじて、彼らはギリシアの人々の間で「知者」としての評判を勝ち取り、社会で地位を占めたのである。彼らは、ギリシア社会が要請した時代のニーズに応える、新しい職業的知識人として一つのまとまりをなしていた。

ソフィストが登場する以前には、知識人たちは自立した市民として、家業や政治活動に携わっていたと考えられる。あまり裕福でない人々は、有力者の庇護のもとで活動したり、豊かな友人たちから援助を受けていたのであろう。ソクラテスはおそらく石工を職業とする市民であったが、対話に時間を費やす間は、クリトンらが生活上の面倒を見ていたことも想像される。ただ、このようなパトロン関係は、授業料を取って教育するソフィストの職業性とは本質的に異なっていた。他方で、アテナイの富裕市民であるカリアスやカリクレスが、自邸に異国からのソフィストたち、プロタゴラスやゴルギアスらを逗留させていたのは、古い形のパトロン関係の名残りでもある。

職業性という暫定的な規準で範囲を限られたソフィストには、何らかの「思潮」とでも呼ぶべき時代の共通傾向を認めることが期待される。民主政社会における彼らの役割、とりわけ、言論の教育、徳と能力の促進、多様な学識の伝達といった点が、その活動を特徴づけるように思われる。そのようなソフィストたちが、文化の中心地アテナイの出身ではなく、ギリシア各地から集まってアテナイを拠点に活動していた点も共通している。そして何より、ソフィストたちがソクラテスやプラトンら「哲学者」の流れに対抗して活動した点が、彼らを一つの思潮に結びつけるであろう。

これらの特徴を全体として見ることで、「ソフィスト思潮」(the sophistic movement) を捉えていこう。

三 ソフィストたち

「ソフィストとは誰か」という問いには、根本的な困難が伴う。そもそものように括られる集団や共通項は存在しないのではないか。つまり、「ソフィスト」とはレッテルに過ぎず、実体はないのではないか。この問題をさらに追求するために、ここでは、前節で定めた暫定的な規準にのっとって、「誰がソフィストか」を検討していこう。

自他共に認めるソフィストの第一人者は、プロタゴラスであった。エーゲ海北岸、トラキア地方の小都市アブデラに生まれたこの知者は、その同じ土地でやや遅れて生まれた原子論者デモクリトスと、しばしば関係づけられてきた。後世、プロタゴラスがデモクリトスの教えを受けたという誤った伝承も生じるが、プロタゴラスがかなりの年長であることは確かで、両者の関係は不明である。彼は、ソフィストたちのなかでも最年長とされ、生年は前四九〇年頃と想定されている。プロタゴラスはアテナイでは政治家ペリクレスと親交が厚く、また、アテナイが関わったイタリア南部の植民市トゥリオイ建国のために法律を起草したとも伝えられる。プロタゴラスがギリシア各地をわたり歩き、金銭を取って人々に市民としての徳を教授すると公言していたこと、また、言論の能力に優れると評判であったことから、彼が典型的なソフィストに数えられることに異論はない。

ついで、エーゲ海のケオス島出身のプロディコスがいる。彼は、とりわけ名辞の厳格な区別と使用にこだわった学者として有名である。語義の微細な区別は、プラトン対話篇でもやや揶揄をまじえて紹介されているが、プロタゴラスと並ぶ「言語」への学問的研究の先駆けとして、歴史上注目される。プロディコスの関心は、言葉の問題に限定されてはいなかった。クセノフォンが『ソクラテスの想い出』第二巻一章で報告する『ヘラクレスの選択』の作者として、倫理的な教訓を与えていたことも知られている。また、『自然について』という著作もあったとされ、人間は有益なものを神と見なした、とする合理的宗教論の断片もある。

ペロポネソス半島西部、オリュンピアの神域に近い小ポリス・エリスの出身であるヒッピアスも、自国の外交活動にあたると同時に、オリュンピアの祭典など各地で弁論の演示や教育活動を行なっていた。彼はとりわけ「博識」（ポリュマティア）で知られ、万能の自足的人間を自負していた。ヒッピアスの関心は、幾何学、天文学、音楽、詩、彫刻・絵画、歴史など多岐にわたり、記憶術に長《た》けていた。

歴史的に、プロタゴラス、プロディコス、ヒッピアスの三人を「ソフィスト」と認めることに、疑義をはさむ人はまずいない。彼らと並ぶ、あるいは、それ以上に有名なゴルギアスについては、若干の問題がある。

ゴルギアスは、シチリア島東岸の小ポリス・レオンティノイの出で、祖国の外交使節を務めた後に、諸国をめぐる「弁論術」の教育者となった。彼はその教育活動により巨万の富を築き、また、百歳以上の長寿を全うしたと伝えられるが、彼を「ソフィスト」に数えることに反対する論点が、二つ提出されている。

第一に、ゴルギアスは自ら「弁論家」（レートール）と名乗り、プロタゴラスらのように「ソフィスト」と呼ばれることをきっぱりと拒否していた、と証言されている。自らが教え授けるのは言論によって人を説得する術だけであり、市民としての徳の教育など公言はしなかった、という訳である。第二に、プラトンが『ゴルギアス』で示した分類によれば、「弁論術」とは法廷で正・不正を争う司法術の影であり、民会で政策審議に活躍する立法術の影にあたる「ソフィスト術」とはっきり区別されている。この二点をもって、ゴルギアスは「ソフィスト」ではないと考える有力な研究者もいる。だが、ゴルギアスをソフィストではないと排除することがはたして適切か、典拠となったプラトン対話篇から再考してみよう。

ゴルギアスが「徳の教師」や「ソフィスト」といった呼び名を避けたのは、『メノン』(95C)で証言されるように、おそらく歴史的事実であろう。彼が「弁論家《レートール》」という呼び名に自負をもっていたことは、『ゴルギアス』から明瞭である。にもかかわらず、正・不正を扱う法廷弁論の術を教授するにあたり、相手が望めば正義についても教えるということを、その対話篇でゴルギアスは認めてしまう。また、「徳」とは「他人を支配する力」であるとゴルギアスは考えており、彼の弁論術はそのような力を授けるものに他ならない。したがって、彼は実質的に「徳を教える」との主張をなしていたことになる。ゴルギアスが「徳の教育」を批判し嘲笑していたとしたら、それは、プロタゴラスら他のソフィストたちへの強烈な対抗意識の現われと解釈される。

次に、『ゴルギアス』での弁論術とソフィスト術の区別は、あまりに図式的であり、文脈としても決定的とは言えない。その図式では、弁論術が司法を扱い、ソフィスト術が立法に関わるとされるが、それは両者の実情に即してはおらず、ゴルギアス自身もその対話篇で、民会や他のあらゆる場所で弁論の能力を発揮できると公言している。反対に、プロタゴラスらソフィストの言論技術も、一般に、法廷弁論を大きなテーマとしていた。

以上から、ゴルギアスが自ら「ソフィスト」と名乗らなかったとしても、私たちが考察する限りでのソフィストに含まれることは間違いない。前五〜四世紀の人々がゴルギアスを「ソフィスト」と見なしていたことは、多くの資料から確認される。たとえば、プラトン『ソクラテスの弁明』(19E)で、ソクラテスは、プロディコス、ヒッピアスと並べてゴルギアスを「ソフィスト」のリストに含めている。また、後三世紀に新旧ソフィストたちの列伝を著わしたフラウィオス・フィロストラトスは、ゴルギアスを「ソフィスト術の父」と呼んで、その筆頭に紹介している。

ここで、「ソフィスト」と「弁論家」の関係についても触れておこう。法廷で言論を駆使して説得する方法が、反省を加えられて「術」(テクネー)の形をとるに至ったのは、前五世紀前半、シチリア島においてとされるが、その技術は前五世紀後半にはアテナイでも盛んになる。当時のアテナイでは法廷で当事者が自ら告発や弁明の弁論を行なう義務があり、検事や弁護士にあたる人々はいなかった。一般市民のなかには、突然の必要に直面して、弁論作成の専門家に依頼し金銭を支払って予め弁論を代作してもらい、それを暗記して法廷に臨む者もいた。これが「言論代作人」(ロゴグラフォス)と呼ばれる職業であり、裕福な在留外人の一家に生まれたリュシアスがその代表であった。他方で、リュシアスは、弁論の術を人々に教育することや、まして「徳の教育」にあたることはなかったと考えられる。この点で、彼は「弁論家」ではあっても「ソフィスト」ではなかった。このように、弁論制作を専らにする専門家である「弁論家」は、ソフィストと重なることも、別であることもあった。

プラトン『ポリテイア』で、リュシアスと一緒に登場するカルケドン出身のトラシュマコスは、おもに「弁論家」として名を馳せたが、金銭を取って教育に携わるソフィストでもあった。彼が『ポリテイア』第一巻でソクラテスを相手に展開する過激な「正・不正」についての説は、ソフィスト思想の典型と見なされている。トラシュマコスは、アテナイで外交活動に当たっていたとの推定もあるが、その生涯や思想については資料が少なく、はっきりしたことはほとんど言えない。弁論家としてのトラシュマコスは、「中庸の文体」を作り上げた人として、後世評価されている。

アンティフォンと呼ばれる人物をめぐっては、今でも論争が続いている。錯綜した問題を簡略に述べると、アテナイのラムヌゥス区出身の「弁論家」で「政治家」のアンティフォンが、クセノフォンによって「ソフィスト」として紹介されるアンティフォン、そして『真理について』という著作の作者と同一であるかどうか、が争点となっている。

クセノフォンは『ソクラテスの想い出』第一巻六章で、「ソフィスト」アンティフォンとソクラテスとの対決を描いている。アンティフォンはソクラテスの簡素で粗末な生活を、弟子から授業料を取るソフィストたちの裕福で贅沢な生活と対比し、ソクラテスの「哲学」を貶める。ソクラテスはアンティフォンの見方に反対して、自身がそのように純朴な生活を送る理由を、どのような欠如からも解放されているから、と説明する。同じアンティフォンとの別の会話で、ソクラテスは、ソフィストたちは誰であれ、やって来るものに対して金銭と引き換えに知恵を提供する、いわば「知恵の淫売」であると非難する。この

「ソフィスト・アンティフォン」について、クセノフォンは他に一切背景や情報を与えてくれていない。したがって、これが『真理について』という二巻の著作を公刊した有名なソフィストと同一であるかも、確実には語れない。

他方で、トゥキュディデスの『戦史』は、前四一一年にアテナイで寡頭派による「四百人政権」の革命が起こった際、アンティフォンがその首謀者の一人であったと報告している。彼は、革命の失敗とともに裁判にかけられ、弁論の末に処刑されたとされる。また、今日「弁論家アンティフォン」の名のもとに六編の弁論作品が残されている。そのうち『四部作』と称される三組の模擬弁論作品は、初期の弁論術の技法を考察する上で貴重な資料となる。

これらの「アンティフォン」が同一人物であるのか、複数の別人であるのか、古代から証言に混乱があり、決着はついていない。別人説をとる論者の主な根拠は、文体と思想の相違におかれるが、今日では、「ソフィスト・アンティフォン」と「弁論家アンティフォン」を共通に理解する方向が優勢である。もしそうであるとすると、アテナイ出身でソクラテスより年長のソフィストである点、および、『真理について』で明確な「ノモス／フュシス」の対比による正義の説明を行なっている点で、哲学史上きわめて重要な意味を持つ人物ということになる。

「ソフィスト」と呼ばれる職業人は、前五世紀末には、大小さまざまなレヴェルで活躍していたようである。パロス島出身のエウエノスというソフィストがアテナイで活動し、一ムナの授業料を取っていたことは、プラトンの『ソクラテスの弁明』と『パイドン』から知られているが、彼はマイナーな存在であり、そこでのソクラテスの言及にはつよい皮肉が感じられる。エウエノスという小物のソフィストは、おそらく、ちょうどソクラテス裁判の時期にアテナイで活動していたため今日に知られる、大勢のソフィストの一人に過ぎなかった。

従来は「ソフィスト」のリストに含まれていたが、実際はソフィストとは言えない人物もいる。アテナイの三十人政権の指導者で、ソクラテスの弟子であったクリティアスがその例である。三十人政権の圧政の責任者として悪名高いクリティアスは、文人としても有名で、詩や劇作品の断片も残されており、そのいくつかはソフィスト的な思想傾向を示すものとされる。しかし、有力家系に生まれて政治家として活躍した彼が、職業として人々の教育に従事した形跡はまったくない。また、プラトン、クセノフォン、アリストテレスをはじめとする古典期の資料で、クリティアスが「ソフィスト」と呼ばれる箇所も一つもない。

クリティアスは、ローマ時代の第二次ソフィスト思潮において、おそらくヘロデス・アッティコスによって、優れた文体作者という意味で「ソフィスト」と呼ばれるようになった。その影響下で、フィロストラトスが彼の『ソフィスト列伝』にクリティアスを含めたことから、この政治家・文人は近代にいたって「ソフィスト」と見なされ、とりわけ「悪人」イメージの代表に取り上げられるようになる。ディールスとクランツの断片集でも、クリティアスの著作の断片には一つの章が与えられている。クリティアスをめぐる理解の歴史は興味深いが、彼を「ソフィスト」とする見方は明白な誤りである。

クリティアスと似た形でしばしば言及されるのが、『ゴルギアス』で第三の対話相手としてソクラテスと対決するカリクレスである。この名の人物は、歴史上には一切資料がなく、プラトンによる創作人物であるか、実在の人物かも定かではない。だが、いずれにしても、ゴルギアスを自邸に泊めるこの裕福なアテナイ人は、自ら職業としてソフィストであったとは考えられず、ソフィスト的な思想の影響下にあった一人物、典型的な政治家志望の若者と見なすべきである。

プロタゴラスを筆頭に、ほぼ同世代のゴルギアス、やや若いプロディコスやヒッピアスと比べると、次世代とも言うべき、やや異なった種類のソフィストたちが現われる。代表は、トゥリオイ出身でプラトン『エウテュデモス』の主人公となるエウテュデモスとディオニュソドロスの兄弟ソフィストである。彼らは「争論術」（エリスティケー）と呼ばれる、短い問答によって数々の詭弁をくり出し相手を矛盾に追い込む論駁法を得意としていた。『エウテュデモス』で彼らは、知恵を演出する喜劇的ショーで人々の喝采と失笑を受ける。

また、第一世代のソフィストたちは多くの弟子を残し、ゴルギアスの弟子には、「経験」

を重視する論を唱えたポロス、即興演説に長けたアルキダマス、そして、イソクラテスらが前四世紀前半に弁論術の教師として活躍した。また、同じ流れをくむリュコフロンは、アリストテレスによってしばしば言及されている。

序章で紹介したように、作者は不明ながらソフィストが書いたと推定される作品も若干残されている。『両論』（ディッソイ・ロゴイ）、そして、イアンブリコス『哲学の勧め』（プロトレプティコス）所収の論説である。これらの論考については、既知のソフィストの誰かに帰する仮説も提示されてきたが、おそらく、彼らの影響を受けた、今日では名の知られないソフィストの作品であろう。

私たちはこうして、「誰がソフィストか」を特定してきた。これらの人々をソフィストの一団として確保した上で、その活動や議論を考慮しながら、歴史的限定を越える「哲学問題」としてのソフィストに挑んでいきたい。第二部において、私たちはゴルギアスと弟子アルキダマスに注目して、彼らの言論をそれ自体として検討していく。本節で取り上げた他のソフィストたちに考察を拡大するのは、別の機会に譲らざるを得ない。

では、いよいよ「ソフィストとは誰か」という問題に取りかかろう。

第三章　ソフィストと哲学者

一　ソフィストの定義

ソフィストは、漁師や靴作りや穀物商人のように、誰にとっても自明な職業として存在していた訳ではない。

ゴルギアスは自ら「弁論家」を名乗り、「ソフィスト」であることを否定した。だが、前章で検討したように、その自称ゆえに彼がソフィストではない、と言うことはできない。当時の人々にそう思われ、私たちの規準によってもゴルギアスは「ソフィスト」である条件を満たしていたからである。逆に、ソクラテスは当時の人々には「ソフィスト」と呼ばれもしたが、授業料を取って教育を施すというソフィストの職業性の規準は満たさない。これらのケースでは、「ソフィスト」という名称の本人や他人による使用とは一応独立に、ある人をソフィストと見なし得ることを示した。つまり、「誰がソフィストか」を判定する規準が何らか存在し、それは何か実体を指し得るのである。
「ソフィスト」という、レッテルとして恣意的に用いられがちなこの名称を、実体を表わす概念として規定しようとしたのは、他ならぬプラトンであった。ギリシア社会で多くの人々が、「ソフィスト」という名に戸惑い、魅惑され、また感情的に反発する中で、プラトンはその問題を追求しつづけた。彼にとって「ソフィストとは何か」の問いは、生涯をかけた課題であった。その直接の動機は、「ソフィスト」として死刑を受けた師ソクラテスが、「哲学者」であって「ソフィスト」ではなかったことを論証する試みにある。そうして、プラトンにとって「ソフィスト／哲学者」の区別が、「哲学」を成立させる哲学問題となっていたのである。ここでは、プラトンがどのようにソフィストの本質・定義を追求していったかを、考察しよう。

プラトンは三十あまりの対話篇を執筆したが、そのうち五つはソフィストの名をタイトルに冠し、直接にソフィストたちを扱っている。

私たちが最初に取り上げた『プロタゴラス』は、「ソフィストについて」という伝統的な副題を持つ。その対話篇では、アテナイの富豪カリアス邸でプロタゴラス、ヒッピアス、プロディコスらが集うなかで、ソクラテスがプロタゴラスを相手に「徳」に関して対話を交わしている。その対話は「ソフィストとは何か」の問いから始まり、「徳の教育」を標榜するプロタゴラスに、諸徳の関係を尋ねていく。二人の対決を聴衆と共に見守るプロデイコスとヒッピアスも、場面の転換部で特徴的な発言をしている。

『ゴルギアス』では、やはりアテナイを訪問していたゴルギアスのもとにソクラテスが駆けつけ、「弁論術とは何か」を検討する。対話は、ゴルギアス、その弟子ポロス、彼らをもてなすアテナイ人カリクレスの三人と順次交わされ、テーマも弁論術から、正義、そして生き方の問題へと深まっていく。

ソフィスト・ヒッピアスには、彼の名を冠する対話篇が二つある。「美とは何か」を論じる『ヒッピアス大』と、「嘘」をめぐる興味深い小篇『ヒッピアス小』で、共にヒッピアスはソクラテスにやりこめられる。両篇でこのソフィストは、かなり皮肉を交えて描かれているように見える。プラトンがプロタゴラスやゴルギアスら年輩の大ソフィストに与えていた一定の敬意が、このヒッピアスに対しては感じられない、といった指摘も一般になされている。

そして、エウテュデモスとディオニュソドロスを相手に喜劇的なやり取りを交わす『エウテュデモス』篇がある。そこでは、兄弟ソフィストによる詭弁のオンパレードが、ソクラテスによる「哲学の勧め」(プロトレプティコス)の言論と対比的に描かれる。

また、『ポリテイア』第一巻で「正義」をめぐって、ソクラテスに対して激しく論戦を挑むのが、カルケドンからやってきたトラシュマコスである。第一巻はある完結した議論を構成することから、研究者の中には、プラトンは当初『トラシュマコス』という対話篇として独立に執筆した、と想定する者までいる。その想定は基本的に誤りであるが、『プロタゴラス』『ゴルギアス』など初期の対話篇との共通性は確かに見られる。

これらの対話篇は、ソクラテスという哲学者を一方の側に立て、他方に著名なソフィストを配して、特定の論題をめぐって言論で対決させるものである。その意図は、ソクラテスが従事する「哲学」の本質と正しさを、ソフィストたちの営みとの対比において鋭く描き出すことにあった。

ソフィストを一方の主人公とするこれらの対話篇の他に、ソフィストについて間接的に論じるいくつかの作品がある。『パイドロス』では、リュシアスの弁論と並んでゴルギアスらの「弁論術」が取り上げられ、理想の言論技術である「ディアレクティケー」(対話の技術)との対比で批判的に検討される。『メノン』でソクラテスの対話相手をつとめるメノンはテッサリアでゴルギアスの教えを受け、その考えを信奉する若者であり、後期『ピレボス』でも、ゴルギアスの名が言及される。

『テアイテトス』第一部では、「知識は感覚である」という立場との関係で、「人間は、すべての物事の尺度である」というプロタゴラスの教説が、ヘラクレイトスの流動説と結びつけられ徹底的に吟味される。その対話篇が第二部で扱う「虚偽不可能論」は、また、名辞の正しさを論じる『クラテュロス』ではプロタゴラスの名のもとに紹介される。

だが、『パイドロス』や『テアイテトス』といった過渡期の作品に続く後期対話篇『ソフィスト』こそ、「ソフィストとは何か」という定義を、改めて正面から取り上げて論じるもっとも重要な著作である。『ソフィスト』では、冒頭でソクラテスにより、哲学者の多様な現われについて、次のような問題提起がなされる。

「しかしながら、この種族は、神の種族と比べても識別がより容易《たやす》いことはなかろう。というのも、これらの者は――私は偽のではなく真正の哲学者のことを言っているのだが――他の人々の不知ゆえに多様な仕方で現われ、「街から街へとわたり歩きながら」上方から下方の人々の生を見守るからである。彼らはある人々には何にも値しない者、別の人々にはすべてにまして価値ある者と思われる。そして彼らは、ある時は政治家、ある時はソフィストとして現われ、またある時にはまったく気が狂っているという考えを受ける人々もいるのだ。」（『ソフィスト』216C-D）

哲学者は、神のように見分けにくい種族である。それは時にソフィストとして、時に政治家として、また時に狂人として現われる。この問題提起をうけて、対話篇はまず「ソフィストとは何か」を明らかにすることで、哲学者との相違を示す定義の作業に入る。この探究は、「ソフィスト」と「哲学者」が二つの類を成す、異なった存在であることを前提とする。これに対して、ソフィストの側は、そもそも両者に違いはない、という立場で反撃を加えてくる。

この著作は、それまでの対話篇とは多くの点で趣きを異にしている。第一に、ここではソクラテスとソフィストの対決という図式はとられていない。第二に、タイトル『ソフィスト』が端的に示すように、個別のソフィストや関連する個別的主題ではなく、「ソフィスト」そのものが定義の対象となっているのである。

第一の点は、とりわけ注目に値する。ソクラテスは対話篇の冒頭に登場し、テーマ設定に重要な発言を与えるが、その後の対話から退き、「哲学者」として紹介された「エレアからの客人」という無名の登場人物が、若者テアイテトスとの間で議論を進める。つまり、ソクラテスはそれまでのように対話の問い手でなくなっただけでなく、「哲学者」としての対話上の役割からも離れて、対話に立ち会っているのである。これは、ソフィストとの関係で焦点となる「ソクラテス」という問題の人物に吟味から距離をとらせることで、パルメニデス哲学の流れを汲む第三者によって、より客観的で厳密な探究を遂行させる手法と見なされる。ソクラテスは「哲学者」のモデルからいったん退き、むしろ、彼が哲学者であるかソフィストであるかが、対話篇の隠れた主題となるのであった。

第二に、この対話篇には、プロタゴラスやゴルギアスらソフィストが一人も登場しないだけではなく、彼ら個別ソフィストの名が言及されることも、一箇所を例外として、ない。ただ、ソフィストの反論術が「あらゆる主題に関わる」ことを確認する場面で、テアイテトスによってプロタゴラスが「レスリングについて」論じたことが揶揄的に言及されるだけである。この特徴は、プラトンがここで問題にするのが、それぞれ強い個性をもった個々のソフィストではなく、「ソフィスト」という存在そのもの、その概念の普遍的な本質と問題性であったことを示している。ソクラテスが対話の主導者から退くとともに、プロタゴラスやゴルギアスら個別のソフィストが論駁の相手として姿を見せることもなくなる。それは、より理論的に「ソフィストとは何か」を考察するための設定であった。

『ソフィスト』では、「ソフィストとは何か」を定義するという目標が合意された後、分割という方法によってその第一の定義が提示される。魚釣り術との類比で与えられる第一の定義は、「裕福な若者の狩人」というものであった。

だが、第一の定義が確定するや否や、第二、第三、第四の定義が次々と現われてしまう。「学識の商人、小売り業者、製造販売業者」というそれらの定義は、『プロタゴラス』(313C)においてソクラテスがソフィストを「学識の商人」、または、小売り業者」と呼んでいたことに対応する。そして、第五に提出される定義は、「私的な議論で戦い、金銭を稼ぐ争論家」であった。

つづいて、「論駁によって、魂における誤った考えを浄化する者」が、ソフィストの第六定義として現われる。しかし、この人物はソフィストと見なすにはあまりに高貴ではないかとの疑念が起こり、その身分は留保される。この「魂の浄化者」というソフィスト定義は、むしろ多くの点でソクラテスの営みを想起させるからである。だが、もしここに現われたのがソクラテスであるとすれば、この第六定義がソフィストのものではないか（つまり、定義探究が失敗しているか）、それともソクラテスがソフィストであるか、のいずれかになる。ここで私たちは、プラトンが生涯をかけた、もっとも本質的な問題に直面することになる。はたして「ソフィスト」は「哲学者」と区別されるのか。ソクラテスは哲学者であったのか。

この問題ある定義をきっかけに、ソフィストの多様な現われに関して、再度新たな探究が開始される。「現われ、像、虚偽、ない、ある」といった概念の本格的な検討を経て、最終定義でソフィストは、「知者を真似る者」（268C）、つまり、「知者と現われているが、実際はそうでない者」と定義される。問題となっていた第六定義は、長い論究を経た今、正しく理解されるかぎりで、ソフィストではなく、ソクラテスを表わすことが判明したのである。ソフィストの定義は、最終的に、分割法の成果として次のようにまとめられる。

エレアからの客人「それは、矛盾を制作する術であるが、空とぼけ的部分に属し、思いこみ的な模倣に属し、現像制作の類に属し、像制作のなかの、神的ではなく人間的な制作に属する。これが、言論において、驚きを作り成す部分として切り離されており、本当のソフィストが「この血筋と血統に属する」と語る者は、もっとも真実を語っているように思われる。」

テアイテトス「まったく、その通りです。」（プラトン『ソフィスト』268C–D）

おもに前半で与えられた複数のソフィスト定義は、単純に並列される訳ではなく、それぞれがソフィストの活動のある側面を照らし出している。若者を生徒に獲得する営み、金銭によって学識を売る営み、言論で争う営み、そして、相手を（見かけの）矛盾に追いこむ営みである。これら多数の定義が現われ出てしまう事態は、一つの定義によりソフィストを捉えようとする探究が、根源的な困難をはらむことを示す。ソフィストは、影のような存在として、容易に言論で捕まえることはできない。だが、この探究は、順次別の側面を現出させることでソフィストのあり方に迫る戦略をとる。そうして最終的に、「ソフィストとは何か」の本質が確定され、「哲学者」と明確に区別されるのであった。

プラトンがこうして『ソフィスト』で与えた本格的で決定的な定義は、弟子のアリストテレス以来、哲学史をつうじて標準的な見解として定着するにいたった。アリストテレスが『ソフィスト的論駁について』の最初で与えたソフィストの定義は、「知恵に見えるが本当はそうでないもので金銭を稼ぐ者」というものであった。プラトンの『ソフィスト』が「ソフィスト」の実体と本質を確立したのである。

二　哲学者と非哲学者

プラトンによってくり返し加えられたソフィスト批判、とりわけ『ソフィスト』が与える定義は、ソフィストの本質を照らし出す。だが、この対話篇がソフィスト定義を追求するのは、そもそも「哲学者とは何か」を明らかにするために、人々に見間違えられる「ソフィスト／哲学者」の二者を区別するためであった。そうであれば、ソフィストの定義をつうじて明らかになった個々の特徴は、哲学者が持つべき特徴を反対から照らし出しているはずである。プラトンはそのような形で、「ソフィストとは何か」の定義によって「哲学者とは何か」を示そうとした。では、ソフィストと哲学者は、具体的にどのような対比に置かれるのであろうか。

ここでは、プラトン対話篇全般から、ソフィストの活動の特徴を六つ取り出そう。そのそれぞれに、哲学者のあり方が対応する。

ソフィスト	哲学者
［1：活動形態］	
1‐1　ギリシア中を旅して回る	祖国に貢献する

1－2	金銭を取って教育を授ける	自由な交わりにおいて対話する
［2：活動内容］		
2－1	徳の教育を標榜する	徳の教育可能性を問う
2－2	言論の力による説得を目指す	言論を正しく用いる術を追求する
［3：思想基盤］		
3－1	すべてについての知識を標榜する	不知を自覚し、他人に覚らせる
3－2	懐疑主義や相対主義の立場を用いる	絶対的な真理を探究する

これら三グループからなる対は、ソフィストと哲学者の相違を、活動形態、活動内容、そして、思想基盤という、外面から基底に向かう段階で整理したものである。ここでは、この整理にしたがって、ソフィストと哲学者の対の本質に迫っていこう。

［1－1：諸国歴訪］

ソフィストたちは祖国を離れ、ギリシア各地を移動しながら、教育活動に従事していた。この特徴は、哲学者の側からは根無し草として批判される。

だが、アテナイ市民として生まれ、生涯ほとんど市域を出る必要もなかったソクラテスの場合と比べると、ソフィストたちに対するこの論点は不当な批判にも見える。文化や政治の中心から遠く離れたアブデラやケオス島出身のプロタゴラスやプロディコスは、知的活動の拠点をアテナイなど大ポリスに求めざるを得なかった。また、シチリア出身のゴルギアスの場合は、故国レオンティノイが隣国シラクサに滅ぼされてしまう。彼がテッサリアやアテナイを中心に後半生を放浪の教育活動に費やしたのは、やむを得ないことであった。他方で、祖国エリスと関係が深いオリュンピアなど各地で演説を披瀝したヒッピアスは、外交使節としての役目も果たし、祖国とのつながりを生涯保っていたようである。こういった個別事例を見ると、プラトンの側からの批判は一方的で理不尽なものに思えてくる。しかし、この批判の根底には、一つの重要な対比が込められている。

ソフィストが自ポリスを離れ、ギリシア各地で若者たちに対する教育活動をくり広げていたことは、その職業への需要から言って当然のことであった。彼らは自らの活躍の場を求めて、各地をわたり歩いたからである。ソフィストは人々が望む場で、望む仕方で、知識を披瀝し教授する準備があった。それはこの時代に可能となり、時勢に即応した知的自由であり、コスモポリタン的なあり方であった。

対照的に、ソクラテスに代表される「哲学者」は、あくまでポリスという共同体の一員として、その地において「善」を実現する責務を果たす。『ソクラテスの弁明』でソクラテスは、自らを神によって大ポリス・アテナイに付された「あぶ」に喩えている。人間は政治・社会的存在であり、国《ポリス》を離れて自由に自己の存在や生を実現することはできない。

それは、不当に思われる判決を受けても追放や脱獄を拒絶し、死を選んで国法を遵守したソクラテスが生きる「哲学」の基本であった。知は、時と場を離れてはけっして意味をもたない。真の「自由人」とは、市民としてポリスに根ざす人間存在のあり方であった。

この視点からは、ソフィストは祖国への一切の関与と責務から自らを切り離し、一見、自由に知を行使して世界を闊歩しているように見えて、その実、知識人、いや人間としての基本的なあり方を放棄した無責任な存在と言える。その言論が「不敬神」にあたると告発されたプロタゴラスが、アテナイから逃亡したとされるのは、ソクラテスとは対照的である。「神々について私は、あるとも、ないとも、姿形がどのようであるかも、知ることができない」という過激な言論を、アテナイ人たちの前で大胆に披瀝したこのソフィストは、社会への影響に対して責任をとることなく、言論だけを置いて去っていったのである。

他方で、ソクラテスが貫いた祖国への知的奉仕は、けっして閉鎖的なものでも「知」の独占でもなかった。ソクラテスは、アテナイの同朋たちだけでなく、プロタゴラスらソフィストやテッサリア人メノンのような他国人ともまったく同等に、自由に対話を交わす。だが、彼がいつももっとも気にかけていたのは、自国アテナイの知的状況、とりわけ、若者たちの教育であった。それは、その場ごとに知識を与えては去っていくソフィストのような教育者が、けっして最終的に責任をもたない類いの教育であった。

国を離れて善く生きることが可能か、そして、それは知の探究者のあり方として望ましいものか、が問われている。哲学の側からソフィストに加えられる「諸国をわたり歩く」という批判の論点は、政治や教育を含めた知的活動のあり方の全体に関わる。

実は、前五世紀のソフィストのなかにも、この特徴に当てはまらない者がいる。アテナイ人の弁論家アンティフォンである。もし彼が『真理について』を著わしたソフィストであるとすると、諸国をわたり歩くという、プラトンからの批判には当たらない。むしろ彼は、アテナイの政治変革に加担し、その試みに殉じて死刑になっている。見方によっては、アンティフォンはソクラテスと同様に、自らのポリスにおいて責任を果たしたと言えるかもしれない。

プラトンはこの人物について、『メネクセノス』で弁論術の教師として、軽く揶揄するだけであった。他のソフィストたちをあれだけ徹底的に批判したプラトンの対話篇が、ソクラテスやプラトンにとってより身近であったはずのこの人物を黙止するのは、不思議に思われるかもしれない。それは、アンティフォンを取るに足らない弁論家と判断してではなく、プロタゴラスやゴルギアスに代表される「ソフィスト」の規準には適合しない、何らかのより深刻な問題に直面してのことであったかもしれない。

[1-2:金銭取得]

第二の特徴は、ソフィストは金銭を取って教育活動に従事するが、哲学者はけっして金銭を取らないという対比にある。金銭を取るという営為、すなわち、教育の職業性は、ソフィストであるか否かを判断する、もっとも基本的な規準となっている。プロタゴラスやゴルギアスなど高名なソフィストたちは、多額の授業料を要求し、それによって人々が羨むような財産を築いたと伝えられる。

この点でのプラトンによる執拗な批判にも、貴族主義的な背景からの不当な言い分ではないか、と疑問が向けられることがある。ソクラテスやプラトンらアテナイ市民は、自らの労働によって糧を得なくても生活ができる特権身分にあった。奴隷制の上にはじめて可能となった「暇」（スコレー）という社会的特権を自明視するプラトンらの態度は、ギリシア哲学者の階級的限界を示すものに他ならない、と逆に批判されるのである。

ギリシアの思想家たちが実際にどのような経済的基盤を有していたかという問いには、明確な答えが与えにくい。ソクラテスの貧乏、いや、質朴な生活スタイルはアテナイ人の間で有名であり、アリストファネスの『雲』等でも揶揄されている。しかし、それは本当に経済的困窮によるものか、主義や趣味としてあえて選んだものか、はっきりしない。ソクラテスは石工と産婆の子であり、自ら石材の彫刻に従事していたという古代の言い伝えもある。クリトンら富裕な友人からの支援があったかもしれないが、基本的にソクラテスは、妻子を養い、自弁の武具で戦場におもむく「市民」であった。

プラトンの場合も、アテナイ名門の家柄や資産によるものであろうが、自ら学園アカデメイアを開校して共同研究に従事し、そこでは一切の授業料を取らなかった。彼は、自身の財産を注ぎこんで教育活動にあたった訳である。他方で、アテナイ市民であったソフィスト・イソクラテスは、弁論術を教授する自分の学校で生徒たちから授業料を徴収していた。それは、おもに経済的必要性によるものであり、アテナイ市民であることが、それだけで自由な学究生活の保証とはならなかったことを示している。

プラトンは、哲学者との対比で、ソフィストたちが金銭を取って教育にあたる点を徹底して批判した。この規準に照らせば、現代の「哲学者」、つまり、大学で哲学を講じる教育者はすべて「ソフィスト」であることになる。では、金銭取得の一体何が悪いのか。現代の高等教育において、この点で心にやましさを感じている者は、ほとんどいないはずであろう。

民主政に移行したとはいえ貴族政の名残りを留めるギリシア社会で、教育を専門職業とする人々が現われたショックが大きかったことを、ド・ロミーイは強調している。だが、その斬新さへの驚きはギリシア世界の進歩を示すものであっても、それが当たり前となった今では何の問題ともならない、と現代人は考えるかもしれない。当時の社会状況からの説明は、金銭取得がもつ問題性を歴史の一コマとして片付けてしまう。

クセノフォンが報告するソフィスト・アンティフォンとソクラテスとの会話は、両者の相違を次のように明らかにする。アンティフォンは、ソクラテスの貧しい生活や年中変わらぬ身なりを、主人のもとを去った奴隷にたとえて揶揄する。とりわけ、ソフィストのように金銭を取らないことを疑問にし、金銭こそが生の楽しみと自由さと快楽を増すものであると主張する。それに対してソクラテスは、こう反論する。

「金を取る者たちは、それについて賃金を得ている仕事を遂行する必要があるが、私は金を取っていないので、私の望まない人とは対話する必要はないのです。」（『ソクラテスの想い出』第一巻六章5）

質素に暮らしていればこそ、少量でも飲食の喜びが大きくなる。贅沢や豪勢が幸福をもたらすのではなく、何も必要とはしないという神的なあり方に近づくことを、哲学者は目指す。

別の会話で、同じアンティフォンは、金銭を取らないことはソクラテスの「知」が何にも値しないことを示すと論じる。これに対して、ソクラテスは言う。

「アンティフォン、私たちの間では、美の盛りと知恵は分け与えるのに立派な仕方と、醜い仕方がある、と考えられています。というのは、美しさを望む者に金銭で売ったとしたら、その人は淫売と呼ばれます。それに対して、恋人が立派で善い人物と知っている人を自身の友にする場合、思慮ある者だと私たちは見なすからです。知恵の場合も同様で、望む者なら誰にでも金銭で商売するソフィストは、いわば淫売であり、他方で、誰であれ善き生まれであると知っている者に、できる限りの善いことを教えながら友になる者は、立派で善い市民に相応しいことをなしている、と私たちは考えるのです。」（『ソクラテスの想い出』第一巻六章13）

ここで強調されているのは、自由な交際と不自由な職業性との対比である。ソフィストたちは要求する金銭を払う者であれば、たとえそれが愚鈍な者や不誠実な者でも、誰でも受けいれて金銭に見合った知識を与えなければならない。弁論の術を悪用する意図をもってソフィストのもとに弟子入りする人々の逸話は、アリストファネスの喜劇など、例に事欠かない。『ゴルギアス』でゴルギアスは、自らの術の宣伝に際して、そのような不正な弁論術の使用に対する責任は持てない、とつい言い訳をしてしまう（456C-457C）。これと対照的に、ソクラテスの哲学は、はじめから相手を選んでそれに相応しい対話をする自由を有するというのである。

クセノフォンが与えた説明は、従来、金銭取得をめぐる対立の一般的な理解となってきた。しかし、そこにソクラテスのエリート主義が指摘され、賛否両論を生むことにもなった。相手を選んで相応しい対話を交わすという方針は、プラトン対話篇にも見て取られる。

だが、それは「対話」というものの本質に関わり、一概にエリート主義とは言えない。相手を自由に選べるかどうか、という観点だけで金銭取得への批判を理解するのは、まだ不十分に思われる。

「哲学」の成立をめぐる近年の研究は、この問題に新たな光を投げかけている。アンドレア・ナイティンゲールは、授業料を取る教育というソフィストの営為を、社会と知の関係から考察する。知識の教授と引きかえに金銭を取ることは、知識を一種の商品として売り買いすることに等しく、知を経済価値に還元して扱う態度である。このような知と経済価値との共約可能性こそが、ソフィストを批判するソクラテス・プラトンの焦点であった、とナイティンゲールは論じる。哲学者の側は、「知」をあらゆる社会的・経済的価値から独立の自立した領域をなすものと見なす。知識とは他人から物を買うように授受され、商品として注入される「情報」ではない。ソフィストのように、知識の授与を行ない、需要に応じて高い経済価値を付す態度は、「知」という領域が社会の諸価値から自立することを否定するものである。

プラトンにとって「知る」ことは、各人に生来の（ミュートスでは、生まれる以前に得た）可能性において存在しており、「産婆」のように、その可能性を現実へともたらすことが真の教育なのである。対話によって哲学を共に遂行する「魂の産婆」ソクラテスとの対比で、金銭を取って知識を教授するソフィストが批判される。

現代の日本では「知」が、社会への有用性・利潤・効率から一律の価値規準によって測られ、それに適ったものだけが評価され、それから外れるものは社会から切り捨てられるという事態が近年強まっている。これは、知識を経済価値に換算できるものと見なし、できるだけ高く人々に売りつけようとするソフィストの知識観と根を同じくする立場であろう。プラトンら哲学者は、そのような態度に断固反対し、「知」に固有の価値が絶対的に存在することを強く主張した。「金銭を取得する」ソフィストに対する批判は、哲学者からの単なる言いがかりではなく、知と教育をどのように位置づけるべきか、という根本的な哲学的問題への二つの相対立する方向を指し示している。

[2-1：徳の教育]

高額の授業料を払ってまでソフィストの教育を受けようと人々が望むのは、彼らから「徳」を学ぶためであった。ここで「徳」と訳される「アレテー」とは「善さ、卓越性」を意味し、具体的には、ポリスにおいて市民として政治で活躍する能力、訴訟などに勝って生き残る社会的能力を指していた。ソフィストは、民主政において高まるこのような一般市民の要求に応じて、その能力を効率よく授ける職業人（プロフェッショナル）であった。

古い貴族政においては、神々に由来する「血筋」が生まれもつ素質を規定し、家柄や地位といった政治力の決め手であった。民主政のもとでは、そのような社会的価値観そのものへの挑戦が必要となっていた。ゴルギアスの弟子のソフィスト・アルキダマスは、『メッセニア演説』と題する作品で、高らかにこう宣言したと伝えられる。

「神は、すべての人に自由を許した。自然は、誰一人奴隷にはしなかった。」（アリストテレス『弁論術』第一巻一三章に引用）

このような反貴族政、反奴隷制の自由な考え方を、ソフィストは時代の要請にそって促進した。「自然《フュシス》」とは、「法・慣習《ノモス》」との対比で一部のソフィストたちが用いた中心概念である。自然においては万人が平等であるのに、既存社会においては貴族や奴隷といった階級差別が存在する。それは、人為的な法の産物に過ぎない。ソフィストは、「フュシス／ノモス」の区別に依拠しつつ、そのような社会批判を展開していた。

徳は、民主政社会において、誰にでも努力によって伸ばすことのできる個人的能力として捉えられるようになった。出自や財産を問わずに社会的・政治的に活躍できる可能性は、とりわけ有為な若者たちの野心を煽り、ソフィストの教育へと走らせた。

だが、アテナイ社会の状況は、公式に讃えられるほど自由で平等であった訳ではない。ペリクレスらほとんどの指導者が名門の出である事実からも分かるように、古くからの家柄やそれを基盤とする門閥や政治クラブは厳然として存在し、普通の市民が政治権力の中枢に上ることは依然難しかった。他方で、ソフィストの教育に与り、それによって政治に乗り出そうとするのは、高額の授業料を負担できる裕福な家庭の子弟に限られていたことであろう。ソフィストの教育活動は、その自由主義的な表明とは裏腹に、既存の貴族政的体制に依存する側面を有していたのである。ソフィストが民主政的存在とされる一方で、民衆を蔑視する両面性を示すのも、このためであろう。

哲学者がソフィストに向けるのは、「徳は教えられるか」という問いであった。徳が天性のもの、あるいは、偶然によって身に付く教授不可能なものであるとしたら、ソフィストの職業はまやかしとなる。実際、有徳の士と一般に尊敬されていたペリクレスらの例を見ると、自分の息子たちですら同じように徳ある人物には教育できなかった。ソフィストは、本当に徳を教えることができるのか。教授可能性に対するこのような疑問は、「徳とは何か」という本質的な問題へと発展する。

『プロタゴラス』では、「徳の教育」を標榜するソフィスト・プロタゴラスに対して、ソクラテスは「徳」をどう捉えるべきかを追求する。プロタゴラスは、当初「勇気」を徳の一種でありながら「知」を欠くものと主張するが、それでは教えられないことになり、「徳を教える」という自身の主張と矛盾をきたす。ソクラテスはその対話篇で、自らは「徳」を「知」に一元化する立場を取りながら、プロタゴラス自身が「徳とは何か」をはっきり知ってはいないという事態を露呈させたのである。

徳を教授すると公言するソフィストの側が、徳を「知」から切り離そうとする。このことは、徳の教授可能性を自ら突き崩していることにならないか。何よりも、ソフィストが徳の本質を知らないとしたら、徳を教えることがどのように可能なのか。『プロタゴラス』におけるプロタゴラスとソクラテスの対決は、そのようなソフィストの問題点を開示する。

徳を教え、人々をより善くすることは、はたして可能か。ソフィストの標榜する「徳の教育」は、まさに哲学が挑むべき課題であり、ソフィストの活動は反面教師の役割を果たしていた。

「徳」についてプラトンは、旧来の貴族主義的な価値観、つまり、徳が生得のものであり、各自の努力によって自由で平等に伸ばすことのできる能力ではないとする保守主義を取っていた、としばしば批判される。プラトン『ポリテイア』ではたしかに、生来の素質によって相応しい職業で社会分業するという理想国家像が提示される。しかし、それは貴族的な生まれによる区別ではなく、あくまで各人が持って生まれた素質を見きわめる、冷徹な現実主義に基づいている。プラトンの哲学とソフィストの自由主義・平等主義との関係は、重要な問題であり続ける。

[2-2：言論の術]

ソフィストは人々に徳を教授すると公言したが、その「徳」とは、ソクラテスが目指すような人間の善きあり方、「魂の善さ」ではなかった。彼らの「徳」とは政治的能力であり、実質的には、公的な場で上手に言論（ロゴス）を操る技術であった。

民主政アテナイでは、政治の決定は民会で市民たちによってなされ、政策を提案する人の説得の力量が大きく影響する。また、アテナイ人の訴訟好きは喜劇作家たちによってしばしば笑いの対象とされたが、その法廷では告発者と被告が互いに有罪と無罪を主張して、一般市民の裁判員にアピールしていた。言論の強さが多くを決める社会で権力を握るため、あるいは、自らの生命や安全を守るために、言論の術を身に付けることこそが、政治的能力、つまり、「徳」を手に入れることとされたのである。

言論を有効に行使するやり方は、経験的な知恵からコツの体系として次第に整理され、前五世紀には「技術」（テクネー）と呼ばれる技術書、あるいはマニュアルとして、弁論家たちによってまとめられたとされる。ソフィストはこのような言論の術の教育者として、社会から大いに必要とされたのである。彼らの目指す言論とは、人々に大きな感銘を与え、人々を動かす力であった。

人々を説得する論法としては、「ありそうなこと」（エイコス）が用いられ、さまざまな修辞技法が開発された。ソフィストがとりわけ注目したのは、相手の感情を操作する手法である。そこでは、言葉が最大限の効果を発揮することが目指され、「真理」の探究や提示は彼らの主眼ではなかった。

ソフィストが誇る「言論の術」に対して、プラトンは、それが真に言論の「術」となってはおらず、単に経験によって人々の快さを目指す「コツ」に過ぎないと批判する（『ゴルギアス』）。個々の概念を正しく把握し、それによって正しい議論を組み立てて真理を追求することが、「ディアレクティケー」と呼ばれる真の言論の術である。それとの対比で、ソフィストが操る「言論」は、言辞の多義性などに訴える誤謬に他ならない。この分析は、プラトンの批判を受け継いで十三種の「誤謬」を分類する、アリストテレスの『ソフィスト的論駁について』に結実する。

ソフィストたちは、多数の聴衆を前にした、長くて美しい言論の演示で人々を魅了していた。彼らはまた、即興的な演説や質疑応答も得意としている。プラトンの『プロタゴラス』や『ゴルギアス』が強調する問答と長広舌の対比は、かならずしも哲学者とソフィストとの決定的な対立軸ではなかった。『エウテュデモス』が描くソフィスト兄弟たちは、若者を相手に、短い問答によって相手を矛盾に追いこむ争論術を行使している。ソフィストたちが駆使する言論とソクラテスが用いる言論とは、長短という形態よりは、むしろ、話す相手や聴衆に対する関係で区別される。

［3－1：全知］

「ソフィスト」という名称が示すように、ソフィストは、自らが「知」(ソフィア)を持つことを標榜する職業人である。音楽家とは音楽について知識を持つ職業人であり、医者とは病気と健康について知識を持つ職業人である。これに対して、ソフィストが持つという知識は、そのような特定の領域に限られない、あらゆる主題にわたる。

ヒッピアスは、天文学、数学から歴史や職人技術まで、実にさまざまな知識を所有することを自慢し、「博識家」(ポリュマテース)と呼ばれた。ヒッピアスは、大きな努力と類い稀な記憶力によって(彼は「記憶術」を自慢にしていた)、一つ一つの知識を手に入れたのであろう。しかし、そのような裏付けさえ持たずに、「すべてを知っている」と公言して憚らないソフィストも登場する。エウテュデモス兄弟のようなソフィストは、実際にそのような個別知に依拠することなく、言論によって人々を丸め込むことで「すべてのことに知がある」と思わせようとした。どのようなテーマであれ、どのようにでも上手に話すことができる能力は、すべてについて知を持つことと見なされたからである。

哲学者の側は、このようなソフィストの「知」を徹底的に批判する。すべてを知る者とは、神以外にはいない。神でない人間には、「正、美、善」のような大切な事柄について知は許されていない。ソフィストたちの「全知」の主張は、知を人間の次元に引き戻すように見えて、その実、人間を神の位置にまで高めようとする傲慢に他ならない。人間を神との関係でどう捉えていくかが、両者の相違の焦点となる。

ソクラテスによる「不知の自覚」は、ソフィストの「全知」と対極にある。ソクラテスは大切な事柄については、自らは知らないと主張し続けたからである。そのソクラテスはソフィストと重ねられてきた。ソクラテスは自らの不知を証すために、世に知者と思われている多くの人たち、政治家や詩人や職人たち、それにソフィストをも言論によって吟味し、彼らが標榜する「知」をきびしく論駁した。その時、知の欺瞞を暴くソクラテスこそ「知」を隠し持っているのであり、それを空とぼけているだけの「知者」であると人々に見なされるに至る。これが、「ソクラテスのイロニー」と呼ばれる誤解であった。人間にとっての「知と不知」が、ソフィストと哲学者との対立の原点である。「哲学者」（フィロソフォス）とは、自らが「不知」であることを自覚することで「知」を愛し求め続ける探究者を意味するからである。

〔3-2：懐疑主義・相対主義〕

最後に、これまで見てきたソフィストの特徴が、どのような理論的基盤に関わるのかを検討しよう。

ソフィストたちが言論を駆使し人々を説得する時、その言論の「真理」よりも「快さ」が目指されている、とプラトンは批判する。真理をないがしろにすることは、虚偽を語ることを含意する。しかし、ソフィストにとって、この批判は的外れかもしれない。ソフィストは場面に応じて、懐疑主義や相対主義で対抗するからである。

人間は、けっして真理に到達することはできない。そうであるとしたら、すべての言論が非真理であり、よりありそうな言説を提示するソフィストの術こそが意味を持つのではないか。このような懐疑主義が、ソフィストの言論活動の基盤に想定される。

懐疑主義的言説が表明されている例としては、プロタゴラスによる『神々について』の認識不可能論と、ゴルギアス『ないについて、あるいは、自然について』での認識不可能・伝達不可能論が挙げられる（少なくとも後者は、第二部で検討するように、自らの立場というより、論争のための主張であろう）。

プロタゴラスは、他方で、相対主義の立場をとる。そこでは、ソフィストも「真理」を語っているが、その「真理」の捉え方が異なっていることになる。この立場にとって、「虚偽を語る」とは、独断的に絶対真理を措定した側からの一方的な批判に過ぎない。

プロタゴラスは、一つの主題について、それを擁護する議論と反対する議論という、反対の議論が共に可能であると主張していた。これは、裁判等の場合に告発と弁護の両面から立派な議論を組み立てる、ソフィストや弁論家の能力を言い表わしたものである。確かに、日常の事件やより難しい価値判断については、どちらの側からも一定の蓋然性をもって議論が与えられる。それは両面から物事を見ていく客観的態度の育成にとっては、むしろ大切な訓練ともなる。哲学もその方法を「ディアレクティケー」として積極的に用いている。

しかし、プロタゴラスは、「反論することは、不可能である」とも主張していた。プロタゴラスの相対主義において、「真理」は正反どちらか一方の側にではなく、どちらにも属することになった。一方だけが真理で、他方が虚偽であることは、その両方について説得するというソフィストの仕事とは両立しない。ソフィストは、プラトンが批判するように単純に「虚偽を語る」のではない。彼らは、巧妙かつ真正面から「真理を語る」と宣言しているのである。その理論的基盤が、相対主義であった。

プロタゴラスは『真理』と題する著作を、有名な次の文句から始めたとされる。

「人間は、すべての物事の尺度である。あるものについては、あることの。ないものについては、ないことの。」(断片DK 80B1：プラトン『テアイテトス』152A等)

相対主義とは「各人にそう思われれば、そうありもする」という形で、思いを真理と等値し、異なった見方を保証する立場である。このような理論は、多様な言説が花開いた古典期ギリシア社会の価値観を代表すると同時に、言論ですべてを動かす確信犯的な力の論理を体現するものであった。

従来の一元的な価値観を強烈に否定し、その上に新たな言論活動をくり広げるソフィスト思潮の究極の理論基盤はここに求められる。それは、古い価値観に代わる別の価値観ではなく、価値観そのものの転覆・否定を含んでいた。すべてを人間の判断の問題とするソフィストと、神に絶対的な規準を求める哲学者とは、根源的な対立にある。それゆえプラトンは、『テアイテトス』で、そして、『ソフィスト』で、徹底的にプロタゴラスの相対主義と対決するのである。

『法律』(716C)では、人間ではなく「神が、すべての物事の尺度である」と明言される。このような相対主義批判は、真理が絶対的に存在することを弁証するものであり、哲学は保守的な価値観を再興しているようにも見える。しかし、ソフィストたちによって一度破壊された素朴な「真理」への信念は、古き善き時代への回帰ではけっして取り戻せない。哲学は、言論において相対主義を論駁し、真理への道筋を明らかに示す、まったく新たな探究を必要とする。哲学者は、ソフィストによる根本的な挑戦を受け、そこから「哲学」自体の可能性を問い直すきびしい探究を始めるのである。

三　生の選択として

プラトンの真剣で執拗なソフィスト批判が目指したのは、ソフィストこそが「非哲学者」、つまり、哲学者の影としてそれと対をなすという証明であった。だが、「対」であるとは、どういうことか。「非」とは何を意味するのか。「非哲学者」が、単に哲学者ではない人々を指すとしたら、ソフィストに限らず、職人も農民も、政治家も詩人も、みなこの範疇に入ることになるのではないか。むしろ、ソフィストでも哲学者でもない人が、世の中の大半のはずである。しかし、ソクラテス・プラトンは、ごく限られた知識人のなかで、どちらが正統かという覇権争いをしている訳ではない。

「哲学者」（フィロソフォス）とは、古代において、職人や詩人と同じような職業を表わす語ではなかった。ピュタゴラスによって最初に用いられたという伝説の場面以来、「哲学者」とは、人間の生のあり方を意味していた。それは、現代においても変わらない。「哲学者」という職業や社会的身分は（大学においてすら）存在していないのである。

それに対して、知識を教授する職業人を自称した「ソフィスト」も、プラトンによって哲学者の「対」とされることにより、一つの職業ではない、人のあり方、生き方という哲学問題となった。その生き方が、これまで検討してきた特徴から照らし出される。「ソフィスト」という名の職業が消えてしまった今、「ソフィスト」は私たちの生き方の形を示す言葉となる。私たちに突きつけられた問いは、哲学者としての生を生きるか、それとも、ソフィストとして生きるか、の選択である。ここで問いは、第三の選択肢を許さない、排他的な二者択一として現われている。

「哲学者とは何か」は、ソフィストに対して初めて形をとる。「ソクラテスとは何者か」という問いに直面し、プラトンは対話篇で、彼が「ソフィストではない」という形で「哲学者である」ことを論証した。その過程は、ソクラテスを自明の哲学者として前提するものではなく、むしろソクラテスこそが本当のソフィストかもしれない、という深刻な問いに向きあうものであった。プラトンはその問いと生涯格闘を続けながら、自ら哲学者である生を選んでいったのである。

私たちも、自身がソフィストである可能性に直面しながら、それを批判し、自らが哲学者となることによってしか、両者の対は明らかとならない。ソフィストとの対決は、哲学の成立をかけた争いなのであり、その主役は、あなた、そして、私自身なのである。ソフィストとは誰か？　それは、私たち自身の生の選択において、哲学問題となる。

第二部　ソフィストからの挑戦

本書後半では、ソフィスト自身の視点から、彼らの活動を問題化し、明らかにしていく。そのために、ゴルギアスとアルキダマスという二人のソフィストについて、現存する四つの作品を紹介しながら、彼らがどのような知的状況で、何に対して言論を発しているのかを検討しよう。この二人に考察を絞ったのは、多くのソフィストの中で、当事者の著作が残る貴重なケースであり、そこからより明瞭に、哲学への挑戦が見て取られるからである。

ゴルギアスの二つの演示作品、『ヘレネ頌《しょう》』と『パラメデスの弁明』は、神話を主題にした遊戯的な模擬弁論の見かけのもとに、「言論」(ロゴス)について挑発的な問題提起を行ない、『ないについて、あるいは、自然について』は哲学的言論そのものへパロディを投げかける。彼の弟子アルキダマスの『ソフィストについて』は、彼ら自身の「言論」活動をめぐって、書かれた言葉と語られる言葉との鮮烈な対比が示される。ソフィストが、どのような意味で時代にインパクトを与え、なぜ忘却されていったのか、その問題への鍵が、そこに浮かび上がる。

第四章　ソフィスト術の父ゴルギアス

一　ゴルギアスの生涯

ゴルギアスとは何者か？　この時代の常として、彼の正確な生没年は不明である。しかし、百歳を越えて活躍していたという伝承、および、人生の転機となった前四二七年のアテナイ訪問から、おおよその年代が推定される。前四八五年頃に誕生し、前三八〇年代まで生きたと考えるのが適当であろう。この推定では、前四六九年に生まれたソクラテスより一回り年上で、前四九〇年頃に生まれたとされるプロタゴラスと、ほぼ同世代ということになる。だが、長寿のため、ゴルギアスの活動時期はソクラテスの死をはるかに越えて、プラトンやイソクラテスの盛期に及んでいる。ゴルギアスの寿命は、百八歳（DK 82A1、13）か百九歳（A2、10）であったとの伝承が有力であるが、百七歳（A12）や百五歳（A7）という数字も挙がっており、精確さは期し難い。いずれにしても、当時としてもかなりの長命であったことは確かで、最後まで知性の明晰さを保っていたようである。

生涯の事績についても、レオンティノイの使節としてアテナイに派遣され、民会で演説した有名な前四二七年の出来事以外は、確実には知られない。その訪問の年に、アテナイではプラトンが生まれている。プラトンは後年、おそらく前三八〇年代に、ゴルギアスをソクラテスの対話相手に登場させた『ゴルギアス』と題する対話篇を執筆した。後二〜三世紀の著述家アテナイオスは、ゴルギアスとプラトンの関係について一つの逸話を紹介する。

「ゴルギアスは彼の名を冠した対話篇の朗読を聴いて、親しい人々に「プラトンの諷刺の才は大したものだ」と語ったそうである。」（アテナイオス『食卓の賢人たち』11・505D＝DK 82A15a）

この逸話は、おそらく後世の創作であろうが、ゴルギアスが百歳を過ぎてなお活躍していたとすると、時代錯誤として無下に退けることはできない。

ゴルギアスが生まれたのは、シチリア（ギリシア名・シケリア）島の東岸、シラクサとカタナ（現カターニャ）の中間に位置するイオニア人の小ポリス・レオンティノイである。ゴルギアスの幼少時、前四七八年頃には隣国シラクサでヒエロンによる僭主政が始まり、前四六七年頃にその政体が倒れて民主政となる。この政変がシチリアにおける「弁論術」(レートリケー)の始まりを告げるものであり、ゴルギアスは二十歳前後の若さで、その新たな知的刺激に晒される。

レオンティノイは、前四三三年頃にはレギオンと共にアテナイと同盟を結んでいたことが判っているが、その同盟関係により、前四二七年にはシラクサの圧迫に対抗するため、アテナイに救援を要請する。その折に使節団の首席となり、民会で演説をしてアテナイ民衆を魅了し、見事に援助を勝ち取るのが、ゴルギアスであった。アテナイは、二十艘の船を将軍ラケスとカロイアデスに委ねてイオニア人の諸都市を守るために派遣するが、レオンティノイは間もなくシラクサに占領されてしまう。ゴルギアスは祖国を失い、残りの生涯を流浪の身で過ごす。この転機は、私たちの推定では、六十歳間近のことになる。彼は以後、テッサリアやボイオティアやアテナイをわたり歩き、人々に「弁論術」を教授して授業料を取る「ソフィスト」として活躍する。デルフォイやオリュンピアに赴いて演説をしたことが伝えられるが、それらも、おそらく亡命して後のことであろう。

ゴルギアスはソフィストとして各地で喝采と栄誉を受け、多額の授業料を得たとされる。その評判は、とりわけ文化の都アテナイで高かった。アリストファネスは、現存する二つの喜劇で彼の名に言及している。前四一四年に上演された『鳥』では、鳥たちのコロスがこう唱う。

「ファナイの「水時計」の側《そば》に、舌先で腹を満たす、技に長けた種族が棲息しており、舌先で、種を播き、刈り入れ、かき集め、イチジク狩をする。彼らゴルギアスとフィリッポスは、種族は異国人。舌先で腹を満たすそのフィリッポスらから、アッティカのどこででも、まず舌を切り離しておけ。」（『鳥』1694-1705＝DK 82A5a）

このギリシア語には「シュコファンテス」を連想させる発音の語がいくつか織り込まれており、口先で稼ぐ告訴常習者たちへの諷刺が意図されている。ここに登場するゴルギアスら二名は、前四二二年の『蜂』でも、並んで言及されていた。裁判で人々をめったやたらに訴えて、蜂のように刺しまくるアテナイ民衆を揶揄したその喜劇では、彼らが針で「ゴルギアスの息子のフィリッポスを裁判で殺した」（421）と言われる。フィリッポスという人物は、たぶんアテナイ人のシュコファンテスで、ゴルギアスの弟子であったのであろう。「裁判で殺した」とは「裁判で打ち負かした」ことの比喩であり、フィリッポスは後年まで活躍し、アンティフォンを訴えた同名の人物ではないかとの推測もある。異国人であったゴルギアスは、自らシュコファンテスとして活動したはずはないが、アテナイで悪名高いその法廷荒らしたちを教育していると思われていたのであろう。彼は、すでに喜劇で諷刺対象となるほど著名な人物であり、アテナイの人々とのつながりも深かった。

ゴルギアスは生涯をつうじて多額の授業料を集めたはずであるが、弟子イソクラテスの証言によれば、妻も子も持たず、特定のポリスに公共奉仕を行なうこともなかったにもかかわらず、死後には大した財産を残さなかったという（『アンティドシス』155-156＝DK 82 A 18）。

ゴルギアスが、いつ現存の作品を執筆したかについては特定が難しいが、二つの弁論演示作品『ヘレネ頌』と『パラメデスの弁明』は、おそらくアテナイで、当時全盛期をむかえていた悲劇との関わりで書かれたものであろう。エウリピデスは前四一五年に、『アレクサンドロス』（パリスのこと）『パラメデス』『トロイアの女たち』というトロイア戦争三部作を上演した。そのうち現存する『トロイアの女たち』でヘレネに語らせる弁明と、ゴルギアスの『ヘレネ頌』との対応関係が、研究者によってしばしば指摘されている。英雄パラメデスについても、その年のエウリピデスをはじめ、三大悲劇詩人それぞれが主題に取り上げていたことが伝えられ、ゴルギアスがそれらを強く意識しながら、トロイア戦争の神話的な題材を弁論作品に用いたと想像される。

これに対して、論考『ないについて』、あるいは、自然について』に関しては、新プラトン主義者のオリュンピオドロスが、自信をもってこう証言している。

「無論、ゴルギアスが『自然について』というかなり凝った書物を、第八四オリュンピア祭期に著わしてもいる。」（オリュンピオドロス『プラトン『ゴルギアス』註解』p. 112 Jahn = DK 82A10）

第八四オリュンピア祭期は前四四四〜四四一年にあたり、ギリシア本土ではペロポネソス戦争以前、ペリクレス時代の盛期である。『ないについて』のこの執筆時期には一部で疑問も投げかけられてきたが、もしこの証言が正しいとすると、ゴルギアスはまだアテナイにはデビューしておらず、エレア派の影響を直接感じるシチリアで活動していたはずである。

その頃アテナイで権力をにぎっていた政治家ペリクレスにも、ゴルギアスから弁論術の教えを受けたという逸話がある（DK 82A1、2）。しかし、ゴルギアスが使節としてアテナイに赴く数年前、前四二九年に、ペリクレスは疫病で死去している。そのペリクレスが演説の手法をゴルギアスに学んだということはあり得ず、おそらく、ソクラテスの弟子でいくつかの対話篇を創作したアイスキネスが『アスパシア』という作品でペリクレスの妻アスパシアに語らせた内容に由来する、と私は推定している。アイスキネスの対話篇は数々の時代錯誤を犯していたようで、その一つのケースが、後に実際に起こったこととして歴史に取り込まれたものであろう。

ただ、その逸話に示されるように、鮮烈なデビュー後、ゴルギアス弁論術のアテナイにおける影響は絶大であった。クリティアスやアルキビアデスといった文人・政治家、歴史家トゥキュディデス、悲劇詩人アガトンらが、その修辞技法を学び活用したという。また、彼の弟子として、後に取り上げるアルキダマス、イソクラテス、アンティステネス、ポロスらが、次世代の弁論術を担っていく。

フィロストラトスは、ローマ時代に第二の盛期をむかえたソフィスト術の歴史を遡って、このゴルギアスに最大の栄誉を捧げている。

「シチリアはレオンティノイに、ソフィストたちの技術が遡源すると私たちが考える、父のような人物、ゴルギアスをもたらした。……（中略）……彼がソフィストたちに弾みをつけたのであり、逆説的言説、一息技法、偉大な事柄を偉大に説明する手法、単立文技法、単刀直入法で、それらによって自身の言論がより心地よく、より威圧的になるのである。また、彼は、整い《コスモス》し様と荘厳さのために、詩的な名辞もまとわせた。」（『ソフィスト列伝』1・492＝DK 82A1）

二 哲学潮流の交錯地シチリア

ゴルギアスが前半生を送ったシチリア島は、隣接する南イタリアと共に多くのギリシア人植民市が栄え、前五世紀の半ばにはギリシアの知的活動の中心となっていた。

前六世紀初めに小アジアのイオニア地方、とくにその中心地ミレトスで起こった哲学の新たな動きは、世紀の後半にはイタリア地方へと伝播する。コロフォン出身のクセノファネスは吟唱詩人としてギリシア各地を旅したが、とりわけイタリアに大きな足跡を残したと言われる。学説誌では、クセノファネスが一元論者パルメニデスの師とされることもある。また、サモス島に生まれたピュタゴラスも、前五三八年頃にはイタリア南部に移り住み、そこに宗教共同体を設立する。「初期ギリシア哲学の第二段階」ともいうべき前五世紀前半の知的動向は、こうして準備され、イオニアからイタリアに範囲を広げて展開される。そのような新たな知的活況の地シチリアで、ゴルギアスは、おもにエレア派、ピュタゴラス派、エンペドクレス自然学、そして、弁論術という知的潮流に接し、それに対して自らの立場を構築していった。

まず、イタリア半島南西部のエレアでは、前五世紀の初めに、パルメニデスが神秘的な体験をもとに「ある」の真理を唱う哲学詩を発表した。その一元論の衝撃の中で、同郷の弟子ゼノンは、逆に多元論の仮定において数々の困難が生じることを「逆説」（パラドクサ）の形で示していく。「エレア派」と呼ばれるこの流れは、前五世紀半ばにサモスで活躍したメリッソスによってさらに展開される。エレア派の一元論に対しては、エンペドクレスや、小アジア・クラゾメナイ出身のアナクサゴラス、北ギリシア・アブデラ出身のデモクリトスとサモス島出身のレウキッポスという原子論者たちが、「自然」の多元性や変転を救済する理論を展開する。ゴルギアスが『ないについて、あるいは、自然について』を執筆したとされる前四四〇年代には、エレア派が惹き起こした論争が、発祥の地、南イタリアから、シチリアや全ギリシアを渦中に巻き込んでいた。

また、イタリア南部では、クロトンを中心に宗教共同体を作って政治や共同生活を営むピュタゴラス派の動きが盛んであった。彼らの拠点は前四五〇年頃に反対派による焼打ちにあい、フィロラオスらピュタゴラス派の人々はギリシア本土のテバイやフレイウスに逃れ、また一部イタリアに戻った者もいた。輪廻転生をはじめとする彼らの教えは、教団の閉鎖性ゆえに、どの程度一般に広まっていたかは不明である。しかし、シチリアでは、アクラガスで活躍したエンペドクレスがピュタゴラスの教えを継いだと言われており、おそらく、アテナイなどギリシア本土より早い時期に影響が広まっていたはずである。

エンペドクレスは、シチリアが生んだ前五世紀最大の自然学者である。「火、空気、水、土」という四つの基本要素はそれ自体では不変で、生成・消滅はしないとした上で、それらが「愛と憎」という結合・分離の原理によって離合集散する様が宇宙の変化である、と唱えた。その立場は、パルメニデスの「あるは、ある／ないは、ない」という原則を認めた上で、自然のあり様を壮大に説明したものである。

彼の哲学詩が『自然について』とも『浄め《カタルモイ》』とも呼ばれたように、その自然学は、魂の浄めという宗教的な主題と不可分のものであった。エンペドクレスが残した哲学詩は、ヘクサメトロス（六脚韻）の叙事詩で、比喩を駆使した魅力的な作品である。アリストテレスは、彼を「弁論術《レートリケー》の祖」と位置づけていた。エンペドクレスは、また、医学的な知識に長けていたと伝えられる。弟ヘロディコスが医者で、その治療に立ち会ったこともあるゴルギアスが、エンペドクレス思想に親しんでいた可能性は高い。「薬」や「魔術」についてのゴルギアスの言及は、エンペドクレスとの関係を連想させる。実際、ゴルギアスはエンペドクレスの教えを受けたという後世の証言も多い（DK 82A2、10）。

「エンペドクレスはまた、医者でありかつ無比の弁論家であった。レオンティノイのゴルギアスが彼の弟子であったほどであり、このゴルギアスは弁論術に秀でて『技術《テクネー》』という書物を残している。……（中略）……彼についてサテュロスが伝えるところでは、エンペドクレスの魔術をその目で見たと言っていたという。」（ディオゲネス・ラエルティオス『哲学者列伝』第八巻2・58-59＝DK 82A3）

ちなみに、ゴルギアスの弟子としてプラトン『ゴルギアス』にも登場するポロスは、エンペドクレスと同郷アクラガスの出身であった。

ゴルギアスが生まれて前半生を送ったシチリアは、このように、一方で当時の哲学潮流、エレア派、ピュタゴラス派、エンペドクレス自然学が交錯する最先端の地域であった。他方で、シラクサを中心に「弁論術」が花開き、ゴルギアスはその文化の中心人物となって後世に名を残していく。

レオンティノイの南にあるシチリア島東南部の大ポリス・シラクサでは、ヒエロンとその一族による僭主政が前四六七年頃に倒れると、その体制下で不当に奪われていた土地や財産を取り戻す訴訟が一気に法廷に持ち込まれる。人々は民主政において、言論によって自らの権益を確保しなければならなくなる。そういった必要から、ティシアスとコラクスという二人のシラクサ人が、法廷での弁論テクニックを「技術」(テクネー)としてまとめ、人々に教授し始めたという。これが、専門技術としての「弁論術」の出生譚である。彼らがまとめたとされる『技術』という書き物が高度に体系化した内容を持っていた可能性は、今日では疑問視されている。しかし、ティシアスやコラクスらによって、おもに法廷で告発・弁明を行なうための言論のテクニックが「技術」として考察され、それが教授の対象となったことは確かであろう。

ゴルギアスは若い日に直接そのような動向に接し、自ら「ゴルギアス流」と呼ばれる修辞の技法を開発していった。伝統的には、ゴルギアスはティシアスの弟子と見なされている。ここでも、師弟関係が意味するところは曖昧であるが、地理的・時代的状況を考えると、ゴルギアスがシラクサでティシアスなる弁論術の先駆者の影響を受けたとして、それは自然なことであろう。

では、ゴルギアスが育った前五世紀半ばのシチリアは、彼の言論の展開にどのような意味を持っているのか。

エレア派が尖鋭に用いる論理《ロゴス》と、それが帰結する極端な理論《ロゴス》は、反発や賛同の侃々諤々の議論を惹き起こしていた。一見私たちの常識からかけ離れたパルメニデスの「真理」は、逆に、私たちが感覚する生成変化の世界こそが誤った「思いこみ」（ドクサ）であると断罪する。パルメニデスの弟子ゼノンは、「飛ぶ矢は、止まっている」や「アキレスは、亀を追いこすことが出来ない」といった常識に反する言論《ロゴス》を見事に考案して、より尖鋭に展開させていた。「逆説」（パラドクサ）を演示するゼノンの手法は、「逆説的言説」（パラドクソロギア）をソフィスト術に導入した、とフィロストラトスによって語られたゴルギアスに、大きな影響を与えていたと推定される。

言論によって、徹底した、しかし、きわどい問題提起をなしたエレア派と、そのパラドクスをめぐる百家争鳴の思想状況は、言論・理性（ロゴス）が惹き起こす対立の行きつく先を示すかのようであった。この世界をめぐって、「ある／ない」「一／多」「変化／不変」といった問題が錯綜する中で、哲学者たちは互いに相手を批判しながら自説をくり広げていた。それは、いわば何でもありの世界、理性の危機を意味していた。「真理」の提示を標榜しながら、まったく異なった説を互いにぶつけ合う様は、一歩離れて状況を眺める者にとっては、鼻白む独断と偏見の世界であったかもしれない。言論に言論をぶつけ、学説と学説を並べ立てる果てしない論争状況は、もはや決定的な考えや真理には達しえない、という懐疑主義を惹き起こしたとしても不思議はない。パルメニデスやゼノンらの一元論者、そして、それに対抗する多元論者たちが語る「言論」（ロゴス）とは一体何であり、そこに「真理」が示されている保証はあるのか。このような言論へのシニカルな反省が、他方で「弁論術」という政治や社会における言論の実践と交錯しながら、ゴルギアスのなかで一つに凝結していったのではないか。

ゴルギアスが『ないについて』という衝撃的な論考を、パルメニデスやゼノンやメリッソスやレウキッポスに対抗して発表したのは、前四四〇年代、まさにそのような煮詰まった哲学への挑戦としてであった。他方で、アテナイに出て華やかな言論活動を堪能する後半生では、『ヘレネ頌』や『パラメデスの弁明』といった機智に富む書き物や数々の名弁論によって、実際に人々の前で言論の力を誇示していく。ゴルギアスは、今度はそのアテナイで、ソクラテスやプラトンによる言論の挑戦を受けることになる。

第五章　力としての言論――ゴルギアス『ヘレネ頌』――

一　演示としての言論

ゴルギアスが弁論の「演示」を得意とし、アテナイの聴衆に絶大な人気を博していた様は、プラトン対話篇『ゴルギアス』の冒頭が、生き生きと描いている。

カリクレス「戦争と戦闘にはこのように与るべきだ、と諺で言うね、ソクラテス。」
ソクラテス「では、その諺では、我々は宴《うたげ》の後でやってきた訳だろうか。」
カリクレス「いや、まったく洗練された宴のね。ゴルギアスさんは私たちのために、少し前に、多くの見事なことを演示してくれてしまったのだから。」
ソクラテス「しかしね、カリクレス、このことの責任はこのカイレフォンにあるのだ。彼が、アゴラで私たちに時間を取るように強いたのだから。」

カイレフォン「まったく問題はないよ、ソクラテス。私が治して差し上げよう。ゴルギアスさんは私の友人だから、私たちに演示をしてくれるだろう。もしよければ、今すぐに。もしお望みなら、また今度。」
カリクレス「おや、カイレフォン。ソクラテスはゴルギアスさんの話を聞きたいのかい。」
カイレフォン「まさにそのために、私たちはここに来たんだよ。」
カリクレス「それでは、君たちが私の家に来ることを望む時にはね。ゴルギアスさんは、私のところに逗留しておられるので、君たちのために演示をして下さるだろう。」
ソクラテス「よく言ってくれた、カリクレス。だが、彼は私たちと対話を交わしてはくれないだろうか。私は彼から、この人が持つ技術の力とは何か、そして、彼が公言して教えていることは何なのか、を聞きたいからだよ。残りの演示は、君が言うように、また今度してもらうことにしよう。」
カリクレス「彼に尋ねることは、何でもないよ、ソクラテス。それも彼の演示の一つだったのだから。今さっきも、中にいる誰かが望むことは何でも尋ねるように命じて、あらゆることに対して答える、とおっしゃったのだから。」（『ゴルギアス』447A–C）

カリクレス邸前で交わされるこのやりとりは、ゴルギアスが自負する弁論術の「演示」

（エピデイクシス）に対して、プラトンがソクラテス哲学の「対話」（ディアロゴス）を挑戦させる、対話篇全体の趣旨を示している。人々の前で美しい言辞をつらねる弁論は別の機会にして、一問一答の対話で共に探究を、と要求するソクラテスに、ゴルギアスの側は一向に意に介さず、そういった一問一答も「演示」の一つであると受け入れる。

哲学を弁論術から明確に区別し、対比させようとする哲学者の側の試みと、哲学の言説も弁論術の内部に回収して差異を消し去るソフィスト側の戦略とが、これほど明瞭に表現されている箇所は他にない。では、プラトンが弁論術の中心に見た「演示」とは何か。弁論術が用いられる場面から考察してみよう。

シラクサでの誕生譚が示すように、弁論術がおもに実践されるのは法廷であった。ギリシアの裁判は告発者と被告という当事者の間で争われ、彼らが裁判員である多数の市民たちに語りかけ、証人に証言させることで、最終的にその評決を得ていた。そこでは、訴えた側も訴えられた側も、自ら告発や弁明に立ち、相手に反論することが求められた。そのような裁判では、どのように告発しどのように弁明するかという「言論」（ロゴス）が、きわめて大きな役割を果たすことになる。「弱論を強弁する」と言われたソフィスト流の弁論術は、それを学び用いる者に勝利をもたらすと宣伝し、この状況につけ入った。とりわけ、裁判員の心理に訴え、議場の感情を左右することで評決を有利に導くことが、言論の力と考えられていたのである。

また、民会等の場でも、国の政策を論議し、さまざまな提案を行なって事を有利に進めていくのは、言論の力であった。政治家たちは、適切な判断力と共に、優れた弁論の能力によって人々を導いていたのである。プラトン『ゴルギアス』でゴルギアスは、テミストクレスとペリクレスという前五世紀前半と中半のアテナイを代表する二人の政治家を、もっとも優れた「弁論家」の例に挙げている（455D-E）。プロタゴラスとも親交があったペリクレスは、彼らソフィストから弁論術を学んだとも伝えられる。

そのペリクレスが、ペロポネソス戦争初年度の戦死者に捧げた「葬送演説」は、トゥキュディデス『戦史』第二巻をつうじて、屈指の名演説として知られる。人の栄誉を讃える演説は、ギリシアではおもに祭典で用いられる弁論の形式であった。オリュンピアやデルフォイ等で催される祭典は、ソフィストにさまざまな演題で言論を披瀝する機会を与えた。それは、宗教儀式でありながら文化行事であり、また、国際政治や外交の舞台でもあった。ソフィストはそういった場を彩る演者として、ポリスを讃える演説を行なったり、政治的な提案を開陳したりした。ゴルギアスは、『オリュンピア演説』や『ピュティア演説』という名演説を与えたと伝えられている（DK 82A1、B7-8）。彼はまた、アテナイの戦死者のために『葬送演説』（エピタフィオス）を行ない（A1、B5）、その一部は彼の文体の典型として、ハリカルナッソスのディオニュシオスによる引用が伝わっている（B6）。

多くの人々を前に言論をくり広げるパフォーマンスは「演示」（エピデイクシス）と呼ば

れ、法廷や民会や祭典など、さまざまな場で実践されていた。後にアリストテレスは『弁論術』で、裁判の場での「法廷弁論」、政策に関わる「審議弁論」、祭典で与える「演示弁論」の三種を区別した。しかし、そのアリストテレスも、それらがすべて一種の「演示」であることを認めていた。演示が向けられるのは、言論により説得されて演者に有利な判断を下してくれる、その都度の聴衆であった。

ソフィストたちは、一般に、聴講する人々に実際に言論を演示し、また、そういった言論の演示の仕方を教授していた。とりわけ、「弁論家」ゴルギアスは、その技を売り物にするソフィストであった。『ゴルギアス』冒頭でカリクレスが報告するように、彼がその場で聴衆に要求させたどんな主題についても即興で演説を行ない、対句を駆使した流麗な言論によって人々を魅了したことは、後世にまで語り継がれた。

「即興言論を創始したのも、ゴルギアスであったと思われる。この人物はアテナイの劇場に赴き、勇敢にも「主題を投げかけよ」と言い、この冒険的な発言を初めて行なった。それはおそらく、あらゆることを知っていると示し、あらゆることについて時宜に適って語ることを許すためであろう。」(フィロストラトス『ソフィスト列伝』1・482＝DK 82 A 1 a)

ゴルギアスが得意とした演示とは、その場の時宜（カイロス）に合わせて適切な言論を語る「即興演説」である。演説の会場で聴衆に主題を提案するように促したのは、その技量の披瀝のためであった。即座に紡ぎ出される麗しい演説は、対句や押韻や同じ字句を重ねる技巧を多用し、華美な修辞を駆使したものであった。そのような言論を初めて聴いたアテナイの民衆は熱狂し、彼の弁論術の虜となったが、時代とともに過度の修辞は流行遅れとなり、「ゴルギアス流」という形容は揶揄の対象となっていく。

後世、シチリアの歴史家ディオドロスは、ゴルギアスの奇抜な修辞技法として「対比句法、等長対句法、等長句法、脚韻句法」を挙げ、こう評している。

「これらは、当時は修辞技法の馴染みなさゆえに歓迎に値したが、今日ではやりすぎと思われており、何度も飽きるほど用いられると、笑うべきものに見える。」（『世界史』12・53・4＝DK 82A4）

このような「即興演説」の能力は、その場の人々の情動に訴えることで劇的な効果を呼ぶことは確かである。他方で、そのような弁論の実践に接する人々や機会は限られていた。ゴルギアスはギリシア各地で弁論術を教授して回ったが、後を追う一部の熱心な弟子を除いて、一般のギリシア人にとって彼の演示を見たり聴いたりする機会は多くなかったろう。

このような「語られた言論」の制約を補う目的もあり、ゴルギアスは演示を「書かれた言論」にして流布させることを試みた。入念に仕上げられた作品は、人々の前で朗読されると、ゴルギアスの弁論能力をいつでもどこでも味わうことが出来る「弁論術」の格好の宣伝手段となったのである。

もっとも、ゴルギアスの本領はあくまで「即興演説」としての演示にあり、書かれた演示作品を自身が人前で読み上げるようなことはなかったはずである。フィロストラトスが伝える逸話によれば、彼が即興演説を売り物にし始めたのは、ソフィスト・プロディコスに対抗してのことであった。プロディコスが『ヘラクレスの選択』という創作逸話（クセノフォン『ソクラテスの想い出』第二巻一章に収録）で好評を博し、ギリシア各地で同じ作品を読んで回ったのを馬鹿にして、ゴルギアスはけっして同じ話を聞かせないことを自慢にしていたという（『ソフィスト列伝』1・482-483）。

生徒を集めて授業料を取るゴルギアスのソフィスト活動には宣伝も必要であり、そうして書かれた言論のうち、『ヘレネ頌』と『パラメデスの弁明』という小品が、彼の弁論能力を今日まで伝えている。それらの作品は潜在的な生徒の勧誘であり、言論《ロゴス》の技量を最大限に演示することを目指して書かれた言論《ロゴス》であった。

『ヘレネ頌』も『パラメデスの弁明』も、共にトロイア戦争という数百年前の伝説に登場する人物を取り上げている。ホメロスに代表される英雄叙事詩の伝統をつうじてギリシア人の共有財産となっていたトロイア戦争の伝説は、前五世紀にはアテナイ悲劇が好んで取り上げる題材であった。「ギリシア神話」とは、今日私たちが定本で知るような固定された伝説体系ではなく、大枠の共通性のなかで、時代ごとに作者が創意によってストーリーを作り変える自由を許すものであった。悲劇詩人たちは、よく知られた題材にどう新しい工夫と解釈を凝らすかを競っていた。ゴルギアスは、ヘレネとパラメデスという馴染みの人物を使った、見事な演示作品で対抗する。

ヘレネは、ゼウスの娘とされる絶世の美女であった。「もっとも美しい者へ」と書かれた黄金の林檎をめぐる女神たちの争いの中で、美の女神アフロディテが、判定者でトロイア王子のパリス（別名アレクサンドロス）に与えた約束により、ヘレネはその美男子と駆け落ちをする。妻と彼女が持ち去った財宝とを返還させるために、夫のスパルタ王メネラオスとその兄でミケーネ王アガメムノンは、軍勢を率いてトロイアに戦争を仕掛ける。十年にも及ぶ戦争の原因となり、その結果トロイアを滅亡させ、ギリシア方にも多くの悲惨な結果をもたらした美女ヘレネは、自らは生き残り、スパルタで王妃としてメネラオスとの優雅な暮らしに戻る。

ヘレネには、後世の人々から「悪女」の名のもとに非難が向けられた。トロイア戦争直後の緊張を劇的に描く、エウリピデスの悲劇『トロイアの女たち』では、ヘレネは言論《ロゴス》巧みに弁明し、トロイアの王妃ヘカベと対決してメネラオスから事実上の赦しを勝ち取る。

ゴルギアスの『ヘレネ頌』は、その神話上の女性を弁護する形式で、自らの言論の能力、「弁論術」を演示していく。

さて、トロイアへの遠征にあたっては、かつてヘレネに求婚したギリシア中の英雄たちが、その折の誓約によって彼女を奪還する軍勢に加わることを余儀無くされる。その一人オデュッセウスは、出征を避けるために狂気を装うが、ギリシア方きっての知者パラメデスが、幼児テレマコスをとっさにオデュッセウスの鋤の下にさし出して、彼の佯狂《ようきょう》を見破る。復讐をもくろむオデュッセウスは、トロイア王プリアモスから内通を呼びかける偽のパラメデス宛の手紙をつくり、その内容どおりの金をパラメデスの陣営に埋めておく。この策略にかかり、パラメデスは敵方への密通の嫌疑により、石打ちで死刑になる。

ゴルギアスの『パラメデスの弁明』は、実は無実であったパラメデス本人が、自らの冤罪を晴らす「弁明」を語るという趣向の作品である。しかし、その擬似論理性は、逆にパラメデスへの嫌疑を誘うような妖しさをもっている。

英雄伝説に人物や状況設定を借りた弁論は、ゴルギアスがこれらの演示を一種の「遊び」として書き物にしたことを意味する。リュシアスら「言論代作者」(ロゴグラフォス)が、法廷で告発者や被告が実際に語るために書いた「弁論」作品とは、大きく趣きを異にしている。まず『ヘレネ頌』を読み、それを一節ごとに分析することで、ゴルギアスが「言論《ロゴス》」の力を私たちにどう訴えかけているかを見ることにしよう。

二『ヘレネ頌』(訳)

(本書の翻訳では、次の記号を用いる：〈 〉テクストへの挿入、† †テクスト破損、( )別の訳語・原語・説明・補い)

［序論］

(1) 整い《コスモス》し様とは、ポリスにとっては武勇、肉体にとっては美、魂にとっては知恵、行為にとっては徳、言論にとっては真理であり、それらの反対は、整わぬ様である。男でも女でも、言論でも事柄でもポリスでも行為でも、称讃に値するものは称讃によって誉め讃え、値しないものは非難すべきである。称讃すべきを非難し、非難すべきを称讃することは、等しく過誤であり無知であるのだから。

(2) 語るべきを正しく語る男なら、ヘレネを非難する人々を論駁するだろう。その女については、詩人たちの言うことを聴いた人々の信念と、不幸の記憶をなす彼女の名の響きとは、声も心も一致する。私はこの言論に理《ことわり》を与えることで、悪名が聴かれる女からその責めを取り除き、非難している人々が偽りをなすことを演示し、真理を提示して無知を止めようと思う。

（3）さて、この言論の主題となるその女が、生まれも素性も、第一等の男や女の中でも第一等を占めることは、わずかな人にさえ不明ではない。明らかに、彼女は母がレダ、事実そうであった父は神、そう語られる父は死すべき者、すなわち、テュンダレオスとゼウスであって、一方は実際そうあることによってそう思われ、他方はそう主張することで論駁されたのだ。一方は男の中で最強の者、他方は万物の王であった。

（4）こういった両親から生まれた彼女は、神にも等しい美を持った。それを得て、気づかれずに持つことはなかった。彼女は、もっとも多くの人々に、もっとも多くの愛の欲望を作りだし、一つの肉体で多くの肉体を集めた。それは、大いなる事で大いなる自負をもつ男たちの肉体で、そのある者は富の大きさを、ある者は古《いにしえ》よりの良き生まれの良き評判を、ある者は個人の腕力の良き様を、また、ある者は獲得した知恵の力を持っていた。そしてすべての者は、勝利を愛し名誉を愛する負け知らずの愛によって、やってきたのだ。

（5）さて、誰がどんな理由でどのようにヘレネを獲得して愛を満たしたか、私は語るまい。人が知っていることを知っている人に語ることは、確信を与えても、悦びはもたらさないからだ。言論によって、かの時を越えて、今、これから生じる言論の始まりへと私は進み、ヘレネのトロイア出奔《しゅつぽん》が生じたありそうな原因《エイコス》（責め）を提示しよう。（6）それは、［A］偶運の意図か神々の思慮か必然の投票によって、彼女は為したことを為したのか、あるいは、［B］力ずくで連れ去られてか、あるいは、［C］言論によって説得されてか、〈あるいは、［D］愛に捕えられてか〉のいずれかである。

［第一の原因：神の必然］

さて、［A］もし第一の原因によるのなら、責めている者こそ責められるに値する。神の予定を人間の予見によって妨げることは不可能だから。強いものが弱いものに妨げられるのではなく、弱いものが強いものに支配され導かれること、つまり、強いものが導き弱いものが従うのが自然となっている。力でも知恵でも他の点でも、神は人間よりも強い。さて、もし偶運や神に責め（原因）を帰すべきならば、ヘレネを悪名から解放すべきである。

［第二の原因：暴力］

（7）また、［B］もし彼女が力ずくで連れ去られ不法に強いられて不正に暴行されたのなら、明らかに、連れ去って暴行した男が不正を犯したのであり、連れ去られ暴行された女は不運だったのだ。さて、言論でも法律でも行為でも、野蛮な試みを試みる野蛮な男は、言論では責めを、法律では名誉剝奪を、行為では罰を受けるに値する。強制され祖国を奪われ愛する者から引き離された女が、悪く言われるよりむしろ憐れまれるのが、どうしてもっともでないことがあろうか？　男は恐るべきことを為し、女は受難したのだから。したがって、女に同情を寄せ、男を嫌悪するのが正しい。

［第三の原因：言論《ロゴス》による説得］

（8）［C］もし言論が説得して魂を欺いたのなら、これに対して弁明をなし、責め（原因）を次のように解消するのも難しくはない。言論は大いなる権力者であり、もっとも微細でもっとも目にとまらない肉体で、もっとも神的な行為を完成する。それは恐れを止め、苦しみを取り去り、悦びを作り出し、憐れみを増すことが出来るからだ。これがその通りだと、私は示そう。（9）聴衆には思いで示すべきである。

私は、詩とはすべて韻律を伴う言論であると考え、そう呼ぶ。詩を聴く人々には、恐れによる震えと、涙が溢れる憐れみと、嘆きに満ちた憧れが侵入してくる。他の者たちの行為や肉体の幸運や不成功について、言論によって魂は何か固有の受難を被ったのだ。

では、一つの言論から別の言論に移ろう。（10）言論によって神憑かった魅惑の歌は、快楽の誘惑者となり、苦しみを紛らわすものとなる。魂の思いと交わると、呪文の力は魅惑し説得して呪《まじな》いによって魂を動かすのだから。魂を過《あやま》たせ思いを欺く、呪いと魔術、これら二つの技術が発見された。

（11）どれほど多くの人々がどれほど多くの事柄について、偽りの言論をでっち上げることでこれまで説得し、現に説得しているのか。もしすべての人々がすべてのことについて、過ぎ去ったことの記憶と現に起こっていることの〈考え〉とこれから起こることの予見を持つのなら、言論は同じような仕方で同じようではなかっただろう。だが今、過ぎ去ったことを記憶し、現にあることを探究し、これから起こることを予言することとは、順調にはいかない。その結果、もっとも多くの事柄についてもっとも多くの人々が、魂の忠告者として思いを提供するのだ。しかし、思いはよろめき不確かなので、それを用いる人々に、よろめき不確かな幸運を投げかける。

(12) †ちょうど暴力的な者が暴力によって連れ去るように、同じように讃歌が意志に反するヘレネに赴くことを妨げるどんな原因があろうか？ 知っている者が強制力は持たなくとも†、それと同じ力を持つのなら、理性は説得を許すことになるからだ。それは、説得する言論が説得される魂を強制し、語られたことに従わせて、為されたことに合意させるからだ。説得する男は強制することで不正をなし、説得される女は言論に強制されたので、空しくも悪く言われたのだった。

(13) 説得が言論に歩み寄り、魂を望む仕方で形づくることについては、第一に天文学者の言論を学ぶべきである。彼らは一つの学説(思い)を別の学説(思い)に対置して一つを取り除き別のものを作り出して、信じ難く不明瞭なことを思いの目に現出させるのだ。第二に、言論をつうじての強制的な(法廷)闘争があり、そこでは真理で語られるのでなく技術で書かれることで、一つの言論が多くの大衆を悦ばせ説得する。第三に、哲学的言論の闘争があり、そこでは変化し易い知性の速さも思いの信念を作ることが示される。

(14) 言論の力が魂の秩序に対して持つ比率は、薬の調合が身体の本性に対して持つ関係と同じである。ちょうど、異なった薬が異なった体液を身体から放出し、ある薬は病気を別の薬は生を止めるように、そのように、ある言論は苦しみを、別の言論は悦びを、また別の言論は恐れを与え、ある言論は聴衆を勇気に向かわせ、別の言論は何らかの悪しき説得によって魂に呪《まじな》いをかけ誤魔化すのである。

［第四の原因：愛《エロース》］

（15）さて、彼女がもし言論に説得されたのなら、不正を為したのではなく運が悪かったのだということは、すでに語られた。他方で、第四の原因は第四の言論で述べていこう。［D］もしこれらすべてを為したのが愛であれば、起こったと語られている過ちの原因（責め）を彼女は難なく逃れたであろう。私たちが目にするものは私たちが望む本性を持っている訳ではなく、それぞれがたまたま持っている本性を持つに過ぎないのだが、魂は視覚をとおしてそのあり方においても形づくられるからだ。

（16）まず、敵対的な肉体が敵対的なものに向けて、青銅と鉄によって、つまり、撃退と防御により敵対的な整いを武装する場合に、もしそれを視覚が見たら惑わされ魂を惑わすだろう。その結果、人々はしばしばこれから起こる危険に驚いて逃げ出すのだ。法の真理は、視覚に由来する恐れによって力強く宿されているが、その視覚がやってくると、法によって制定された美と、正義によって生じた善とを、悦んで受け入れさせるからだ。

（17）そして、人々は恐ろしいものを見てしまうと、現時点で現にある心を追い出して、そのように、恐れは思いを消し去り追い払う。そして、多くの人々は無益な苦しみや恐ろしい病気や癒し難い狂気に陥って、そのように、目にされた事物の影を、視覚が心の中に書き込むのだ。まだ、多くの恐ろしい物事が語り残されているが、語り残されたものは語られたものに似ている。

（18）しかしながら、画家は多くの色と物体で一つの物体と形を最終的に完成する時に、視覚を悦ばせる。また、彫像の制作や神像の完成は、両目に快い病いをもたらし、そのように、あるものは本性から視覚を苦しめ、別のものはそれを欲求させる。多くの事物が多くの人々に、多くの事物や肉体への愛と欲求を作り込むのだ。

（19）そして、もしアレクサンドロスの肉体によってヘレネの目が悦びを感じ、愛の熱情と闘争を魂に与えたとしても、何の驚くべきことがあろうか？　もし愛が神であり、神々の神的な力を持つとしたら、か弱いものが彼（愛）を退け、それから身を守る力をどうして持ち得ようか？　他方、もし愛が人間的な病いであり魂の無理解に過ぎないとしたら、それは過ちとして非難されるべきではなく、不運と見なされるべきである。彼女が（トロイアに）赴いたのは、魂が罠にかかって赴いたのであって、知性の意図によるものではない。愛の強制力によってであり、技術の手管によってではないのだ。

［結論］

（20）さて、ヘレネへの非難をどうして正当と考えるべきなのか？　もし［D］愛に捕えられてか、［C］言論に説得されてか、［B］力ずくで連れ去られてか、［A］神的必然によって強制されて、彼女が為したことを為したのなら、どの場合でも責め（原因）を免れているのだ。

(21) 私は言論によってこの女の悪名を取り除き、言論の始めに立てた法を守った。つまり、私は非難の不正と思いの無知を解消するように努めた。私はこの言論を、ヘレネにとっては頌歌として、私にとっては遊び《パイディア》として書こうと思ったのだ。

三　ヘレネへの頌歌？

十二世紀と十三世紀の二つの中世写本で伝承された『ヘレネ頌』（Helenês Enkômion）と題されるこの小品は、フィロストラトスの『ソフィスト列伝』には証言がない。しかし、これがゴルギアスの作品であることへの疑いは（幸いなことに）皆無である。それは、彼の教えを受けたイソクラテスが、同時代にこう言及しているからである。

「私は、ヘレネについて書いた人を、何かをよく語ろうとした人々の中でとりわけ賞讃する。生まれでも美しさでも評判でもまったく抜きん出た、そのような女性について思い出させたという理由で。しかしながら、その人もほんの小さな事に気づかなかった。彼は、彼女について「頌歌《エンコーミオン》」を書いたと主張しているが、実際には、彼女によって為されたことのために、まさに「弁明《アポロギア》」を語っていたのだから。だが、言論は、同じ種類からなるものでも、同じ事柄についてのものでもなく、まったく反対なのだ。不正をしたと責めを受ける人々については、弁明することが相応しく、何らかの善い点で抜きん出た人は賞讃するのが相応しいから。」（イソクラテス『ヘレネ頌』14-15）

イソクラテスは、先行するゴルギアス作品への対抗意識をあらわに、自らの演示作品『ヘレネ頌』を著わした。彼はここで「頌歌」と「弁明」を目的と形式によって区別し、その混同の咎でゴルギアスを批判している。アリストテレス弁論術では「演示弁論」と「法廷弁論」にあたるこの常識的な種別は、しかし、ゴルギアスの趣旨に合うものではない。ゴルギアスの『ヘレネ頌』が、ヘレネについて論じることで意図するのは何か。ゴルギアスは本当に、伝説の美女ヘレネを誉め讃えているのか。

被告が法廷で自らの告発を取り除き、無罪を勝ち取るのが「弁明」であるとすると、ゴルギアスの言論は人々からの非難を除去し、その「無知」を取り除こうとする。「悪女ヘレネ」への非難を言いたてるのは、私たち常識人であり、ゴルギアスの言論は私たち読者への啓蒙、あるいは、告発となる。これは、麗しい言辞できれいごとを並べる通常の「頌歌」ではない。では、その冒頭を検討しよう。

「整いし様《コスモス》とは、ポリスにとっては武勇、肉体にとっては美、魂にとっては知恵、行為にとっては徳、言論にとっては真理であり、それらの反対は、整わぬ様である。男でも女でも、言論でも事柄でもポリスでも行為でも、称讃に値するものは称讃によって誉め讃え、値しないものは非難すべきである。称讃すべきを非難し、非難すべきを称讃することは、等しく過誤であり無知であるのだから。」（『ヘレネ頌』1）

ゴルギアスはこの頌歌を、「整いし様」を並べる大仰な言論から始める。開口一番、大上段から一般論を展開するのは、弁論の定番である。格調高い冒頭のインパクトは聴衆の注意を喚起し、これから入る具体論への序言となる。ゴルギアスは、まず彼一流の「対句」を駆使する流麗な文体で、整った言論、すなわち「真理」を語り始める。

ここで「整いし様」（コスモス）とは、秩序だっている正しいあり方を意味することも、見かけだけが美しく整っている様、つまり、単なる装飾を意味することもある。「コスモス」というギリシア語は、「宇宙」（コスモス）をも表わす「秩序」と、「化粧品」（コスメティックス）の語源となる「装飾」の両義を持つ。悪い意味では、たとえば、『トロイアの女たち』(982)で、王妃ヘカベがヘレネの言論を「お前の悪を言い繕って」と非難する際に、この語の動詞形「コスメイン」が用いられている。

本当の秩序と見かけの装飾は正反対にある、と私たちは思うかもしれない。それに対して、ゴルギアスは、そういった区別そのものを拭い去る。それらは、どちらも美しく整った言論として異ならないではないか。少なくとも、ゴルギアスの整った言論は、私たちの心に悦びを与える「力」を、実際に持っている。そして、言論の整いし様は「真理」とされる。

では、神話上の女性ヘレネを称讃するとは、どのようなことか。

「語るべきを正しく語る男なら、ヘレネを非難する人々を論駁するだろう。その女については、詩人たちの言うことを聴いた人々の信念と、不幸の記憶をなす彼女の名の響きとは、声も心も一致する。私はこの言論に理《ことわり》を与えることで、悪名が聴かれる女からその責めを取り除き、非難している人々が偽りをなすことを演示し、真理を提示して無知を止めようと思う。」(『ヘレネ頌』2)

美女ヘレネは、詩人たちをはじめ、古来、人々からトロイア戦争の元凶をなした悪女と非難されてきた。もしヘレネが貞節を守ってスパルタに留まっていたら、あるいは、一時の過ちを悔いてすぐにトロイアから戻ったなら、あれだけ悲惨な戦争は起こらずに済んだであろう。

前七世紀後半〜六世紀前半の叙情詩人ステシコロスは、ヘレネのことを「二重、三重に結婚して夫を捨てる女」（断片223）と悪く歌ったため、両眼の視力を奪われた。その時詩人は、トロイアに行ったのはヘレネ自身ではなくその幻像であるという「取り消しの歌」（パリノーディア）を作って視力を回復したと伝えられる（プラトン『パイドロス』243A-B）。ヘレネ自身はエジプトに留まっていた、という取り消しの別伝は、エウリピデスが前四一二年に上演した悲劇『ヘレネ』で用いている。

ところが、世に「悪女」として知られるこの女性を、ゴルギアスは正面から弁護し、まったく責められるべきではないと主張する。この宣言は、当時のギリシア人にとってはきわめて挑発的であったろう。ゴルギアスの戦略は、人々の意表を突き、常識を真っ向から覆す企てにあった。「悪女」ヘレネに月並な悪罵を浴びせたとしても、それほど強烈な印象は喚起できない。あえて「逆説的な言論」（パラドクソロギア）を展開することで、もしそれが成功すれば、それだけ大きな評判を得ることになるのである。何よりもこの企ては、聴く人々の魂に悦びを与える。ゴルギアスはあえて困難な主題に挑むことで、どんな主題でも見事に論じられるという、自らの言論能力を演示しようとしているのである。

ゴルギアスは、非難する人々を「論駁する《エレンケイン》」ことが「正しく（言論を）語る」男の務めであるとする。そのために、「言論《ロゴス》に理《ロギスモス》を与える」ことにより、相手の偽っていることを「演示し《エピデイクサイ》」、「真理を提示して、無知を止める」と宣言する。ここに並べられた言葉は、理性的な言論活動を表わす、馴染みの哲学用語である。他方で、相手を論駁する試みの演示性を強調すれば、これはソフィスト的な（つまり、いかがわしい）言論の宣言にもなる。この両義性は、無論、ゴルギアスによって意図されたものであり、そこで「真理」の意味が問われる。

ゴルギアスは次に、ヘレネの生まれと美しさを誉め讃え始める。

「さて、この言論の主題となるその女が、生まれも素性も、第一等の男や女の中でも第一等を占めることは、わずかな人にさえ不明ではない。明らかに、彼女は母がレダ、事実そうであった父は神、そう語られる父は死すべき者、すなわち、テュンダレオスとゼウスであって、一方は実際そうあることによってそう思われ、他方はそう主張することで論駁されたのだ。一方は男の中で最強の者、他方は万物の王であった。」（『ヘレネ頌』3）

ヘレネが神ゼウスの娘でありながら、スパルタ王テュンダレオスのもとで娘として育てられたことは、ギリシア人には馴染みの神話であった。その素性が、凝った言い回しで紹介されている。神ゼウスは、実際に父であったことでそのとおり人々に父であると思われたが、人間テュンダレオスは父を名乗ることで、本当はそうではないと論駁されたという。ここには、「神／人間」の対比という後の主題と共に、「ある（エイナイ）／思われる（ドケイン)」、「主張する／論駁する」といったエレア派的な哲学語彙が、思わせぶりに織り込まれている。

「こういった両親から生まれた彼女は、神にも等しい美を持った。それを得て、気づかれずに持つことはなかった。彼女は、もっとも多くの人々に、もっとも多くの愛の欲望を作りだし、一つの肉体で多くの肉体を集めた。それは、大いなる事で大いなる自負をもつ男たちの肉体で、そのある者は富の大きさを、ある者は古よりの良き生まれの良き評判を、ある者は個人の腕力の良き様を、また、ある者は獲得した知恵の力を持っていた。そしてすべての者は、勝利を愛し名誉を愛する負け知らずの愛によって、やってきたのだ。」(『ヘレネ頌』4)

彼女の美が、多くの男たちを虜にした。「神、愛、知恵、力」といった、これから言論で展開されるモチーフがほのめかされる。しかし、ゴルギアスはここで突然、通常の頌歌を中断する。これは読者の期待をあえて裏切る、一つの演出であった。

「さて、誰がどんな理由でどのようにヘレネを獲得して愛を満たしたか、私は語るまい。人が知っていることを知っている人に語ることは、確信を与えても、悦びはもたらさないからだ。言論によって、かの時を越えて、今、これから生じる言論の始まりへと私は進み、ヘレネのトロイア出奔が生じたありそうな原因（責め）を提示しよう。」（『ヘレネ頌』5）

言論を演示する目的は、人々の常識を追認することではなく、「悦び」を与えることにある。ここから、「逆説的言説」（パラドクソロギア）と言われる、ゴルギアスの言論の本領が発揮される。

四　神の必然と暴力

ゴルギアスは、ヘレネへの非難を取り除くために、「ヘレネのトロイア出奔が生じたありそうな原因（責め）を提示しよう」と言う（5）。「原因」と訳されるギリシア語「アイティア」は、元来「責め」（責任・非難）を意味する（必要に応じて両方の訳語を付してある）。彼女から非難を取り除く作業は、「原因」＝「始まり・原理」（アルケー）の究明という、これも哲学で馴染みの議論の形をとる。直前で一見無造作に語られた「言論の始まりへと進む」（5）という表現が、すでにこの語をさりげなく導入していた。

では、「ありそうな」（エイコス）とは、どのような意味か。この概念は、ティシアスが開発したギリシア弁論術のもっとも重要な道具であり、とりわけ、アンティフォンの『四部作』と呼ばれる模擬弁論作品が、その論理を多用している。法廷での争いでは、過去の事件についてよほど明白な証拠や証人でもない限りは、「ありそうな」言論を申し立て、そこから判断するしかない。すでに起こってしまった出来事を再現することは不可能であり、純粋に理論的な検討によって事実を確定したり、その「正／不正」を決着づけることも不可能であろうから。弁論術は、そのような場合に「ありそうな」論に訴えて、裁判員である聴衆を説得する。ゴルギアスはヘレネへの告発に関して、その技法を用いているのである。

「それは、偶運の意図か神々の思慮か必然の投票によって、彼女は為したことを為したのか、あるいは、力ずくで連れ去られてか、あるいは、言論によって説得されてか、〈あるいは、愛に捕えられてか〉のいずれかである。」（『ヘレネ頌』6）

ありそうな原因として、ここで「神の必然、暴力、言論による説得、愛」の四つが挙げられる。ヘレネがこのどれかの原因によってトロイアに行ったのであれば、どの場合でも彼女に責任はない、とゴルギアスは論じていく。一般的に言って、ある出来事を引き起こす「原因」の可能性を列挙し、そのすべての場合に行為者に責任がないとしたら、行為者は無実である。もしヘレネ出奔の原因がこの四つで尽くされているとしたら、つまり、これ以外に原因がなければ、彼の論理は完全であろう。しかし、私たち読者には、直感的には、この四つがすべてであるようには思われない。では、実際に他に原因を挙げてみよ、と言われれば、それはそれで難しい。これらは「ありそうな原因」の列挙に過ぎないが、それなりの説得力を持っている。

さらに、ここで列挙される四つは、実はそれぞれ独立した原因ではなく、重なり合い先に進むことでより強力なものとなる、一種の連鎖をなしている。これらは、第三の原因[C]「言論による説得」という頂点に向かって、周到に論理を積んでいく。彼はまず、第一の原因[A]をこう論じる。

「さて、もし第一の原因によるのなら、責めている者こそ責められるに値する。神の予定を人間の予見によって妨げることは不可能だから。強いものが弱いものに妨げられるのではなく、弱いものが強いものに支配され導かれること、つまり、強いものが導き弱いものが従うのが自然となっている。力でも知恵でも他の点でも、神は人間よりも強い。さて、もし偶運や神に責め(原因)を帰すべきならば、ヘレネを悪名から解放すべきである。」(『ヘレネ頌』6)

第一の議論は、絶対的な力をもつ「神」と無力な「人間」との峻別という、ギリシアに伝統的な人間観に依拠した、三段論法の形をとる。

［大前提］強者が弱者を支配し導くことは、自然である、

［小前提］神は、あらゆる点で強者であり、人間は弱者である、

［結論］したがって、神が人間を支配し導くことは、自然である。

ここでゴルギアスは、ホメロス以来の神と人間の伝統的見方を、そのまま小前提に用いている。他方で、初期ギリシア哲学が展開した「自然」（フュシス）が、大前提に置かれる（ちなみに、ここには「法・慣習」（ノモス）との対比はない）。そこから論理的に導かれるのは、絶対的な強者である神の思し召しに従ったヘレネに責任はない、という第一の結論であった。

ヘレネのトロイア出奔は、女神アフロディテが与えた「迷妄」（アーテー）に責任がある。この論理は、『オデュッセイア』第四巻でのヘレネ自身の弁明や、『イリアス』第三巻での老王プリアモスの言葉に見られる。ホメロスの叙事詩『イリアス』と『オデュッセイア』では、ヘレネはかならずしも悪女と描かれてはいない。他方、エウリピデス『トロイ

アの女たち』(948-950、964-965)では、アフロディテが他者を奴隷にする力を持つという論理は、ヘレネ自身の責任逃れに用いられる。神が物事のあり方を必然づけているのであり、人間にはそれに逆らう力はない。しかし、この断定に、私たち読者は一抹の割り切れなさを感じる。

力に勝る者が劣る者を従わせるという論理は、第二の原因[B]で、人間世界に適用される。

「また、もし彼女が力ずくで連れ去られ不法に強いられて不正に暴行されたのなら、明らかに、連れ去って暴行した男が不正を犯したのであり、連れ去られ暴行された女は不運だったのだ。さて、言論でも法律でも行為でも、野蛮な試みを試みる野蛮な男は、言論では責めを、法律では名誉剝奪を、行為では罰を受けるに値する。強制され祖国を奪われ愛する者から引き離された女が、悪く言われるよりむしろ憐れまれるのが、どうしてもっともでないことがあろうか? 男は恐るべきことを為し、女は受難したのだから。したがって、女に同情を寄せ、男を嫌悪するのが正しい。」(『ヘレネ頌』7)

もしヘレネが「力ずくで」連れ去られたのだとしたら、やはり彼女に責任はない。そのような暴力を振った男が悪いのであって、強制された女は害を被っただけなのであるから。

再び対句などの修辞を多用して弁論ぶりを発揮するこの一節では、「神／人間」の間の優劣関係が、「男／女」に移行されている。やはり、『トロイアの女たち』(962)でヘレネは、パリスが「力ずくで妻にした」と弁解するが、王妃ヘカベはこれに反論している(998)。現実ではほとんど説得味のない議論が、言論上のもっともらしさで読者を追い詰めていく。

ここでは女が「不運」で「受難した」者と見なされ、それへの「同情、憐れみ」こそが「もっともな」(エイコトース)こととされる。そうして再び、ヘレネには責められる謂《いわ》れがないことが結論される。

五　言論（ロゴス）による説得

第三の原因［C］に到って、ヘレネの弁護は「言論」についての言論に吸収されていく。

「もし言論が説得して魂を欺いたのなら、これに対して弁明をなし、責め(原因)を次のように解消するのも難しくはない。言論は大いなる権力者であり、もっとも微細でもっとも目にとまらない肉体で、もっとも神的な行為を完成する。それは恐れを止め、苦しみを取り去り、悦びを作り出し、憐れみを増すことが出来るからだ。これがその通りだと、私は示そう。聴衆には思いで示すべきである。」(『ヘレネ頌』8-9)

ギリシア社会で「説得」（ペイテイン）は、「暴力」との対比で肯定的に扱われることが多いが、ここでは多彩な言論が重ねられる中で、その常識が覆される。もしパリスの「言論」がヘレネを説得してその魂を欺いたのであれば、やはり彼女に責任はない。なぜなら、言論こそは最大の「力」をもつ者、「神」のような行為を完成する者だからである。第一と第二の議論を認めた読者に対して、ゴルギアスの言論は容易にヘレネの無実を説得できる。言論によって強制された魂は、受難を被った者に過ぎず、神の必然や暴力によって無理矢理連れ去られた場合と同じことになるからである。

ここでゴルギアスは「言論」（ロゴス）を、あたかも微細な物体・肉体であるかのように語っている。だが、それが物理的に魂に働きかけ、目にもとまらずさまざまな感情を作り出すとすると、その力は絶大である。その言論の働きを示すために、議論は本筋から逸れて、聴衆、つまり、私たち読者の「思い」（ドクサ）を操る例がくり出される。

「私は、詩とはすべて韻律を伴う言論であると考え、そう呼ぶ。詩を聴く人々には、恐れによる震えと、涙が溢れる憐れみと、嘆きに満ちた憧れが侵入してくる。他の者たちの行為や肉体の幸運や不成功について、言論によって魂は何か固有の受難を被ったのだ。」（『ヘレネ頌』9）

ゴルギアスが最初に与える例は、詩の言葉である。「韻律を伴う言論」という表現は、西洋文芸批評史上で最初の「詩」の定義とされる。ゴルギアスは、学者としての識見を披瀝しながら、言葉が魂に働きかける典型的な状況を読者に想起させる。叙事詩、叙情詩、エレゲイア、悲劇、喜劇といった詩は、ギリシア文化の中心に位置し、プラトンが後に『ポリテイア』で批判的に検討するように、人々の魂を揺り動かす圧倒的な力を揮っていた。

「恐れ、憐れみ、憧れ」といった心のうちの感情は、「震え、涙、嘆き」という肉体の動きとして現われる。これらの感情（パトス）こそ、詩がもっとも上手く喚起する成果であり、言葉による「魂の受難」（パテイン）なのである。

「では、一つの言論から別の言論に移ろう。言論によって神憑かった魅惑の歌は、快楽の誘惑者となり、苦しみを紛らわすものとなる。魂の思いと交わると、呪文の力は魅惑し説得して呪《まじな》いによって魂を動かすのだから。魂を過たせ思いを欺く、呪いと魔術、これら二つの技術が発見された。」（『ヘレネ頌』9-10）

次に挙げられる言論は、呪いや魔術の言葉であり、魂に欺きをもたらし、悦びを作りだす快楽の誘惑者とされる。ここで私たち読者は、「欺く」という要素が言論の本質に位置づけられていることに気づく。「(パリスの) 言論が説得して (ヘレネの) 魂を欺いた」(8) という本論から、「欺き」を本性とする妖しい言論の話へと、いつの間にか移行している。言論は魅惑の歌として、魂を誘惑し「快楽」(ヘードネー) をもたらす。「魂の思いと交わる」という表現には、性的な隠喩さえ窺われる。言論《ロゴス》は男として、女である魂《プシュケー》を誘惑し快楽を与える。ここでは「ロゴス/プシュケー」が、ギリシア語の男性名詞/女性名詞として、「パリス/ヘレネ」に重ねられている。

　魂を説得によって動かす「技術」(テクネー) が発見された。呪いと魔術とは、ゴルギアス自身の言論の術、すなわち「弁論術」を意味する。

「どれほど多くの人々がどれほど多くの人々をどれほど多くの事柄について、偽りの言論をでっち上げることでこれまで説得し、現に説得しているのか。もしすべての人々がすべてのことについて、過ぎ去ったことの記憶と現に起こっていることの〈考え〉とこれから起こることの予見を持つのなら、言論は同じような仕方で同じようではなかっただろう。だが今、過ぎ去ったことを記憶し、現にあることを探究し、これから起こることを予言することは、順調にはいかない。その結果、もっとも多くの事柄についてもっとも多くの人々が、魂の忠告者として思いを提供するのだ。しかし、思いはよろめき不確かなので、それを用いる人々に、よろめき不確かな幸運を投げかける。」(『ヘレネ頌』11)

なぜ言論は、これほど多く「偽り」で人々を説得することに成功しているのか。それは、人間の時間的な有限性、能力の限界に起因する、とゴルギアスは説く。すると、そういったいかがわしい説得が「魂の忠告者」をつうじて活躍する余地は、人間世界に満ちあふれていることになる。

「†ちょうど暴力的な者が暴力によって連れ去るように、同じように讃歌が意志に反するヘレネに赴くことを妨げるどんな原因があろうか? 知っている者が強制力は持たなくとも†、それと同じ力を持つのなら、理性は説得を許すことになるからだ。それは、説得する言論が説得される魂を強制し、語られたことに従わせて、為されたことに合意させるからだ。説得する男は強制することで不正をなし、説得される女は言論に強制されたので、空しくも悪く言われたのだった。」(『ヘレネ頌』12)

この前半部は、写本の読みが壊れていて復元が難しいが、研究者たちの提案に従って大意をとって訳してある。言論が魂を説得することが、第二の原因「力」による強制行為に重ねられている。

「説得が言論に歩み寄り、魂を望む仕方で形づくることについては、第一に天文学者の言論を学ぶべきである。彼らは一つの学説（思い）を別の学説（思い）に対置して一つを取り除き別のものを作り出して、信じ難く不明瞭なことを思いの目に現出させるのだ。第二に、言論をつうじての強制的な（法廷）闘争があり、そこでは真理で語られるのでなく技術で書かれることで、一つの言論が多くの大衆を悦ばせ説得する。第三に、哲学的言論の闘争があり、そこでは変化し易い知性の速さも思いの信念を作ることが示される。」（『ヘレネ頌』13）

ここで再び、魂を望むように形づくる「言論」が三種、列挙される。一つは、天文学に代表される学問であり、「不明瞭なこと」、つまり、目に明らかでない天体運行の仕組みを、学説によって私たちの心に現出させるという。また、馴染みの法廷での論争では、「真実」ではなく「大衆を悦ばせる説得」が技術によって書かれている。それは、言うまでもなく、ゴルギアスが標榜する「弁論術」を含む。そして最後に、「哲学的な言論」（フィロソフォイ・ロゴイ）が取り上げられ、機敏な知性を競う意見の対立が、他の言論と同様に、自由に聴衆の魂を形づくるものと見なされる。

ここで「哲学」という語が用いられている点に注目しよう。当時、この概念は、おそらく天文学などの個別科学とは区別された、総合的な知のあり方、つまり、世界やあらゆる事物に関わる言論活動として理解されていた。そこには、自然学者や他のソフィストたち、そしてソクラテスの言論活動も含まれていたであろう。ゴルギアスは、弁論も学問も哲学も同族に並べ立てて、言論の力を論じていく。

「言論の力が魂の秩序に対して持つ比率は、薬の調合が身体の本性に対して持つ関係と同じである。ちょうど、異なった薬が異なった体液を身体から放出し、ある薬は病気を別の薬は生を止めるように、そのように、ある言論は苦しみを、別の言論は悦びを、また別の言論は恐れを与え、ある言論は聴衆を勇気に向かわせ、別の言論は何らかの悪しき説得によって魂に呪いをかけ誤魔化すのである。」(『ヘレネ頌』14)

最後に、「言論：魂＝薬：身体」という類比(アナロギア)が持ち出される。「比率」(ロゴス)や「本性」(フュシス)といった術語を用いた定式は、当時の自然学研究を想起させる。薬(ファルマコン)は、時に医薬として生命を救い、時に毒薬として生命を滅ぼす。言論による説得はそれと類比的に、魂を自由に操る力であると締め括られる。以上で、第三の原因について論じられたことになる。

六　愛（エロース）の誘惑

彼は、さらに第四の原因［D］として「愛」（エロース）を取り上げる。

「さて、彼女がもし言論に説得されたのなら、不正を為したのではなく運が悪かったのだということは、すでに語られた。他方で、第四の原因は第四の言論で述べていこう。もしこれらすべてを為したのが愛であれば、起こったと語られている過ちの原因（責め）を彼女は難なく逃れたであろう。私たちが目にするものは私たちが望む本性を持っている訳ではなく、それぞれがたまたま持っている本性を持つに過ぎないのだが、魂は視覚をとおしてそのあり方においても形づくられるからだ。」（『ヘレネ頌』15）

愛はそれに捕えられた人を無力にする、という思想は古くから見られる。初期の叙事詩人や叙情詩人は、しばしばそのような見方を歌にした。たとえば、ヘシオドスは、エロース（愛）についてこう歌っていた。

「不死なる神々のうちでもっとも美しいエロース、手足をとろかすもの。だが、エロー

スは神々や人間たちすべての胸にある思慮と彼らの分別ある方策を屈服させる。」（ヘシオドス『神統記』120―122）

エロースは、神であり、男性（そして、男性名詞）であり、力を持つ。したがって、これまでの論理から、人間の女性であるヘレネに逆らう力はない。彼女は四度、非難を逃れるのである。だが今度は、視覚が魂を動かすことが、さまざまな例から語り出される。

「まず、敵対的な肉体が敵対的なものに向けて、青銅と鉄によって、つまり、撃退と防御により敵対的な整いを武装する場合に、もしそれを視覚が見たら惑わされ魂を惑わすだろう。その結果、人々はしばしばこれから起こる危険に驚いて逃げ出すのだ。法《ノモス》の真理《アレーテイア》は、視覚に由来する恐れによって力強く宿されているが、その視覚がやってくると、法によって制定された美と、正義によって生じた善とを、悦んで受け入れさせるからだ。

そして、人々は恐ろしいものを見てしまうと、現時点で現にある心を追い出して、そのように、恐れは思いを消し去り追い払う。そして、多くの人々は無益な苦しみや恐ろしい病気や癒し難い狂気に陥って、そのように、目にされた事物の影を、視覚が心の中に書き込むのだ。まだ、多くの恐ろしい物事が語り残されているが、語り残されたものは語られたものに似ている。

しかしながら、画家は多くの色と物体で一つの物体と形を最終的に完成する時に、視覚を悦ばせる。また、彫像の制作や神像の完成は、両目に快い病いをもたらし、そのように、あるものは本性から視覚を苦しめ、別のものはそれを欲求させる。多くの事物が多くの人々に、多くの事物や肉体への愛と欲求を作り込むのだ。」（『ヘレネ頌』16-18）

あやしい例をくり出すこの言論は、問題のヘレネの状況に適用される。

「そして、もしアレクサンドロスの肉体によってヘレネの目が悦びを感じ、愛の熱情と闘争を魂に与えたとしても、何の驚くべきことがあろうか？　もし愛が神であり、神々の神的な力を持つとしたら、か弱いものが彼（愛）を退け、それから身を守る力をどうして持ち得ようか？　他方、もし愛が人間的な病いであり魂の無理解に過ぎないとしたら、それは過ちとして非難されるべきではなく、不運と見なされるべきである。彼女が（トロイアに）赴いたのは、魂が罠にかかって赴いたのであって、知性の意図によるものではない。愛の強制力によってであり、技術の手管によってではないのだ。」（『ヘレネ頌』19）

ヘレネの魂の状態は、視覚が目にした姿によって形づくられた。視覚こそがもっとも強烈に、そして直接、魂に力を及ぼすからである。彼女が目にしたパリス（アレクサンドロス）の美しい肉体は、彼女の魂を虜にし、愛の悦びによってトロイアへと連れ去ってしまった。

『トロイアの女たち』(988)で、ヘカベはヘレネに、「お前の心《ヌース》は、息子（パリス）を見ると、キュプリス（愛の女神アフロディテ）となったのだ」と非難している。そのような愛・エロースは神であり、ヘレネを従わせた強制力なのである。

しかし、言論の力をアピールし終えたゴルギアスは、なぜ、ここでさらに別の原因を検討するのか。彼は、第三の原因である「言論」の力を訴えることに主眼をおいているように見えた。言論が魂を支配し形づくるという結論では、まだ不十分なのか。

前の三者の場合、原因はどれも「神、パリス、言論」といったヘレネの外部に求められていた。ヘレネは、自らの力ではどうしようもない外からの強制力に動かされたため、責任を免れるとされたのである。ヘレネという女性を出来るかぎり非主体的で自己を持たない存在と捉えることで、彼女から罪を取り除くことが意図されていた。しかし最後の局面で、責められるべき原因は、もはや外部には帰されない。ヘレネを連れ去った真の力が、魂を強制させる「愛」として彼女自身の内にあったとしたら、外的な責任はここで、魂の内なる他者の力に転嫁される。視覚、つまり、目が魂を惑わすという、くり返された主張は、私たちに属しながらそれを動かす強制力について語っている。それは、私たちの内にありながら神や言論と同様に私たちを支配する、抗い難い力なのである。

言論（ロゴス）が自由に聴衆の魂を操るとしたら、その結果は言論の語り手の責任に帰されるはずである。だが、もしそう操られた魂の内に原因があるのであれば、語り手にすら責任はない。ゴルギアスは自らの弁論術に向けられる非難まで、ここで周到に回避している。ヘレネの出奔は、「知性の意図」によるものでも「技術《テクネー》の手管」によるものでもない。ゴルギアスは、言論の力を最大限に揮いながら、その責任をも拭い去る言論を展開しているのである。

「さて、ヘレネへの非難をどうして正当と考えるべきなのか？　もし愛に捕えられてか、言論に説得されてか、力ずくで連れ去られてか、神的必然によって強制されて、彼女が為したことを為したのなら、どの場合でも責め（原因）を免れているのだ。」（『ヘレネ頌』20）

これまで重ねた言論によって、ゴルギアスは四つの原因すべてに関して、ヘレネへの非難を退けた。

「私は言論によってこの女の悪名を取り除き、言論の始めに立てた法を守った。つまり、私は非難の不正と思いの無知を解消するように努めた。私はこの言論を、ヘレネにとっては頌歌として、私にとっては遊び（パイディア）として書こうと思ったのだ。」（『ヘレネ頌』21）

四つの原因を論じることで、ゴルギアスは、人々が漠然と抱いている「ありそうな」思いに訴えている。「神や暴力や説得や愛（エロース）」によって捕えられた者は、自らの力によって行動することを禁じられる。人々の一般想念を突きつめることで「ありそうもない」逆説に導くこの言論こそ、ゴルギアスが誇示する弁論の技術なのである。

七　言論に説得される私たち

ゴルギアスが展開する言論を貫くのは、「力」（デュナミス）という概念である。それは、明示的に語られると同時に、この言論をつうじて実践的に行使されている。その構造を検討しよう。

『ヘレネ頌』という言論は、大きく三つの段階で、ヘレネの行為を絶対的な力による他者への支配として捉える。第一と第二の原因では、必然や暴力に押さえ付けられた他者が抗いながらも屈服させられ、他者の抵抗は力に負かされ無力化される。そこでは「人間、女性」の受難性が強調されている。これに対して、第三の原因で他者は、もはや力に逆らうことなく、それに従順に促される者として扱われる。操られる対象は力を持たず、それを魅惑し呪縛するのはあくまでも動かす者の力なのである。さらに、第四の原因では、その力が魂の内部へと移されることで、対象は、内からの力に強制され動かされる者とされる。しかし、ここにも能動的な主体はなく、力のなすがままに身を任せる無力な存在だけが残されるのである。

ゴルギアスが訴えかける「言論」の力は、この言論において重層的に働いている。三つの対から解明しよう。

第一に、著者ゴルギアスは、ヘレネという神話上の人物を弁護する言論を書いている。罪の責任が問われている女性を擁護するこの言論は、法廷における「弁明」の役割を果たす。したがって、『ヘレネ頌』の基本は、ゴルギアスという手強い弁論家が、か弱い女性ヘレネを弁護する対にある。

第二に、その言論の内部では、パリスとヘレネの間柄が「暴力、説得、愛」という関係で取り扱われる。とりわけ第三の原因の論は、加害者であるパリスが被害者ヘレネに加えた「言論」の力をアピールする。そこには、男の言論の為すがままにされ、まったく無力なままにそれに従わされた女、という対が見られる。

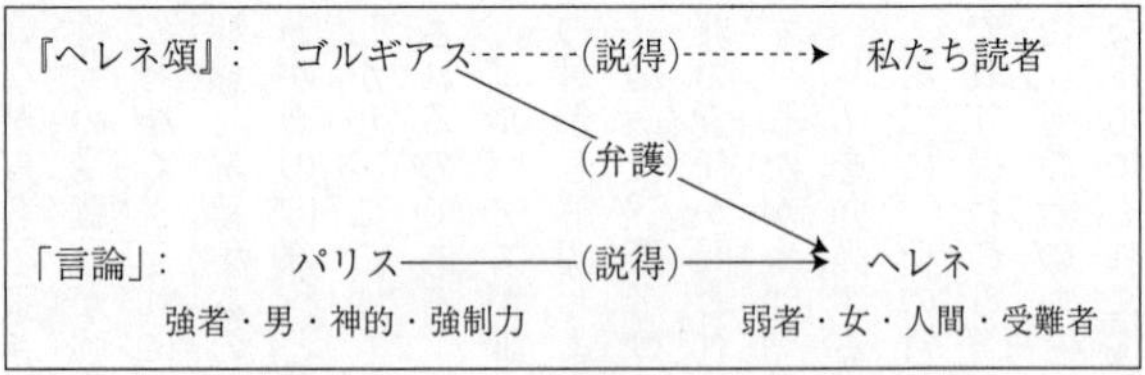

第三に、この言論に欺かれ、その力に支配される読者がいる。この肝心な点を詳しく見よう。ゴルギアスは、言論の演示をつうじて、読み手である私たちの魂につぎつぎと「思い」（ドクサ）を提示していく。彼がこの言論によって「言論」のもつ妖しく恐ろしい力を説得しようとするのは、それを受け取る私たちなのである。言論を「読む」場合、他人か自分が発した声、または、心のなかで響く声を、自らが聴いている。したがって、『ヘレネ頌』という言論を読むことは、それを聴くことを伴い、その言論によって動かされることを意味する。書き手ゴルギアスと、この言論が向けられた私たち読者との対がここにある。

　これら三つの対は、ゴルギアスの言論において重ねられる。法廷で被告を弁護する言論は、裁判員である聴衆に最終的な判断を求める。被告の有罪・無罪を決定するのは、弁論を聴いて判定を下す聴衆であった。『ヘレネ頌』の場合、この言論を読む私たちが、ヘレネの責任をめぐる裁判員の立場にいる。だが、その言論は「言論」（ロゴス）の力を説得する。そのような言論を語るゴルギアスは、まさにパリスの立場に立って、私たちヘレネを言論で説得しているのである。言論の内部における「パリス／ヘレネ」という「強者／弱者」の関係は、この言論の行使において「ゴルギアス／私たち」という関係へとスライドする。

ここで起こっている事態は、右頁のように図示される。

もし私たちが彼の言論に魅せられ、それに説得されたとしたら、私たちこそがヘレネのような、言論の力の受難者となる。だが、ゴルギアスの論理に納得する人は、健全な聴き手の中にはほとんどいない、と思われるかもしれない。しかし、たとえ論理的には納得しなくても、彼の言論の妖しい魅力に悦びを感じない人がいるであろうか。ゴルギアスの言論は、私たちの魂を快楽で刺激し、その虜にしている。もしそうであるとしたら、私たち聴衆は、すでにゴルギアスの言論によってその力のもとに置かれていると言ってよい。

ゴルギアスが描く「他者」は、自らの力と意志を奪われた非主体的な存在であり、言論を行使する者にとっての操作（マニピュレーション）と支配の対象に過ぎない。しかしその場合、言論によって生じた出来事の責めは、その言論の語り手、つまり、ゴルギアス自身に向けられてしまう。言論を操る者が不正の責任を取るべきであり、言論に従った者に罪はない、という論理が成り立つからである。

それに対して、「愛」の場合のように、力が聴き手自身の魂に由来すると説得できたら、語り手はその責任さえ免れることになる。こうして責任は、誰のものでもない「力」に帰される。言論に操作され翻弄される「他者」、つまり、私たちは、その言論の使い手であるゴルギアスを責めることも出来ない。この言論は、こうしてゴルギアスが用いる「弁論術」の力を示している。それは他者に対する圧倒的な暴力であり、魔力であり、誘惑者でありながら、その最終的な責任は一切負わないものなのである。

「力」は事実であり、いったん行使されてしまえば、それを受け入れるしかない。力を持つ者が勝利し、他者を思うままに支配できる。だが、ゴルギアスのもとで「弁論術」を学ぶ者は、その言論の技術を容易に手に入れ、自らが「男性」となって他の「女性」たちを支配することができる。読者は、ゴルギアスに弟子入りすることによって、操られる対象から、専制君主へと変身できる。この力への誘惑こそ、ゴルギアスが標榜する「弁論術」の秘密であった。

プラトンは『ゴルギアス』で、ゴルギアスに「弁論術」の力についてこう語らせている。

「それはまさに、ソクラテス、真に最大の善であり、その人間たち自身にとっては自由の原因で、同時に、自身のポリスそれぞれにおいては他の人々を支配する原因なのだよ。」(『ゴルギアス』452D)

ゴルギアスにとって、「徳」(アレテー)とは「人々を支配することが出来る」能力であり(『メノン』73C)、それを実現する手段が「弁論術」なのであった。民主政の標語である「自由」とは、ゴルギアスによれば、他者に支配されず、逆に他者を隷属させる強者の状態に他ならない。

「私が言っているのは、言論で説得できることなのだよ。法廷においては裁判員たちを、評議会においては評議員たちを、議会においては議員たちを、そして、ポリスの集会であるかぎりの他の集会すべてにおいても、説得できるのだ。そして実際、この力において君は、医者を奴隷に持つことも、体育教師を奴隷に持つことも出来るだろう。またその実業家も、自分の為ではなく、他人の為に、つまり、語ることで大衆を説得する力をもつ君の為に金銭を稼ぐことが、明らかになるだろう。」（『ゴルギアス』452E）

ゴルギアスの弟子ポロスは、弁論術を所有する者は専制君主（テュラノス）のように、誰でも望む者を死刑にしたり財産を没収したり、力によって自分の思いどおりのものを獲得できる、と主張する（466B–C、473C）。ゴルギアスの言論は、その所有者に専制君主の力を与える。民主政アテナイにおいて、このアピールは、野心を抱く多くの若者たちを惹き付けたことであろう。私たちは、その魅力を退けることができるのか。その一方策を、『ゴルギアス』でソクラテスは、ポロスを相手に言論で示していく。

八　弁論術の「真理」

最後に、ゴルギアスが『ヘレネ頌』で何を為そうとしているのかを、「真理」という概念から考察しよう。

ゴルギアスはこの著作の冒頭で、「整いし様」を「言論にとっては真理」であると高らかに唱っていた（1）。そして、ヘレネを非難する人々の偽りを暴き、「真理を提示する」と宣言していた（2）。私たち読者は、まず、ゴルギアスが真面目な論証によって、言論をつうじて真理を示してくれるものと期待する。実際、法廷での弁論では、演台に立つ者は、自らがこれから語ることこそ「真理である」と宣言し、相手が語ったことを「虚偽である」と非難する。「真理」の宣言は、法廷弁論での常套手段であった。

ここで読者は、プラトン『ソクラテスの弁明』でのソクラテスの発言を想起するかもしれない。ソクラテスも冒頭で、告発者の言論が、聞こえはよく説得的であったが、「真理は、いわば何一つ語っていなかった」と言う。それに対して、彼自身は「真理のすべて」を語ると宣言する（17A-B）。ゴルギアスの言論と、見た目には同じである。

だが、ゴルギアスがここでやっていることは、法廷での弁論ともいささか異なる。彼は「真理」を示すという当初の宣言からすこしずつ離れ、言論がどのように「偽り」で魂を説得するかを得々と語っていく（11）。議論を「ありそうな」ものとしながら、ゴルギアスはその言論で読者の魂を形づくっていく。「真理」を真面目に開示してくれると期待した私たち読者は、次第に彼の言論に幻惑され、「真理」と宣言されたのも説得の一つではなかったかと気づく。

そもそも「整いし様」とは、本当の秩序であると共に、単なる見かけの装飾であった。真理は、美しく整った言論、その魅力で十分ではないか。ゴルギアスは、「真理」という概念を転倒させながら、そもそも真理とはそういうものである、と開き直っているように見える。

パルメニデスやゼノンらエレア派の哲学者たちは、私たちには一見「逆説」（パラドクサ）に思われることに「真理」を見て、それを提示した。それに比べると、ゴルギアスの態度は二重に屈折している。自らが提示した逆説的な言論の真理性を、ゴルギアスはどうも本当には信じておらず（ヘレネがこのように無実であるとは、やはりとうてい信じられないであろう）、むしろそうでないことを何らか意識しながらも、人々を悦ばせる「遊び」（パイディア）として、ありそうもないことをあえて論証する言論を作り出しているように疑われるからである。そして、それこそが「真理」であり、「言論の整いし様」であった。「虚偽」を口先で「真理」と言いくるめるような単純な「欺き」ではなく、真理と虚偽、本物と似而非物《にせもの》の区別や秩序を逆転させる言論が、ここに導入されている。虚偽を説得するのも抗い難い力であるとすると、それがそのまま「真理」となる。いや、虚偽こそがもっとも強力な真理なのかもしれない。常識が依拠し、また、哲学が基盤とする「真理／虚偽」の区別を妖しくなし崩すところに、ゴルギアスの「言論」の秘密がある。

ゴルギアスの残された断片の一つでは、『ヘレネ頌』が強く対抗意識を示す「悲劇」での言論効果が、「欺き」（アパテー）として語られる。筋立てと感情操作によって、悲劇は観る者、聴く者に欺きを作り出すとして、ゴルギアスはこのように語ったという。

「欺きを作り出す者は、欺きを作り出さない者よりも、正しい人であり、欺かれた者は、欺かれない者より、知ある人である。というのは、欺きを作り出す者は、公言したことを作り為しているから正しい人であり、欺かれた者が知あるのは、感覚されない物を、言論の快さによって上手く捉えたからである。」（プルタルコス『アテナイ人の栄光について』348C＝DK 82B23）

そして、「欺き」をめぐるこの常識の逆転は、『ヘレネ頌』序論（3）でほのめかされた「ある（エイナイ）／思われる（ドケイン）」の逆転として、哲学の基本構図をも転倒させる。

「実際にそうであっても、そう思われることが得られなければ、不明であり、そう思われていても、実際にそうであることが得られなければ、無力である。」(プロクロス『ヘシオドス『仕事と日々』註解』758=DK 82B26)

ゴルギアスが「真理」や「ある」に寄りそって行なう秩序の転倒は、厳格な二元性や、それを消去する単純な一元性を、共に乗り越えていく。

プラトンは『パイドロス』で従来の弁論術を批判するにあたり、「ありそうな」(エイコス)という論理は「真理」の似姿に過ぎず、したがって二次的であると論じる。哲学の側からのこの真っ当な批判は、定番として後世にもくり返される。しかし、弁論術にとっては、そのような意味での「真理」は問題にならない、とゴルギアスは切り返すはずである。哲学が前提に立てる「知識/思いこみ」、あるいは、「ある/現われる」といった二分法を、彼は言論の実際の力によって易々と踏み越える。

弁論術が活躍する法廷では、水時計で測られる制限時間内に、残された状況や双方が呼びだす証言から過去の事実を確定したり、そこから「正/不正」を絶対的に判定することは、原理的に不可能である。言論や審議が尽くされることはあり得ず、また、かつて起こった出来事をそのまま再現することは出来ないからである。関係者の証言から過去を見ると、往々にして「藪の中」に入る。それは、誰かが意図的に嘘をついている場合もあるし、主観によって歪んだ印象を持ってしまっている場合もあろう。だが、一義的に確定される「事実・真理」など存在するのか、あるいは、「正／不正」など判断できるのか、そもそもが疑わしい。弁論家は、そういった法廷の現実を見据えて、「ありそうな」言論を提示することに意を傾ける。

もしそのような場に哲学者が登場し、すべてを「真理」の規準で裁断しようとしたら、場違いもはなはだしい。哲学では、あらゆる証言や判断が「真理」には届かないという意味で、すべてが「虚偽」であると見なされ、審議は永遠に終結しないからである。だが、判決は時間内に下され、弁論家の「言論」能力はその場で、裁判の帰趨と人々の生死を決定づける。弁論術において「欺き」や「思い」（ドクサ）の価値は、積極的に逆転され、真理の力となっていく。

ゴルギアスが提示する「真理」は、弁論家が法廷で高らかに主張する「真理」を理論化した、いわば弁論術的な「真理」であり、哲学が要求する厳密で絶対的な「真理」とは異なる、と思われるかもしれない。ただ、ゴルギアスは、弁論家がそれを単に実践するという仕方ででなく、哲学的な「真理」に挑戦し転倒させるという、より高次の言論によって、その理念を演示しているのである。ヘレネへの非難を取り除く言論は、実際に彼女の無実を勝ち取る法廷弁論ではなく、彼女の罪を信じている私たち常識人を挑発し、魅惑する逆説的な遊びであった。その頌歌で誉め讃えられるのは、悪女ヘレネではなく、ゴルギアス自身の「言論」に他ならない。

第六章　弁論の技法──ゴルギアス『パラメデスの弁明』──

一　『パラメデスの弁明』（訳）

次に、ゴルギアスのもう一つの演示作品『パラメデスの弁明』（Hyper Palamēdūs apologia）を読んでいこう。『ヘレネ頌』よりかなり長いが、共に中世写本で伝承されてきた作品である。敵方に内通したという罪状で訴えられた知者パラメデスが、裁判員であるギリシア人たち、および、告発者オデュッセウスに語りかける、法廷での「弁明」形式を整然と展開していく。

［序言］

（1）告発と弁明は、死に関して判決とはならない。一方で、死は、自然がすべての死すべき者たちに、明らかな評決によって、生まれたその日に評決してしまっているのだから。

他方で、この危機は、不名誉と名誉に関わっている。私が正義にかなって死刑となるか、それとも、もっとも大きな恥ともっとも醜い責めをもって、力ずくで死刑となるべきかが。（２）これら二つがあるのだが、あなた方はその全体に、私は一方だけに支配力を持っている。つまり、私が正義、あなた方は力に。あなた方は、望むのなら、容易に私を殺すことが出来るのだ。あなた方は、私がまったく力に与っていない事柄に、支配力を持っているのだから。

（３）さて、もし告発者オデュッセウスが、私がギリシアを裏切り異国人たちに売り渡したと、明瞭に知ってか、それとも、こういったことだと何らか思いこんでか、ギリシアへの善意ゆえに告発をなしたのであれば、彼はもっとも善き人だったことだろう。そのような人が、どうして、祖国、両親、そして、全ギリシアを救う者でないことが、さらに加えて、不正を為す者に仕返しする者でないことがあろうか？　他方で、もし彼が、嫉妬や悪しき技やたくらみのため、この責めをでっち上げているのだとしたら、かの事ゆえにもっとも優れた男であったのと同様に、この事ゆえにもっとも悪しき男であろう。

（４）このことについて、どこから語り始めようか？　何を、まず最初に言おう？　どこに弁明を向けようか？　証明（演示）できない責めが明瞭な驚愕を内に作り出し、この驚愕のゆえに言論で行き詰まるのが必然だから。もし私が真理そのものと、それに伴う必然（強制力）から何かを学ばないのなら、より巧みな教師より、より危機的な教師を持つことになる。

（5）さて、一方で、告発者が明瞭に知ることなく私を告発していることを、私は明瞭に知っている。それは、私がこういったことを何一つ為していないことは、私自身が明瞭に承知しているからだ。だが、人が起こってもいないことを知り得るなど、私は知りはしない。他方で、事態がこうだと思って告発をなしたのだとしたら、彼が真理を語っていないと、私は二通りの仕方であなた方に証示（演示）しよう。すなわち、私はこういった行為を試みることを、望んでも為すことが出来ず、また、為すことが出来ても望みはしなかったのである。

［第一の議論：行為の不可能性］

（6）では、最初に、私がこのことを為すことが出来ないという、この言論に赴こう。まず最初に、裏切りには何か始まり《アルケー》が生じている必要があるが、始まりとは言論《ロゴス》であろう。これから生じる行為の前に、言論が生じなければならないからだ。だが、何らかの交際が生じていなかったら、言論もどのように生じるのだろうか？　だが、交際とは、どのような仕方で生じ得ようか？　私に対してかの人（プリアモス王）が誰かを送ることも、私からあの人のもとへ行くこともなく。運ぶ人がいなければ、書き物をつうじての伝達も届かないのだから。

（7）しかし、これ（交際）は言論によって生じることが可能である。そして、かの人は私と、私はあの人と交際していたとしよう。どんな仕方で？　誰が誰と？　ギリシア人が異国人と？　どのように聞き、話をしたのか？　一人が一人だけと？　いや、私たちは互いの言葉を知らないだろう。いや、通訳を伴ってか？　それでは、隠蔽すべき事柄に第三の証人が生じてしまう。

（8）さらに、このこともあったことにしよう。本当はなかったのであるが。その後で信用を与え受け取る必要があっただろう。では、信用とは何だったのだろう？　誓いか？　では、誰が、裏切り者である私を信用しようとするのか？　では、人質か？　誰を？　たとえば、私が弟を与え——他にいないので——異国人は息子の一人を人質にするのか？　そのように、彼から私に、私から彼にすることが、もっとも信用できることであったろうから。だが、このことが生じたら、あなた方のすべてに明白になっていたはずだ。

（9）金銭によって、私たちは信用を作ったのだ、と人は言うだろう。彼が与え、私は受け取って。だが、少ない金でか？　いや、大きな奉仕の代わりに少ない金を取るというのはありそう《エイコス》にない。では、多くの金でか？　だが、運搬はどうしたのか？〈一人で〉どのように運んだのだろう？　いや、多くでやったのか？　多くの人が運んだのなら、多くの人が陰謀の証人になっていたことだろう。だが、一人が運んだのなら、運ばれた金は多くはなかったことになる。

（10）では、運んだのは昼か、それとも、夜だったのか？　いや、（夜だったら）多くの見張りが密集していて、彼らに気づかれないことはない。では、昼間か？　いや、光がこういったことの敵になる。よろしい、そうだとしておこう。だが、私が出かけて行って受け取ったか、あの人が運びにやってきたのか？　どちらの場合も困難だ。では、受け取ったとして、どのように、内にいる人々にも外にいる人々にも隠せたのか？　どこに置いたのか？　どのように見張ったのか？（金を）遣えば明らかとなってしまうし、遣わなければ、どうやってそれから利益を得られるのだろう？
（11）さらに、起こっていないことも起こったことにしよう。私たちは一緒に行き、語り、聴いたと。彼らから金銭を受け取り、受け取ったことに気づかれずに、隠したのだと。おそらく、これらがそれを目的として生じたこと（裏切り行為）を為したに違いない。さて、このことは、今語られたことよりもさらに困難である。それは、私自身が為したのか、他の人々と一緒にやったか、のどちらかである。いや、その行為は一人ではなく、他の人々と一緒にやったのではないか？　誰と？　明らかに、一緒にいる仲間であろう。自由人か、奴隷か？　私は、あなた方自由人と一緒にいる。それでは、あなた方のうちの誰が承知しているのか？　言わせてみよ。他方で、奴隷ならどうして信用できよう。（奴隷は）自由の為にならば、自ら進んでにせよ、強制のゆえに嵐に揉まれてにせよ、告発するだろうから。
（12）では、この行為はどのように生じたのか？　明らかに、あなた方より強い敵を導き入れる必要があったろう。だが、それは不可能だ。では、どのように導き入れたのか？

門からか？　いや、門を開けるのも閉めるのも私の仕事ではなく、それを司るのは指揮官たちだ。では、城壁を越えて梯子《はしご》〈で〉か？　いや、けっしてあり得ない。城壁はすべて見張りで一杯である。では、城壁を破ってか？　それではすべての人に明らかになってしまったろう。武具をまとった生活は野天のもとであり——陣営だから——、そこでは〈すべての人が〉すべてのことを見ており、すべての人がすべての人から見られているのだ。したがって、すべての仕方、すべての点で、これらのことを為すことは、まったく私には不可能だったのだ。

［第二の議論：意図の不可能性］

(13) 次の事も一緒に考察してくれ。もし最大限すべてが可能だったとして、何のために、このこと〈裏切り行為〉を為そうと望むのが相応しいのか？　誰一人、無償で最大の危険を犯したり、最大の悪でもっとも悪い人になろうと望みはしない。では、何のためか？　私は再度このことに戻ろう。専制君主として支配するためか？　あなた方に対してか、異国人たちに対してか？　いや、これほどの人数の、これほど立派なあなた方を、専制的に支配することは不可能である。あなた方には、もっとも偉大なすべてのこと、すなわち、先祖の徳、金銭の豊かさ、卓越した力、思慮の力、ポリスの王権が属しているのだから。(14) では、〈異国人たちを〉か？　誰が引き渡すのだろう？　私はギリシア人でありながら、どんな力で異国人たちを掌握するのか？　一人でありながら多数をか？　説得してか、力ずくでか？　だが、彼らは説得に従おうとしないだろうし、私には力ずくでやる能力はない。いや、たぶん（彼らは）裏切りの報酬に代えて、自ら進んで、自ら進んでなす者（私）に引き渡すかもしれない。いや、こういったことを信用して受け入れるのは、愚の骨頂である。誰が、王権の代わりに隷属を、最大の権力の代わりに最大の災悪を選ぶのか？

(15) 人はこう言うかもしれない。私は、富や金銭を愛してこれらのことを企てたのだと。だが、私は適度な金銭を所有しており、多くを必要とはしていない。多くの金銭を必要とするのは、多くを浪費する者であり、自然本性の快楽に打ち克つ者ではない。それは、快楽の奴隷となり、富や気前のよさによって名誉を獲得しようと努める者なのだ。だが、私には、こういったことの何一つ当てはまらない。私が真理を言っていることの信用できる証人として、過ぎ去った人生を提供しよう。あなた方がこの証人への証人であった。あなた方は私と共にいたのであり、したがって、これらを共に知っているのだから。

(16) さらに、中庸に思慮ある人であれば、名誉のためにこのような行為を企てることはないだろう。名誉は徳から生まれるのであり、悪さからではないから。ギリシアを裏切る男に、どうして名誉があり得よう？　それに加えて、私は名誉も欠いてはいない。私は、もっとも栄誉ある人々によってもっとも栄誉あることについて、つまり、あなた方によって知恵において、名誉を与えられているのだから。

(17) さらに、人がこれらのことを為すような目的は、安全ではない。裏切り者は、法、正義、神々、多数の人間、すべてにとって敵である。その者は、法を乗り越え、正義を踏みにじり、多数者を腐敗させ、神のことを侮《あなど》っている。そのような人生は、最大の危機に囲まれ、安全を持つこともない。

(18) いや、友には利益を、敵には害悪を与えようと望むのではないか? そのために、人は不正を行なうのだろうから。だが、私にはまったく反対のことが生じていたことになる。友には害悪を、敵には利益を与えるという。さて、善には何一つ報いられないこの行為だが、悪を被ろうと欲してたくらみ事をする人は誰一人いない。

(19) 残りは、何らかの恐れか、苦痛か、危機を避けようと行為したかどうかである。これらは、誰一人、私に相応しいことだとは言わないだろう。すべての人がすべてのことを、二つのものの為に、つまり、何か利得を追求してか、損害を避けるために為すのだから。これらの外にたくらまれることは、……(欠落)……これらを為せば、私自身をひどい目に会わせたことになるのは、不明瞭ではない。ギリシアを裏切ることは、私自身、生みの親、友人、先祖の栄誉、父祖伝来の神聖物、墓所、ギリシアのもっとも偉大な祖国を裏切ることになるのだ。すべての人にとってすべてに値するもの、これらを、不正を為された人々(敵方)に手渡したことになってしまう。

(20) 次のことも考察してほしい。そんな行為をすれば、私にとって人生は生きるに値しないものになりはしないか？　どこに、私は向かうべきなのだろう？　ギリシアへか？　不正を被った人々から罰を受けにか？　だが、害悪を被った人々の誰が、私を放っておくことだろう？　では、異国人の中に留まるのか？　すべてのもっとも大切なことから配慮を逸らし、もっとも美しい名誉を奪われて、もっとも醜い不名誉において時を過ごすのか？　これまでの人生では徳への苦労を重ねてきたのに、それを投げ捨てて？　しかも、それが私自身によって為されたと！　男にとってもっとも恥ずべき（醜い）ことで、自身で不幸にしていると。

（21）さらに、異国人のもとでも、私は信用され得ないだろう。どうして、もっとも信用を欠く行為を行なった、つまり、友を裏切り敵に売り渡した私と、親しくする人がいるだろうか？　だが、信用を奪われたら、人生は生きるに値しない。金銭を投げ出し、専制権力から追い出され、祖国を逃れた人を拾い上げる者はいるかもしれないが、信用を投げ捨てた人は、もう二度とそれを手に入れることはできない。したがって、私はギリシアを裏切ることなど（出来なかったし）望むこともあり得なかったことは、これまで語られたことをつうじて証明された。

［告発者への反論］

（22）この後、私は告発者に対して議論したい。一体何を信用して、（君は）このような人でありながら、このような人（私）を告発しているのか？　どのような人でありながらどのような事を、君は、価値のない人が価値のない人に対するように言っているのか、よく学ぶ価値がある。君は精確に知ってか、それとも、思いこんでか、どちらの状態で私を告発しているのか？　もし知ってであれば、君は見ていたか、関与していたか、誰か〈関与した者〉から伝え聞いて、知っているのだ。一方で、もし見たのだとしたら、ここの人々〈裁判員〉に〈仕方〉、場所、時間を言いなさい。いつ、どこで、どのように君は見たのかを。他方で、もし関与してだとしたら、君も同じ責めを受けるべきだ。だが、他方で、もし誰か関与した人から聴いたのなら、それが誰であれ、自身で来させ、姿を現わさせ、証人にならせなさい。そのように証言される告発こそ、より信用できるのだから。実際、今、私たちのどちらも証人を出していないではないか。

(23) おそらく君は、生じたことに——君はそう言っているのだが——君が証人を出さないのは、生じていないことに私が証人を出していないのと同等だ、と言うだろう。だが、これは同等ではない。一方で、生じていないことはどうやっても証言されることは不可能だが、他方で、生じたことについては、不可能でないだけでなく、より容易でもある。また、より容易なだけでなく、君には証人だけでなく、偽証をする人を見つけることもできただろう。だが、私はそのどちらを見つけることもできなかった。

(24) さて、君が告発しているその事柄を、知っていないことは明白だ。残りは、君が知らず〈ず〉に、思いこんでいる場合だ。では、すべての人間の中でもっとも大胆な者よ、もっとも信用できない事柄であるのに、思いこみ《ドクサ》を信用して、真理を知りもせずに、君は大胆にも人に死刑を求めるのか？　そんな行為を為す人と、君はどうして知り合いだったのか？　さらに、思いこむことは、すべてのことに関してすべての人に共通であり、この点で君が他の人々より知恵があるということはまったくない。思いこんでいる人々を信用すべきではなく、知っている人々をこそ信用すべきだ。真理よりも思いこみをより信用できると考えるべきではなく、反対に、思いこみよりも真理をそう考えるべきだ。

(25) 君は私を、語られた言論をつうじて、二つの正反対のことで告発している。知恵と狂気だ。その両方を同じ人間が持つことなどできないのに。君は一方で、私が技に長けた恐るべき巧みな者であると言って、知恵の点で私を告発しているが、他方で、私がギリシアを裏切ったと言って、狂気の点で告発している。狂気とは、不可能で無益で恥ずべき行為を試みることである。それによって友に害悪を、敵に利益を与えるのであり、他方で、自分自身の人生を恥知らずで不安定な状況に追い込む。しかしながら、どうして、このような人を信用すべきだろう？　同じ言論を語りながら、同じ人たちに同じ事柄について、正反対を語る人を。

(26) 私は君から聴きたい。君は知恵ある人々を無思慮だと考えるか、それとも、思慮があると考えるか？　一方で、もし無思慮だと考えるのなら、奇妙な言論だが、真理ではなく、他方で、もし思慮があるとすれば、思慮を持つ人々が最大の過ちを犯し、現にある善よりも悪を選ぶことは、おそらく相応しくないだろう。もし私が知恵ある者なら、過ちを犯すことはなかったし、もし過ちを犯したのなら、知恵ある者ではない。したがって、どちらにせよ君は虚偽を語っている。

(27) ただ、君が古くも新しくも、多くの重大なこと〔悪事〕を為していると、私は逆に告発できるが、私はそうすることを望まない。君の悪さによってではなく、私の善さによって、この責めを逃れ〈たい〉からだ。君に対しては、これだけだ。

[裁判員への呼びかけ]

(28) 裁判員諸君、あなた方に対しては、私への嫉妬を引き起こすかもしれないが、真理を言おうと思う。告発されてい〈ない〉人には耐えられないが、告発されている者には相応しいことだ。今、私は、あなた方にこれまでの人生の審査と言論を受けるのだから。さて、私はあなた方に求める。もし私によって為された立派な事績をあなた方に思い出させても、語られたことを妬まず、恐るべき虚偽で告発された私が、真理が善いと知っているあなた方の中で、語っても当然だと考えていただきたい。それ〔語ること〕が、私にはもっとも快いことだ。

(29) さて第一にも、第二にも、そして最大のことだが、すべてを通して、始めから終わりまで、これまでの私の人生は過ちを犯しておらず、あらゆる責めから清浄である。誰一人、私についてどんな悪の責めも、あなた方に真理として言うことはできない。告発人自身も、彼が語っていることについて、何の証明も語っていないのだから。彼の言論はそのように、論駁《エレンコス》を持たない中傷を可能にしてしまっている。

(30) だが、私はこう主張し、主張しても虚偽を語ってはいないし、論駁され得ないだろう。ただ過ちを犯さなかっただけでなく、あなた方、つまりギリシア人たちと全人類にとって——今いる人々だけでなく、将来の人々にも——大いなる貢献者でもあると。(私以外の)誰が、困難から順調へ、混乱から秩序あるものへと、人間の生を作り出せたのか? 戦利に重要な戦闘の陣型を見出し、また、正義を見守る書かれた法律を、記憶の道具である文字を、交換を順調にこなす尺度と秤を、金銭を見守る数字を、早足の使者である最強の狼煙《のろし》を、そして、余暇を苦痛なく過ごさせるチェスを。では、何のために、私はこれらをあなた方に思い出させたのか?

(31) それは、このような物事に私が心を向けていることを明らかにし、醜悪な行為から離れている証拠を与えるためだ。あのようなこと(裏切り行為)に心を向ける者は、これらのものに心を向けることは不可能だから。だが、もし私自身があなた方に対して何一つ不正を為していないのなら、私自身あなた方から不正を受けるのは相応しくない。

(32) また、他の営為のゆえにも、私が悪しき仕打ちを受けることは相応しくない。若い人からも、年輩の人からも。私は年とった人々には苦痛を与える者ではなく、若い人々には有益でなくはないし、幸運な人々には妬ましくなく、不運な人々には恵み深いのだから。

貧困を軽蔑もせず、徳よりも富を尊重する者ではない。富よりも徳を尊重し、審議においては無用ではなく、戦いにおいては武功がなくもない。命令されたことを為し、指揮する者に従う。しかし、私自身を賞賛することは、私の意図ではない。現在の時宜《カイロス》が強制したのだ。こんなことで告発されている者が、あらゆる仕方で弁明することを。

［結び］

（33）だが、残りは、あなた方について、あなた方に対して、私の言論がある。それを言って弁明を終わりにしよう。さて、憐憫や哀願や身内による哀訴は、大衆において判決がなされる場合には有益だろう。だが、あなた方、ギリシア人の中で第一級の人々で、かつ、そう評判の人々のもとでは、身内の助けや哀願や憐憫で、あなた方を説得すべきではない。いや、もっとも確かな正義によって、真理を教えることで為すべきであり、この責めを、私は欺くことで逃れるべきではない。

（34）あなた方の方では、行為よりもむしろ言論に心を向けるべきではなく、論駁よりも責めを優先させてはならず、短い時間が長い時間よりもより知ある判定者だとは考えてはならず、また、非難を実証よりもより信用できると信じてはならない。善き人々には、これらすべての点で過ちを犯すことが大きな注意を要することであり、治療可能なことより、むしろ治療不可能なことなのだ。それらは、事前に思考を働かせた人には可能だが、事後に思考する人には治せないようなことだから。人々が一人の人に死刑を判決する時、それはそのような場合の一つである。それがまさに、今あなた方のもとにあることなのだ。

(35) さて、もし言論をつうじて行為の真理が、聞く人たちに澄みきった明らかなものとなったら、語られたことから判決はすでに容易だろう。だが、そうでないとしたら、あなた方は私の肉体を守り、より長い間勾留して、真理を伴った判決を下してもらいたい。危機は、あなた方にとって重大なのだから。つまり、不正が明らかになれば、一つの評判を投げ捨てて、別の評判を得ることになるのだ。だが、善き人々には、恥ずべき評判よりもむしろ死が選ばれるべきである。一方は人生の終極であるが、他方は人生にとっては病いだから。

(36) だが、もしあなた方が私を不正にも死刑にすれば、多くの人々に明らかとなるだろう。私は知られ〈ない〉者ではなく、あなた方の悪事はギリシア人すべてに知られ、明らかとなるのだから。告発者ではなく。そして、すべての人に明らかな不正の責めは、あなた方が負うことになる。裁判の帰趨はあなた方のうちにあるのだ。だが、この不正よりも大きな過ちは生じ得ない。あなた方が不正な裁きを為せば、私や私の生みの親だけに過ちを犯すのではなく、あなた方自身に、恐るべき、神を蔑《ないがし》ろにする、不正で不法の行為を為していることを知るだろう。共に戦った者を殺し、あなた方に有益なギリシアへの貢献者を、ギリシア人たちがギリシア人を殺すことで、まったく明らかでない不正によって、信用できる責めを証明することもなく。

(37) 私から言うことは語られた。終わりにしよう。長々と語られたことを簡潔に思い出させることは、劣った裁判員たちには理がある。だが、第一級のギリシア人たちの中で第一級の人々に対しては、そうすることで、語られたことに心を向けることも、思い出すこともしないと見なすのは、相応しくないからだ。

二　パラメデスの論理

前章で検討した『ヘレネ頌』が、ヘレネという伝説上の美女を口実にした、ゴルギアスの「言論」讃歌であったのに対して、『パラメデスの弁明』は同様の伝説を題材にしながら、基本的に法廷弁論の形式を貫いている。大仰な一般論から導入される「序言」、告発内容を論駁する「本論」(ここでは、二つの議論からなる)、そして「告発者への反論」、「裁判員への呼びかけ」、「結び」という、おそらく定番となっていた弁論構成をとっている。

ヘレネは誰もが記憶する「悪女」であり、その女性を弁護する試み自体が「逆説」を成していた。対照的に、英雄伝説においてパラメデスが無実の罪でオデュッセウスに陥《おとしい》れられたことを、読者はみな知っている。トロイア王プリアモスからの手紙や、陣営に埋まっていた金は、みな告発者オデュッセウスの企み事であった。つまり、この弁論は、無実の人物が自分の無実をそのまま訴えるものである。にもかかわらず、私たち読者は、『ヘレネ頌』の場合と似た、割り切れなさやいかがわしさを感じている。

ゴルギアスがヘレネを弁護した四つの原因に照らせば、どんな人間でも恋に落ちて仕出かした悪事の責任は問われなくなる。同様に、パラメデスの理路整然とした論述に従えば、誰一人「裏切り」行為を働くことはあり得なくなってしまう。しかし、現実には、敵方に密通する者、金銭や権力欲にかられて味方を売る者が、ギリシア人に限らずたくさんいる。「知者」として名高いパラメデスの論理は、彼の無実をそのまま弁明するものながら、現実にとってはやはり「逆説」となる。私たちはそこに、この言論の割り切れなさを感じるのであろう。

パラメデスの語る「真理」は、まさにその通りであった。彼が実際にギリシアを裏切る行為をしていないこと、また、その意図も実際になかったという事実を、私たち読者は知っている。だが、彼の言論は、事実を示すというよりも、ひたすら論理によって可能性を消去することを目指している。どれほど華麗な論理展開が演示されていても、実際に「行為不可能」や「意図不可能」を論証することは不可能であろう。論理で決着をつけるという、そのあまりに理性的な態度が、逆に、私たちにいかがわしさを感じさせるのかもしれない。

パラメデスは、全ギリシアに「知者」として知られた人物であった。伝説では、アルファベットやチェスの発明も彼に帰されてきた。そのパラメデスは、やはり知恵で優れていたオデュッセウスを、一度は知恵で負かしもした。狂気の装いを見事に見破って、戦場に連れてきたのである。オデュッセウスは、その時の恨みから、今度は策略でパラメデスを陥れた。だが、パラメデスが知恵の限りをつくすという趣向の「弁明」は、逆に、これを聴く裁判員たちに不審や反発さえ惹き起こしたかもしれない。知者が知に溺れ、あまりに知的な弁論ゆえに裁判に負けたという事態さえ、想像されてしまう。ちょうどプラトン『ソクラテスの弁明』で、ソクラテスが、ある意味で非の打ち所のない議論を展開し、裁判員の憎しみを煽って死刑判決を受けたのと同じように。では、著者ゴルギアスは、なぜ、そのように「知」が勝《まさ》った弁論を書いたのか。

この作品は『ヘレネ頌』と同様、基本的には、彼の弁論術（レートリケー）の宣伝のために書かれたものであろう。だが、弁論術の作品といっても、実践的な教科書とはとうてい言い難い。この弁論を真似ることも、個々の論点を応用することも、実際の法廷ではほとんど役に立ちそうにないからである。法廷弁論の形式に則った模擬作品としては、アンティフォンの『四部作』が有名である。ゴルギアスのこの作品も、同様の弁論技法の習作であろう。

「ありそうなこと」（エイコス）を用いたこの議論には、一見したもっともらしさの裏に、多くの穴がある。たとえば、パラメデスは金銭授受を否定する論拠として、受け取った金を遣えば露見し、遣わなければ利益がないと主張する（10）。だが、ほとぼりが冷めるまで隠しておくとか、ばれないように遣うとか、現実の場面では抜け道は容易に見つけられる。ゴルギアスはそういった穴も重々承知で、わざと論理的な完全性の見かけを装っているように見える。これは、どうやら「私ならこれほど見事に弁じられる」と自慢げに示すような、単純な弁論作品ではなさそうである。

他方で、パラメデスの議論の端々には、哲学的なトピックがちりばめられている。「知る／思いこむ」（3、22、24）や「真理《アレーテイア》／思いこみ《ドクサ》」（5、24）の対比は、パルメニデスによって強調され、やがてプラトン哲学に受け継がれる哲学の基本枠組みである。「真理」についてくり返される発言は、思わせぶりではあるが、積極的に内実が展開されている訳ではない。『ヘレネ頌』で強調された「言論」（ロゴス）の力も、表立って論じられてはいないが、明らかに意識はされている（6）。

たとえば、ゴルギアスの思想を窺わせるような興味深い一節が、冒頭にある。パラメデスは、裁判員と自身を「正義と力」の二者に関して比較し、裁判員たちは「その全体に」対して、被告のパラメデスは「一方だけに」支配力を持つと語る（2）。それらは、独立した二者ではなく、力を支配することが正義をも支配するという見方が、ここに透けて見える。

また、ゴルギアスは議論の途中で、「友には利益を、敵には害悪を与える」というギリシアの伝統的な「正義」理解を持ち出している。

「いや、友には利益を、敵には害悪を与えようと望むのではないか？　そのために、人は不正を行なうのだろうから。」（『パラメデスの弁明』18）

まさにその正義ゆえに人は不正を行なうと語る逆説は、ゴルギアスの正義観を示唆するものかもしれない。もっとも、これも、ただの遊びかもしれないが。

他方で、告発者に向けた「知恵と狂気」を用いた反論では、反対の主張を同時になす者は虚偽を語っている、という論理が用いられている（25）。「同じ言論を語りながら、同じ人たちに同じ事柄について、正反対を語る」という表現は、後にプラトンが定義する「矛盾律」の考えに近い。より厳密な哲学的言い回しが、弁論に活用されている。いずれにしても、これらの論点は、法廷弁論としての効力を直接狙ったものというよりも、明らかに哲学の議論を意識して書かれたものに見える。

では、ゴルギアスは、誰に向けてこの言論を書いたのか。おそらくは、一方で、弁論術の宣伝パンフレットとして、他方で、哲学を意識した論考として、双方をにらみながら書いた「遊び」（パイディア）ではなかったか。ここで、ギリシア悲劇における「論争」場面を思い出そう。エウリピデス『トロイアの女たち』でのヘレネとヘカベの論争のように、法廷での弁論を彷彿とさせながら、かならずしも実践的とは言えない、だが、機転のきいた、やや誇張された言論の応酬が、劇場で観客の娯楽に供されていた。ゴルギアスの『パラメデスの弁明』は、『ヘレネ頌』以上に、そういった類いの「遊び」であった。言うまでもなく、対比や対句、同じ語のくり返しや押韻といったさまざまな修辞技法が、ゴルギアスの弁論テクニックとしてふんだんに盛り込まれている。内容以上に、その語り口の流暢さで聴く者を魅惑したのかもしれない。とりわけ特徴的なのは、疑問文や選択肢を多用し、次々と論点をかぶせていく、たたみかけるような文体であろう。この技巧を精確に分析すると、二つの論法が巧妙に用いられていることが分かる。それらゴルギアスの武器を、「重層論法」と「枚挙論法」と呼び、考察を加えよう。

「重層論法」とは、一つの議論を退けた後に、そのいったん否定された可能性を仮に認めた上で、さらにそこからの帰結を検討し退けていく論法である。「枚挙論法」とは、一つの命題を否定するために、その命題を含意する複数の可能性を選択肢として枚挙し、それらを一つずつ退けて、最終的に当の命題を退ける論法である。その際の選択肢は、肯定か否定かの排他的な二者択一の場合もあるが、複数の条件が列挙されることも多い。

三 「重層論法」の展開と意義

『パラメデスの弁明』では、議論の大枠、ならびに、その中での個別議論の両方で「重層論法」が用いられている。順に検討してみよう。

パラメデスは、自らの無実を主張する中心議論を、二段階で構成していた。

「事態がこうだと思って告発をなしたのだとしたら、彼が真理を語っていないと、私は二通りの仕方であなた方に証示しよう。すなわち、私はこういった行為を試みることを、望んでも為すことが出来ず、また、為すことが出来ても望みはしなかったのである。」(『パラメデスの弁明』5)

彼は第一に、裏切りという行為を為すことは出来なかったこと、つまり、行為の不可能性を論じる。さまざまな可能性の検討からそれが論証された後で、彼は次のように第二の議論に移る。

「したがって、すべての仕方、すべての点で、これらのことを為すことは、まったく私には不可能だったのだ。次の事も一緒に考察してくれ。もし最大限すべてが可能だったとして、何のために、このことを為そうと望むのが相応しいのか?」(『パラメデスの弁明』12-13)

今度は、行為が仮に可能であっても、そのような望みを持つはずがないという、意図の不可能性を論じていく。二つの議論が完結した時、次のようにまとめられる。

「したがって、私はギリシアを裏切ることなど〈出来なかったし〉望むこともあり得なかったことは、これまで語られたことをつうじて証明された。」(『パラメデスの弁明』21)

この二段階の構成は、一見念を押して論証を積み重ねているように見える。「裏切り行為が可能である」と「裏切りを望む」という二者は、独立の論点であるかのように語られる。すると、その組み合わせは計四通りあり、それらの可能性のうち、裏切り行為として有罪につながるのは一通り、つまり、「裏切り行為が可能であり、かつ、望んでいる」場合に限られる。無論、その場合でも、パラメデスが実際に裏切ったことは導かれない。あくまで論理上の話である。だが、逆に、論理的には、裏切り行為について可能性か意図か、どちらか一方を否定すれば、もう一方を否定する必要はなかったはずである。

むしろ、「裏切りが不可能である」という最初の論点が確立されたら、そもそも「裏切りを望む」ことは意味を持たない。最初から不可能なこと、たとえば、宇宙の果てに到達すること、を意図することはできず、意図は可能性を前提するからである。仮に論証の順序が逆であったとしたら、ゴルギアスの議論は同様の重層性を帯びなかったであろう。意図が存在しなくても、行為が可能である場合はいくらでもあるからである。だが、ゴルギアスはここでは、第一の議論によって第二の可能性も消去しておきながら、「もし最大限すべてが可能だったとして」という仮定を置いて、第二の論点をあらためて重層的に否定しているのである。

このように、パラメデスが展開する二段階の議論、「裏切り行為は不可能である。だが、仮に可能であったとしても、それを望むことはない」は、重層論法をなす。これは、事実をまず潰した上で犯罪の動機を退けるといった、法廷弁論では自然な論法であろう。

重層論法は、個別の論証の中でも用いられている。第一の議論でパラメデスは、まず、敵方との交際が不可能であることを論じる（6-7）。にもかかわらず、すぐに、「さらに、このこともあったことにしよう。本当はなかったのであるが。」（8）とたたみかける。

いったん議論によって退けた可能性を、仮にあったとするこの論法は、後でも登場する。金銭の受け渡し可能性を否定する際にも、昼に行なわれたこと、受け渡されたことを、それぞれ「仮に」認める。そして、これまで退けた可能性をすべて復活させて議論を進める。

「さらに、起こっていないことも起こったことにしよう。私たちは一緒に行き、語り、聴いたと。彼らから金銭を受け取り、受け取ったことに気づかれずに、隠したのだと。

おそらく、これらがそれを目的として生じたこと（裏切り行為）を為したに違いない。さて、このことは、今語られたことよりもさらに困難である。」（『パラメデスの弁明』11）

『パラメデスの弁明』が、一方で、弁論術を学ぶ者を、他方で、哲学に従事する者を、共に意識して書かれた作品であると想定すると、この論法の意義はどう評価されるのか。まず、哲学的な論証として提示されているとすると、この論法は、非常に奇妙に感じられる。哲学の証明は、仮にもそれが「証明」である限り、そこで真理が確保された（と見なされる）はずであり、ゴルギアスがここで与えるような複数の段階を重層的に取ることはまずない、と考えられるからである。つまり、先行する議論が立派に証明され真理として確保されたとしたら、「最大限すべてが可能であったとして」という仮定は、不必要であり、いやそれ以上に、それまでの証明を台無しにしてしまう。証明とはそのようなものであり、たとえば、デカルトが「私は考える、それゆえ、私はある」を究極の真理として確保した後に、「だが、もし仮に私がないとして」と仮定を続けていったとしたら、当初の結論は懐疑の一場面に過ぎなくなり、真理の確保と認められていなかったことになる。「証明した、しかし、それは真理ではないかもしれない」とは、端的には語義矛盾なのである。

では、これはそもそも証明とは言えないのか。だが、「万全の仕方で論じた、しかし、百パーセントの真理とは言えない」とは、私たちの日常ではごく普通に認められる事態ではないか。それは、真理の確保が原理的に不可能、または、困難な場合には、よく生じることである。そういった場合には、たとえ十分に論じて退けた結論であっても、「仮にそれが可能であっても」というさらなる仮定のもとで、駄目押しのように議論を積み重ねることが有効なのである。これは、単にもっともらしさを醸し出すレトリックというよりも、何らか議論の技法をなすと考えるべきであろう。

法廷や議会での議論を考えてみよう。裁判が問題にする過去の事実は原理的に再現できず、また、政策が取り扱う未来の出来事は不確実で予測し難い。そうである以上、議論は「ありそうな《エイコス》」論理に従うしかない。そこでは、強力な論の後でも、仮にその逆を認めてさらに論じることが、十分に意味をもつ。ゴルギアスが用いている手法は、哲学的論証というより、そのような弁論的確証なのである。

重層論法は法廷や日常の言論世界では、私たち人間にできる限りの論拠を尽くすという意味で、とくに不自然ではない手法であり、実際の有効性や説得力もある。他方で、哲学の議論でそれを用いることが違和感をもたらすのは、哲学の議論（証明）が日常の説得の論理とどこか根本で異なると思われているからであろう。とすると、ゴルギアスは、この作品で法廷弁論にありがちな論法を、あえて論理的に用いることで、哲学に対して違和感を感じさせているのではないか。私たちは、彼が『ないについて』という論考で、より大々的にこの論法を用いている様を、次章で見ることになる。

四　「枚挙論法」のレトリック

ゴルギアスはもう一つの手法、「枚挙論法」を、『ヘレネ頌』でも用いていた。

「ヘレネのトロイア出奔が生じたありそうな原因（責め）を提示しよう。それは、［A］遇運の意図か神々の思慮か必然の投票によって、彼女は為したことを為したのか、あるいは、［B］力ずくで連れ去られてか、あるいは、［C］言論によって説得されてか、〈あるいは、［D］愛に捕えられてか〉のいずれかである。」（『ヘレネ頌』5-6）

「もし［D］愛に捕えられてか、［C］言論に説得されてか、［B］力ずくで連れ去られてか、［A］神的必然によって強制されて、彼女が為したことを為したのなら、どの場合でも責め（原因）を免れているのだ。」（『ヘレネ頌』20）

ヘレネ出奔の四つの原因がまず列挙され、それらが一つずつ議論によって退けられることで、最終的に無実が証明される。ただし、前章で分析したように、そこでの四つの原因は、相互に独立ではなく、また、なぜその四つで可能な原因が尽くされるのかも、不明であった。『ヘレネ頌』での枚挙論法の見かけは、その言論全体にいかがわしさを醸し出していた。

『パラメデスの弁明』では、個々の論証において、「枚挙論法」がより頻繁に用いられている。

まず、敵方と交際したとして、それは直接にか、通訳を介してか、のどちらかである。だが、どちらの場合も不可能であり、したがって交際はありえない（7）。ここでは、「直接／間接」が排中的な二者択一をなし、論理的には妥当な議論となっている。次に、裏切りを成立させる信用を作るのは、人質を交換してか、金銭をもらってか、のどちらかである。どちらの場合も不可能だとしたら、信用は作れない（8）。この場合は、前とは対照的に、「人質／金銭」以外にも可能性が残されており、枚挙がすべてを尽くしていない以上、論理的に妥当とは言えない。

金銭を受け渡すことも、少額か、多額か、一人で運んだのか、多数で運んだのか、昼にか、夜にか、のいずれかである。これらすべての場合に反対の論拠が挙げられ、受け渡しは否定される（9-10）。「少／多」、「一／多」、「昼／夜」は、哲学でもしばしば用いられる対であり、議論が形式的に感じられる。また、貰ったとされた金銭を遣ったか、遣わないかは、排中的な二者択一であるが、実際には将来という時間軸が考慮されておらず、論理が空疎に映ることは、すでに述べた。

裏切り行為は、一人で為したのか、他の人々と一緒に為したのか、そして、共犯者がいる場合、自由人か、奴隷か、が問われ、それらすべての可能性が退けられる（11）。敵方を導き入れる場合についても、門からか、城壁を越えて梯子でか、城壁を破ってか、という選択肢が並べられる。この箇所では、明らかに滑稽な想像に訴えて、不可能性を論じている（12）。裏切りの意図に関しても、専制支配を意図する対象を「ギリシア人／異国人」と並べ、「説得で／力ずくで」という『ヘレネ頌』で馴染みの選択肢も用いられる（13-14）。

オデュッセウスがパラメデスを告発したのは、知りながらか、思いこんでか、のどちらかであったという選択肢は、弁論の最初から後半までくり返し現われる（3、5、22、24）。「知る／思いこむ」の対は、哲学の伝統では馴染みの選択肢であるが、実生活にどれほど厳密に適用できるかは疑問であろう。さらに、オデュッセウスがもし知って告発したのであれば、見ていたか、自身が関与していたか、関与した者から伝え聞いたか、のいずれかであるという議論にも、枚挙論法が用いられている（22）。

最後に、知者を「無思慮だと考えるか、思慮があると考えるか」という選択肢では、前者であれば、矛盾するがゆえに虚偽となり、後者であれば、思慮がありながら最大の過ちを犯すという、やはり、語義に反する帰結になる(26)。機智に響く、だが、空疎な議論である。しかし、この論理を用いれば、ギリシア中に「知者」として知られるパラメデスが、裏切り行為などという害悪を行なうはずはないという結論が生じる。ここでの議論は、「人は知りながら、善よりも悪を選ぶことはない」という、ソクラテスが主張した逆説と類似する。だが、ゴルギアスはそういった哲学説を真面目に唱えるつもりはなく、言葉上での逆説的なもっともらしさを狙って語っているように見える。

枚挙論法は、『パラメデスの弁明』の議論の過程で、大小さまざまな局面に用いられており、その効力も多様である。論理的に可能性を尽くして、理詰めで追い込んでいる場合もあれば、大まかな枚挙に留まり、したがって、論理よりもレトリックが勝る場合も見られる。いずれにしても、枚挙論法は、おもに相手の議論を論駁する場面で用いられている点が重要である。

ゴルギアスは対句、対比、並列などの修辞技法を得意としていたが、枚挙論法はそれらを有効に展開する一つの場面を提供している。しかし、この論法は、単に修辞のためというよりも、『ないについて、あるいは、自然について』で確認するように、哲学的な議論との関係でより重要な意味を持つ。ゴルギアスは『パラメデスの弁明』では、その効果を強く意識しながら、法廷弁論という、より厳密性を欠く場面で、最大限かつ多彩にこの論理手法を展開しているように見える。

第七章

哲学のパロディ――ゴルギアス『ないについて』――

一　『ないについて、あるいは、自然について』（セクストス版訳）

ゴルギアスが『ないについて、あるいは、自然について』（Peri tū mē ontos ē Peri physeōs：以下、『ないについて』と略記）と題される作品を著わしたのは、シチリアで活動していた前四四〇年代と伝えられる。この著作は、弁論術の演示を目指して英雄伝説から素材をとった『ヘレネ頌』や『パラメデスの弁明』とは異なり、当時流行の哲学トピックを議論しており、古来、ゴルギアスの哲学説として扱われてきた。

ゴルギアスが書いた論考そのものは失われて、現在に伝わってはいない。だが、幸いなことに、古代の二つの資料がその概要を収録している。一つは、「アリストテレス著作集」に含まれる『メリッソス、クセノファネス、ゴルギアス』（以下、MXGと略記）という論考である。「アリストテレス著作集」には、錯綜した伝承や編集の過程で、彼の流れを汲む後代のペリパトス派の著作が紛れ込んでおり、この小品も明らかにそういった作品の一つである。ヘレニズム時代か紀元前後にペリパトス派の誰かが書いたものであろうが、時期や背景については専門家の間で議論が続いている。その著者は、メリッソス、クセノファネス、ゴルギアスという、後世「エレア派」に関係づけられる思想家たちの学説を論じる。ゴルギアスはその最後に取り上げられ、『ないについて』の議論が逐一批判されている。

もう一つの典拠は、後二世紀後半に懐疑主義者セクストス・エンペイリコスが著わした『学者たちの論駁』第七巻（SEと略記）で、そこでは他の思想家たちと並んで、ゴルギアスの議論が報告されている。セクストスは「真理の規準（クリテーリオン）は存在するか」という考察において、独断論者たち（ドグマティコイ）の考えを取り上げ、それらの相違を論じていく。その文脈で、真理の規準を退ける人々として、クセノファネスやプロタゴラスらに続いて、ゴルギアス『ないについて』が紹介される。

二つの典拠は、おそらくゴルギアスの著作を直接読んでまとめられたものであろうが、両者を突き合わせると、細かい点で多くの違いが見られる。MXGは、著作の性格からも、そもそも精確な引用や紹介を意図するものではなく、ゴルギアスの議論を批判的に検討するものである。したがって、著者の関心から議論の一部を適宜省略したり、順序を変えていることも想像され、ゴルギアスの著作をそこからそのまま復元することは難しい。

他方で、セクストスの報告は、これからその訳を読むように、独立した論考の体裁で整然と議論が語られ、あたかもゴルギアスのテクストをそのまま紹介しているかのように見える。それゆえ、以前は、セクストスの報告を用いればほぼ問題なくゴルギアスの議論が再構成できる、と考える人々もいた。しかし、慎重に検討すると、むしろ、より後代のセクストスの方がゴルギアスの元の議論に手を加えている疑いが強くなり、今日では、難解ながらもMXGを資料的価値において重視する研究者が増えている。

何よりもセクストスは、ヘレニズム期以降の哲学用語を多く用いて、ゴルギアスの議論を紹介している。もしこれが、古いギリシア語を分かりやすく置き換えただけであれば、それほど問題はないかもしれない。しかし、『学者たちの論駁』第七巻の文脈を考慮すると、セクストスが自らの懐疑主義の展開により適合する形で、ゴルギアスの立場や議論を改変して編集している可能性も考えられる。さらに、MXGと対照させると、議論構成や選択肢、個々の論点においても、無視できない相違が多数認められ、とりわけ第三論証についてては、どちらの典拠を用いるかで含意が大きく異なってしまう。

ただ、ここでは、日本語でゴルギアスの議論を検討するという本書の趣旨、および、詳細な研究上の争点には立ち入らないという方針のもとで、一定の留保をつけた上でセクストス版の翻訳を提示する。議論の分析においては、MXG版も適宜参照しながら、おもに第一論証に検討を加えていく。不可知論や言語論として興味深い第二、第三論証については、本書では大筋を確認するに留める。この作品の全体には、改めて、本格的な研究が必要となるからである。

それでは、セクストスが紹介する『ないについて、あるいは、自然について』の議論を見ていこう。

［セクストスの序言］

(65) レオンティノイのゴルギアスは、真理の規準を廃止した人々と同じ陣営に属するが、プロタゴラス派の人々と類似の企てに即してではない。彼は、『ないについて、あるいは、自然について』と題する書物において、三つの要点を順に提供している。まず一つ、最初に、何もない、ということ、第二に、もしあるとしても、人間には把握できない、ということ、第三に、もし把握できたとしても、隣の人に語ることができず伝えられない、ということである。

［第一論証：何もない］

(66) さて、何もない、ということを、彼は次の仕方で推論している。

もし〈何かが〉あれば、［A］あるものがあるか、［B］ないものがあるか、あるいは、［C］あるものとないものの両方があるか、のいずれかである。だが、［A］あるものがあることはなく――これから示すとおり――、［B］ないものがあることもなく――これかから正当化するように——、また、［C］あるものとないものがあることもない——このことも教示する——。したがって、何もない。

(67)［B］まず、ないものは、ありはしない。

［B-1］もしないものがあれば、それは、同時に、あり、かつ、ないことになろう。というのは、ないものと考えられる限り、それはあることはなく、ないものである限り、今度はあることになろう。だが、何かが同時に、あり、かつ、ないことは、完全におかしい。したがって、ないものがあることはない。

［B-2］もしないものがあれば、あるものはないことになろう。というのは、これらは互いに反対であり、もしないものにあることが属するならば、あるものにないことが属することになろう。だが、あるものがないことはない。〈したがって〉ないものがあることもなくなる。

(68)［A］さらに、あるものがあることも、ない。

［A-1］もしあるものがあれば、それは、［i］永遠であるか、［ii］生じたものであるか、［iii］同時に、永遠で、かつ、生じたものであるか、のいずれかである。だが、あるものは——私たちが示すように——永遠でも、生じたものでも、両方であるのでもない。したがって、あるものは、ありはしない。

［A-1-i］もしあるものが永遠であれば——というのは、ここから始めるべきであるか

ら――何らかの始まりは持たない。
(69) というのは、生じるものはすべて何らかの始まりを持つが、永遠のものは、不生のものとしてあり、始まりは持っていなかったのである。始まりを持たないので、それは、無限である。だが、もし無限であれば、どこにもない。
というのは、[a] もしどこかにあれば、それがその内にあるものはそれとは別のものであり、そうして、あるものは、何かの内に取り囲まれているものとして、もはや無限ではなくなる。というのは、取り囲むものは取り囲まれるものより大きいが、無限のものよりも大きいものはなく、したがって、無限のものがどこかにあることはない。
(70) さらに、[b] 自身の内に取り囲まれることもない。というのは、その内に何かを持つものと、内にあるものとが同一になってしまい、あるものが、場所と物体という二つになってしまうから。一方では、そこにものがある場所があり、他方で、その内にある物体があるから。だが、これはおかしい。したがって、あるものは、自身の内にあることもない。その結果、もしあるものが永遠であれば、無限であり、もし無限であれば、どこにもなく、もしどこにもなければ、あることはないのだ。したがって、もしあるものが永遠であれば、始めから、あるものでもない。
(71) [A-1-ii] さらに、あるものは、生じたものであることも不可能である。というのは、もし生じたとすれば、それは、[a] あるものから生じたか、[b] ないものから生は、もしあるものが生じているのであれば、それは生じているのではなく、すでにあるのだから。まらないものから生じることもない。というのは、ないものは、何かを生じさせることも出来ない。生じさせるものは、必然的に何か存在に与《あずか》るがゆえにである。したがって、あるものは、生じたものであることもない。
(72)［A-1-iii］同じ仕方で、それは、両方からなるもの、すなわち、同時に、永遠で、かつ、生じたものでもない。というのは、これらは互いに排除的であり、もしあるものが永遠であれば、生じているのではなく、また、もし生じていれば、永遠であることはない。したがって、もしあるものが［i］永遠のものでも、［ii］生じたものでも、［iii］両方合わせたものでもなければ、あるものは、あり得ない。
(73)［A-2］また別に、もし(何かが)あるならば、それは［i］一であるか、［ii］多であるか、のいずれかである。だが――これから示されるように――一であることも、多であることもない。したがって、あるものがあることは、ない。
［A-2-i］もし一であれば、それは、［a］ある量であるか、［b］連続したものであるか、［c］ある大きさであるか、［d］物体であるか、のいずれかである。だが、これらのうちのどれであれ、一であることはなく、［a］量としてあるものは分割され、［b］連続的であるものは区分される。［c］同様に、大きさと考えられたものは、不可分であるこ

とはないであろう。[d] 物体であるものは、三重になる。というのは、長さと幅と深さとを持つであろうから。あるものが、これらのどれであることもない、と語ることは、おかしい。したがって、あるものは、一ではない。

(74) [A-2-ii] さらに、それは多であることもない。というのは、もし一があるのでなければ、多があることもない。というのは、多は、各々の一の結合であり、それゆえ、一が取り去られたならば、多も一緒に取り去られてしまうからである。

あるものがあることはなく、ないものがあることもないことは、これらのことから明白である。

(75) [C] 両方、すなわち、あるものとないものがないことも、容易に推論される。というのは、もしないものがあり、あるものもあれば、ないものは、それがある限りで、あるものと同じになってしまう。そしてこれゆえに、これらのどちらもない。というのは、ないものがないことは合意されており、あるものとして立てられても、これと同じであると示されているから。したがって、これもないことになる。

(76) しかしながら、もしあるものがないものと同じであるとしたら、両方があることは不可能である。というのは、もし両方であれば、同じではなく、また、もし同じであれば、両方ではないから。

これらから、何もないことが帰結する。というのは、もし[A]あるものがあることはなく、［B］ないものがあることもなく、［C］両方があることもないとしたら、これらの他には何も考えられず、何もないから。

［第二論証：何も知られない］

(77) 他方、もし何かがあっても、それは人間には知られず、かつ、思考できないことを、次に示すべきである。というのは、もし考えられたものが——とゴルギアスは主張する——あるものでなければ、あるものは考えられない。そして、それは言論に従ってなのだ。というのは、ちょうど、もし考えられるものに白いものであることが属せば、白いものに考えられることが属するように、もし考えられるものにあるものが属さなければ、必然的に、あるものには考えられないことが属する。

(78) それゆえ、健全で帰結を救うのは、もし考えられるものがあるのでなければ、あるものは考えられないということである。他方、考えられるものは、それは前もって把握されているべきだから——私たちがこれから示すように——あるものではない。したがって、あるものは考えられない。そして、考えられるものがあるものでないことは、明白である。

(79) というのは、もし考えられるものがあるものであれば、考えられるものすべてがあることになり、しかも、人がそれをどのように考えても、そうなる。それはまさに、不適合である。というのは、もし人が、人間が空を飛んだり、馬車が海を走ったりすると考えても、ただちに、人間が空を飛んだり、馬車が海を走ることにはならないから。したがって、考えられるものは、あるものではない。

(80) これらに加えて、もし考えられるものがあるものであるとしたら、ないものは考えられなくなってしまうであろう。というのは、反対のものが反対のものに対応し、ないものはあるものの反対であるから。そしてこのことゆえに、まったく、もし考えられることがあるものに属せば、考えられないことがないものに属することになる。だが、これはおかしい。というのは、スキュラやキマイラや多くのないものも考えられるのだから。したがって、あるものは、考えられない。

(81) ちょうど、見られるものが見られることゆえに、見えるものと言われ、聴かれるものが聴かれることのゆえに、聴こえるものと言われるように、そして、見えるものは聴かれていないという理由で排除されないように——というのは、各々のものは、他の感覚によってではなく、固有感覚によって判断されることになっているので——そのように、考えられるものも、もし視覚によって見られることや聴覚によって聴かれることがなくても、固有の規準から把握されるという理由で、排除はされない。

(82) だがそうすると、もし人が、馬車が海を走ると考え、しかし、それを見ていないとしたら、馬車が海を走ることを信じざるをえなくなる。しかし、これはおかしい。したがって、あるものは、考えられず、把握されない。

[第三論証：伝えられない]

（83）そして、もし把握されたとしても、他の人には語ることができない。というのは、もしあるものが、それらはまさに外在しているが、見られ、聴かれ、共通に感覚されるものであれば、これらのうち、見られるものは視覚によって把握され、聴かれるものは聴覚によって把握されるが、それらは交叉しない。それでは、これらはどのように他の人に示されることが可能か。

（84）というのは、私たちがそれによって示すのは言論であるが、言論は、外在するものではないから。したがって、私たちはあるものを傍らの人々に示すのではなく、言論を示すのであり、その言論は外在する事物とは別である。さて、ちょうど、見えるものが聴こえるものにならず、また、逆もあり得ないように、あるものは外在する以上、私たちの言論になり得ないのだ。

（85）他方、言論でなければ、他の人には示され得ない。言論は——彼が主張するには——私たちが外で遭遇したものから、すなわち、感覚対象から成り立っている。というのは、味との出会いから、この性質に即してもたらされる言論が私たちの内に生じ、色との衝突から色に即した言論が生じる。もしそうであれば、言論は外のものを示すものではなく、外のものが言論を提示するものとなる。

（86）さらに、見えるものと聴こえるものが外在している仕方で、そのように言論も外在しており、その結果、外在している言論から外在してあるものが示され得る、と語ることも出来ない。というのは、もし言論が外在していても――こう彼は主張する――しかし、外在するその他のものとは異なっており、見られる物体は最大限、言論とは異なっていたことになるから。というのは、見えるものと言論は、別の器官によって捉えられるからである。したがって、外在するものの多くを、言論が明示することはない。ちょうど、それらのものが、互いの本性を明らかに示すこともないように。

［セクストスのまとめ］

(87) このような困難がゴルギアスによって提起されているので、それに依拠するかぎり、真理の規準は消え失せる。というのは、あるものにも、知られ得るものにも、他の人に提示する本性のものにも、何一つ規準はないことになるからである。

二　三段階の重層論法

論考『ないについて、あるいは、自然について』は、ゴルギアスが唯一「哲学的議論」を展開する現存著作として、これまでさまざまな評価を受けてきた。パルメニデスらエレア派に対抗する明白な意図を持つこの著作は、ゴルギアスが「懐疑主義」、「不可知論」、あるいは、「虚無主義」(ニヒリズム)を唱えているといった、さまざまな解釈を生んできた。多くの学者は、ここにゴルギアスの中心思想を読み取ろうとし、彼の「哲学」を位置づけようとしてきたのである。しかし、ゴルギアスがそもそもこの著作で何を行なっているのか、つまり、何らかの「哲学説」を主張しようとしているのか、根本から考え直す必要がある。

まず、標題から検討しよう。『ないについて、あるいは、自然について』という二重の標題は、いくつかの点でゴルギアス自身の意図を表わしている。すでに見たように、ゴルギアスは『ヘレネ頌』という作品には自らその標題を付けており、前五世紀後半のこの時代には、著作に意図した題名を付すことが一般的になりつつあった。「ないについて、あるいは、自然について」という凝った表現は、著者の何らかの意図の現われと考えるのが相応しい。

「ない」(メー・オン)とは、パルメニデスが、女神の語る真理において退けた「考えることも、語ることもできない」第二の道であった。「ない」を徹底して退けたパルメニデスは、「ある」(オン)を真理として提示する。ゴルギアスは、パルメニデスが思考や言論から追放した「ない」を、主題として語っていくのである。

エレア派の一人メリッソスには、『自然について、あるいは、あるについて』と題される著作があったという。今日残された彼の断片は、その著作からの引用と考えられている。著者本人が無題で残した著作を、後代の編者が「自然について」(ペリ・フュセオース)といった共通の名で呼び慣わした可能性もあり、メリッソス本人が付けた標題かは不明である。しかし、仮にこれが本人による標題でないとしても、ほぼ同時代のゴルギアスがその著作に接した折にすでにこう題されていたとしたら、ゴルギアスがそれをもじって自らの標題を案出したと考えるのは自然である。つまり、「自然について、あるいは、あるについて」というエレア派の議論に対抗して、あえて「ないについて、あるいは、自然について」と題したことが想定されるのである。すると、自然本性（フュシス）として認められるべき唯一の「ある」を主張するエレア派に対して、ゴルギアスは「自然」を「ない」と等値する逆説を標題で提示していることになる（アリストテレスは、運動変化をいっさい認めないエレア派は、そもそも「自然」（フュシス）を扱ってはいないと批判したが、それは後の話である）。

だが、論考の全体を読むと、その内容はかならずしも「ない」をめぐるものではなく、その主題が関わるのは第一論証に限られることに気づく。さらに、精確に言えば、第一論証が目指す結論は「何もない」（ウーデン・エスティン）という命題であり、「ない」（メー・オン）はそれを導く要素の一つに過ぎない。かならずしも論考全体の趣旨ではない標題が付されているのは、このタイトルに込めた「逆説」を重視したためかもしれない。

ソフィスト・プロタゴラスにも『あるについて』という標題（あるいは、副題）を持つ著作があったとされる。それもおそらくは、エレア派の議論をもじった題名で、「ある」について自らの主張を展開したものではなかったかもしれない。ゴルギアスが、同時代のソフィスト・プロタゴラスのこうした言論活動を意識していた可能性もある。

さて、『ないについて』の全体を構成するのは、三段階の連続した議論であり、それは『パラメデスの弁明』で詳しく検討した「重層論法」の形をとっている。

「まず一つ、最初に、何もない、ということ、第二に、もしあるとしても、人間には把握できない、ということ、第三に、もし把握できたとしても、隣の人に語ることができず伝えられない、ということである。」(SE 65)

これら三つの命題は、哲学の議論としては非常に奇妙な仕方で連続している。まず第一に、「何もない」という命題が多くの観点から証明される。ところが、第二の論証では、「もしあるとしても」という仮定のもとに、「人間には把握できない」という命題が証明されていく。第二論証への移行では、こう語られる。

「他方、もし何かがあっても、それは人間には知られず、かつ、思考できないことを、次に示すべきである。」(SE 77)

同様に、第二の命題が証明された後で、「もし把握できたとしても」という仮定のもとに、伝達不可能性の証明が始まる。第二議論の末尾から続けて読むと、重層論法の奇妙さが浮き上がる。

「したがって、あるものは、考えられず、把握されない。そして、もし把握されたとしても、他の人には語ることができない。」（ＳＥ 82-83）

第三の議論に入るためには、第二論証で確保された「把握不可能性」の反対を仮定するだけでなく、そこですでに仮定されていた第一論証での「何もない」の反対も、再び仮定に含まれる必要がある。この点では、ＭＸＧによる次の定式が、使われている語句も含めて、よりゴルギアスの原著に忠実かもしれない。

「彼は、こう主張する。何もない。もしあっても、知られない。また、もしあり、かつ知られても、他の人々に示すことができない、と。」（ＭＸＧ ５・１）

この三段階の論証は、哲学の証明としては非常に奇妙である。『パラメデスの弁明』の「重層論法」を分析した際に指摘したように、哲学は、いったん「真理」を論証したら、さらにその否定をあえて仮定することはないからである。虚偽を仮定すると、何でもありの世界になってしまう。ゴルギアスの場合、「何もない」という最初の論証が完全に与えられたのであれば、そこで議論は終結し、そこからさらに、「もし何かがあっても」という仮定をおいて議論を進める必要は、まったくない。

法廷弁論の形式をとる『パラメデスの弁明』においては、数学や哲学の論証のような完全性を期すことができず、したがって、重層的に議論を積み重ねる技法が、説得に有効に機能する。ゴルギアスは「ありそうな」（エイコス）論理の一つとして、そのような弁論的確証を編み出していた。だが、法廷弁論ではそれほど違和感のない論法が、『ないについて』という哲学的な議論で大々的に用いられると、なぜこれほど奇妙に感じられるのか。それは、ゴルギアスが弁論と哲学という、二つの、通常は截然と区別される領域を乗り越えて「言論」（ロゴス）を行使しているからであろう。

法廷弁論で有効な言論が、哲学では用いられてはならないのか。両者に本質的な違いはあるのか。また、哲学の言論は、本当に特別な厳密性や完全性を有しているのか。ここで、『ヘレネ頌』でゴルギアスが「哲学的言論」に触れた一節が想起される。

「説得が言論に歩み寄り、魂を望む仕方で形づくることについては、第一に天文学者の言論を学ぶべきである。彼らは一つの学説《ドクサ》を別の学説《ドクサ》に対置して一つを取り除き別のものを作り出して、信じ難く不明瞭なことを思いの目に現出させるのだ。第二に、言論をつうじての強制的な（法廷）闘争があり、そこでは真理で語られるのでなく技術で書かれることで、一つの言論が多くの大衆を悦ばせ説得する。第三に、哲学的言論の闘争があり、そこでは変化し易い知性の速さも思いの信念を作ることが示される。」（『ヘレネ頌』13）

ゴルギアスにとって、学術的な議論も、法廷での論争も、哲学の学説争いも、すべて「説得」による魂の操作の例に過ぎない。このような言論《ロゴス》への見方を、専門領域の侵犯として退けたり、哲学的真理の冒瀆として非難することに、はたして意味があるのか。哲学の議論が一見隙間なく全可能性を尽くし、「必然的な推論」によって「真理を証明」しているように見えるのは、それ自体が哲学のレトリックではないのか。もし本当に哲学が「真理を証明」していたら、哲学者たちの論争はとっくに終結し、多様な学説がとめどなく提出されて、それらが議論され対立し続けるということもなかったに違いない。哲学の議論に対するこの「懐疑的」な見方は、実際、古代から現代に至るまで多くの懐疑主義者たちが表明してきたものなのである。

「哲学者」と呼ばれる人々の言論も、ソフィストや弁論家が用いる「説得」と同じではないか。ゴルギアスが哲学的な議論であえて用いる重層論法には、このような問題提起が込められているのかもしれない。もし両者が同族であったら、実際には不十分な説得に過ぎないのに、あたかも完璧に「真理を証明」したかに主張する「哲学者」たちの議論の方が、不誠実な、本当の（しかもさらに質《たち》の悪いことに衒学的な）レトリックなのではないか。

重層論法は、蓋然性において論理を組み立てる法廷などでの弁論では、ごく自然に用いられるにしても、哲学の論理においてそれを論法として用いることは不自然に思われる。しかし、この区別は一見そう思われるほど明瞭ではない。哲学者の議論でも、実は、重層論法がしばしば用いられるからである。

たとえば、プラトン『カルミデス』では、「思慮深さ（ソーフロシュネー）とは何か」をめぐって、重層論法が登場する。ソクラテスは、対話相手クリティアスが与えた「それ自体の知であり、他の諸々の知の知」という定義に対して、次のような批判を与える。まず、「知の知」、すなわち、「それ自体を知る知」という再帰的な知のあり方は、可能であろうか。「視覚を見る視覚」など、類比的には不可能であるように思われる。だが、ここで「仮にそれが可能であるとして」、それ自体を知る知は有益性を一切持たない、と論じていく。ここでは、厳密な論証ではないにしても、意識的に重層的な議論が用いられている。

さらに、エレア派のゼノンが開発した「仮説による論証」では、「もし何々であるとしたら」という前提を次々と立てることで、弁証法的な議論が組み立てられる。それはプラトン『パルメニデス』の第二部で、パルメニデスが議論の訓練として実践して見せてくれるものである。ゴルギアスの「重層論法」は、ゼノンのこの論法に似ている。

そして、何よりも、後の懐疑主義者たちがこの論法を積極的に活用した。『ないについて』を紹介したセクストス・エンペイリコス自身も、「真理の規準」を退けるいくつかの場面で、意図的に重層論法を展開している。懐疑主義者は、あらゆる独断的な主張を判断保留（エポケー）に追い込むために、自らは特定の立場に固執することなく、独断論者の主張に次々に対立する議論をぶつけていく。セクストスは、その有効な手法をゴルギアスの著作に見ていたはずである。

三段階で構成される『ないについて』の論証は、単に「重層論法」を哲学に適用したために奇妙に感じられるだけではない。その内容に注目すると、ここで次々に論証される命題が、逆説的な自己否定を含んでいることが分かる。

「何もない」という第一段階の主張は、まだしも「虚無主義」（ニヒリズム）といった特定の哲学説に見えなくもない。しかしそこでも、「何もない」という言説自体が一体何を意味しているのか、さらに、その言説《ロゴス》や語る主体すら「ない」とされるのか、そういった奇妙さが、この立場には付きまとう。実際、「ないは、ない」として、「ないは、語られることも、考えられることもない」と指摘したパルメニデスに対して、プラトンは『ソフィスト』で、この指摘自体が「ない」について何かを語り、思考しているという自己矛盾を示している。ゴルギアスは、明らかに、「ない」をめぐる言論の、そういった奇妙さを意識しているように見える。

第二段階では、さらに、もし何かがあるとして、それが把握され、知られることの不可能性が論じられる。私たちは、把握不可能な「あるもの」について、その把握不可能性を把握することができるのか。たしかに、ゴルギアスが例示するように、空飛ぶ人間や怪物など、私たちが思考するもののすべてが「ある」訳ではない。だが、そこから「あるものは、考えられない」が帰結するとしたら――無論、ここでの問題多い議論を、仮にすべて認めての話であるが――、私たちは、あるものについても、ないものについても、一切何も考えていない、という奇妙な事態に陥ることになる。

この議論を報告する懐疑主義者セクストスにとっては、ゴルギアスは、事物の把握不可能性を論じる、独断的な不可知論者の系列の一人である。懐疑的な認識論が強力になるヘレニズム期以降のギリシア哲学では、私たち人間はもののあり方を確実に把握することはできない、という議論が流行していた。ただ、その把握不可能性を独断的に主張する者は、セクストスに言わせれば「懐疑主義者」ではない。ゴルギアスは、たしかに、ここで三つの論証を独断的に提示しており、セクストスらピュロン主義の懐疑主義者のような留保は一切付けていない。だが、ゴルギアスは、自らの懐疑的な主張に矛盾があるとしても、それを気にするとは思われず、また、一般の物事についての（懐疑的）判断と、その判断を対象とするメタ・レヴェルの（独断的）判断とを区別するつもりもなかったであろう。彼は、この奇妙な言論を、読者の哲学を挑発するかのように展開している。

その逆説的な事態は、第三段階で極まる。「伝えられない」という帰結は、一定の言語《ロゴス》理解に基づいて——やはり、それが正しいかは度外視するが——哲学的な議論から導かれている。しかし、まさにこう論じている「言論《ロゴス》」の身分と効力にもっとも意識的であるゴルギアスが、「伝えられない」という事柄を、私たちに言論によって伝えていることを知らないはずはない。もし私たち読者が、この言論を認めて、「伝えられない」という命題を真理と理解すれば、逆説的にも、上手く伝えられてしまったことになる。他方で、もし私たちがこの言論に説得されず、ゴルギアスの主張内容を認めないとしたら、まさに「伝えられない」ことを実際に示すことになる。『ないについて』の重層論法は、単に技術としてだけでなく、内容においても哲学の言論へのもっとも過激な挑戦となっている。

三 「何もない」の枚挙論法

『パラメデスの弁明』で見たように、ゴルギアスが自らの言論の技法として開発し、多彩に活用したもう一つが「枚挙論法」であった。『ヘレネ頌』で列挙される「ヘレネ出奔の四つの原因」も、基本的には枚挙論法の形をとっていた。では、『ないについて』の第一論証では枚挙論法がどのように用いられているか、検討していこう。

第一論証は、全体として、「何かがある」という仮定をなす三つの場合を取り上げ、一つずつ否定することで、最終的に「何もない」が証明されるという構造をとる。

「もし〈何かが〉あれば、［A］あるものがあるか、［B］ないものがあるか、あるいは、［C］あるものとないものの両方があるか、のいずれかである。だが、［A］あるものがあることはなく、［B］ないものがあることもなく、また、［C］あるものとないものがあることもない。したがって、何もない。」（SE 66より）

ここでの「［A］あるものがある／［B］ないものがある／［C］両方がある」という三つの場合は、意味内容を問わなければ、一応、排他的にすべての可能性を尽くした選択肢であるように見える。第三の「あるものとないものが、両方ある」という選択肢は、最初から無意味で空疎な候補を並べただけと思われるかもしれない。しかし、同時代の原子論者たちが「ある／ない」の対に「原子／空虚」を対応させ、両方の存在を認めていたことを考慮すると、その立場を示唆するものと考えられなくもない。実際ゴルギアスは、別の箇所では原子論者レウキッポスの議論を用いている、とされるからである。

ここでの、全体として高度に抽象的な「ある／ない」の概念操作は、あらゆる誤謬の危険に満ちている。一見「枚挙論法」によって厳密な証明をなすかのような議論構成が、ゴルギアスのトリックそのものなのである。
この第一論証において、さらにいくつもの下位段階で、枚挙論法が用いられる。分かりやすく、表にして示しておこう。

［議論構成］（テクストの順に即して整理）
［B］ないものが、ある
［B－1］同時に、あり、かつ、ないことになる
［B－2］反対ゆえに、あるものが、ないことになる
［A］あるものが、ある
［A－1］あるものは、永遠であるか、生じたか、同時に、永遠で、かつ、生じた
［A－1－i］永遠であれば、始まりをもたず、無限である
無限のものは、［a］取り囲まれておらず、［b］自身の内にもない→どこにもない
［A－1－ii］生じたとすれば、［a］あるものからか、［b］ないものから→どちらの場合も、生じない
［A－1－iii］同時に、永遠で、かつ、生じた→相互排除的なので、あり得ない
［A－2］あるものは、一であるか、多である

［A-2-i］一であれば、［a］量であるか↓分割される
［b］連続的であるか↓区分される
［c］大きさを持つか↓可分的である
［d］物体である↓長さ・幅・深さの三重になる
［A-2-ii］多でもない↑一がないと、多はないから
［C］あるとない、両方がある↓あるとないが、同じになる

ここで整理された枚挙の実質について、いくつかの場合を具体的に検討しよう。まず、一応並列に置かれてはいるが、異なった視点や手法が並べられているだけで、枚挙に必然性を欠く場合が見られる。B-1とB-2、A-1とA-2がそれにあたる。B-1とB-2の並列は、このまま理解しようとすれば、論理的に独立である必要はない。MXGは、この対を少し違った仕方で対比するが、そこでもやはり枚挙の根拠は薄い。B-1はこう説明される。

「というのは、一方で、もしないことがないことであれば、ないものがあるものに劣らずにあることになろう。というのは、ないものがないものであり、あるものもあるものであり、その結果、ある物事でないよりもよりむしろある、ということはないのであ

る。」（ＭＸＧ　５・４）

ここでは、「ないものが、ないものである」がすでに「ある」を含意する、という論点が用いられている。プラトンがエレア派論理と対決する『ソフィスト』で最終的に論証する命題と、見かけは大いに似ている。また、「空虚」を「ないもの」と捉える原子論者は、「ないものは、あるものに劣らず、ある」という立場を取っている。「ない」を完全に退けるエレア派に対抗する、これらの論理との関係が気になるが、ゴルギアスの短い議論は、形式だけを取り上げているようにも見える。

他方で、ＭＸＧは、B-2についてこう説明する。

「他方で、もしないことがあれば、彼が主張するには、あることも、対立するものとして、なくなる。というのは、もしないことがあれば、あることがないことが、相応しいからである。」（ＭＸＧ　５・５）

ここでは、「ある／ない」が反対であり対立する以上、互いに変換される、という論理が用いられる。だが、この論理は理解し難く、誤謬の可能性が高い。一般に、反対であることは互換性を意味しないからである。ゴルギアスは、類似の論点を第二論証でも用いている。

「もし考えられるものがあるとしたら、ないものは考えられなくなってしまうであろう。というのは、反対のものが反対のものに対応し、ないものはあるものの反対であるから。」（SE 80）

次に、A-1とA-2の列挙も、「永遠／生成」という時間における変化の契機と、「一／多」という数的な多様性の契機が並列されており、二つの項目が必然的な選択として枚挙されている訳ではない。後で見るように、両者はかならずしも「時間／空間」という区分に乗ってもいない。だが、「永遠・一／生成・多」という対は、パルメニデスやメリッソスらエレア派の中心論点であり、その限りでこの列挙には重要な意味がある。

個別の議論に入ってみても、枚挙論法にはさまざまな問題点が見られる。

まず、A-1の内の三つの可能性、「生成したか／永遠か／その両方か」は、一見、論理的可能性を尽くしているように見えるが、実は、トリッキーである。何よりも、この三つの可能性を論じるにあたっては、前提として「時間的か／無時間的か」の選択肢から、前者が選ばれる必要があったはずである。エレア派の中でも、メリッソスは前者を、パルメニデスは後者を取っていたと考えられるからである。

また、A-1の第三の選択肢、「同時に、永遠で、かつ、生じた」は、「相互排除的」として簡単に退けられていることから、単に形式上の、網羅性を高めるジェスチャと考えられる。相反する選択肢に加えて第三の「両者」が登場するのがセクストス版だけであり(C、A-1-iii)、MXG版に見られないことは留意すべきであろう。この点では、セクストス版の方が「枚挙論法」をより網羅的に遂行している。しかし実際は、A-1-iiiという第三の選択肢は空虚ではない。プラトン『ティマイオス』の宇宙論のように、「生成したが、それ以後は永遠である」という可能性が残されていたのである。

他方で、A-2の「一か/多か」は、通常は排中的な二者択一と考えられている。少なくとも「一であり、かつ、多である」ことは、観点の違いを導入しない限り想像できない。しかし、まさにこの二者択一にゴルギアスが根本的な問題を見ていることが、すぐに判明する。

最後に、A-2-iの選択肢が、なぜこの四つで尽くされるのか、明らかではない。ゴルギアスは、「あるものが、これらのどれであることもない、と語ることは、おかしい。」(SE 73)と念を押しているが、この発言は、四者以外を論理的に排除するのではなく、「ありそうな」論理で考察していることを示唆している。

もっとも、この四択は、セクストスによる、混乱した再構成の可能性もある。MXG版では「何ものも運動しない」というセクストス版にはない議論が見られ、「連続的、分割」

という論点がそこで用いられているからである（MXG 6・14-16）。ゼノンのパラドクスを考慮すると、「一／多」をめぐる難問が、「分割」だけでなく「運動」という論点を用いて導かれていたことは、十分に想定される。

以上のように、ここで大々的に用いられる枚挙論法は、あらゆる可能性を尽くして退けるという論証の見かけにもかかわらず、その選択肢の列挙には、必然性や網羅性に多くの疑問が投げかけられる。説得性を与えるための形式的な枚挙としか思えない例が、数多く見出されるからである。

だが、この論理の不十分さを、ゴルギアスの失敗や論理学への未熟さゆえと考え、可能であれば彼はより完全な議論を提供していたはずであると考えるのは、単純に過ぎる。むしろゴルギアスは、自らの論証の穴や論法のあやしさを十分に意識しながら、それらを意図的に用いているとも考えられる。その様子は、エレア派との関係から明らかとなる。

四　エレア派のパロディ

(一)　パルメニデスへの反応

ゴルギアスの『ないについて』は、標題や主題、そして個別の論証にいたるまで、パルメニデスをはじめとするエレア派の哲学を強く意識している。では、ゴルギアスは、彼らとどのような関係に立っているのか。

前五世紀初めにパルメニデスは、「あるは、ある／ないは、ない」という絶対的な真理から、不変で一なる「ある」の存在論を提示した。「ないの思考不可能性」や「無からの生成の否定」を含むパルメニデスの論理は、私たちが感覚する多様な生成変化を誤った思いこみ（ドクサ）と断定する。常識《ドクサ》に反するこのような言論《ロゴス》は、思想家たちのさまざまな反発を招いた。ゴルギアスの位置を見定めるために、パルメニデスへの反応を整理しておこう。

まず、パルメニデスの立場を擁護した人々がおり、「エレア派」と呼ばれる。愛弟子ゼノンは、「飛ぶ矢」や「アキレスと亀」といった逆説（パラドクサ）により、多元論に立つことで生じる数々の困難を示し、背理法でパルメニデスの一元論を擁護した。その論理手法は、ゴルギアスに直接影響を与えているものと推定される。メリッソスは、エーゲ海サモス島の出身で、ゴルギアスが『ないについて』を執筆したとされる同時期、前四四一〜四四〇年に艦隊を率いてアテナイを破った政治家でもあった。彼は、パルメニデスの思索を受け継ぎながらも、「ある」は「球」でなく「無限」であると修正を加える。限定されたものはすでに完全ではない、との理由からである。

エレア派には、当然のように、多くの反対者が現われた。その第一は、多元論者たちで、エレア派に対抗して「現象を救済する」試みを強いられた。彼らは、「あるは、ある／ないは、ない」という原則、および「無からの生成の否定」を守った上で、この世界の変化と多様性を説明しようとする。ゴルギアスの師ともされるエンペドクレスは、宇宙の変化を、「火、空気、水、土」という四基本要素が「愛と憎」によって離合集散する様として説明した。アナクサゴラスも同様に、各々の物体は無限に小さな物体から成り立っているが、物はそれ自体では生成も消滅もなく、それらが集まってこの世界の生成消滅が起こると考えた。パルメニデスの原則を守りつつこの世界を説明する、もっとも整合的な理論を構築したのは、レウキッポスとデモクリトスら原子論者であった。原子論は、「不可分のもの」を意味する「原子」（アトモン）と、それが運動する空間としての「空虚」からこの世界が成り立つと説明する。「あるもの＝原子」が「ないもの＝空虚」において離合集散することで、運動や生成消滅がくり返されるのである。多元論者たちは、パルメニデスの原則に依拠しつつ、その世界観に反対していた。

「あるは、ある／ないは、ない」というパルメニデスの原則そのものには、プラトンとアリストテレスが、哲学的批判を加えた。プラトンは『ソフィスト』でパルメニデスの論理と対決し、「あるは、ある意味で、ない／ないは、ある意味で、ある」という命題を確保する。この確保なしでは、「言論」（ロゴス）そのもの、および、その真偽が成立しないからである。また、アリストテレスは「現実態／可能態」といった分析装置により、より精緻な生成論を打ち立て、自然学を確立する。

エレア派の論理は私たちの常識とは明白に相容れないものであり、これに実践的な仕方で反対する者もいた。

「キュニコス派のアンティステネスはそれら（「あるは不動である」を証明する議論）に反論できないので、立ち上がって歩いた。言論によるあらゆる反論よりも、実際の行動による証明の方がより強力だ、と信じたからである。」（エリアス『アリストテレス『カテゴリー論』註解』109・6＝DK 29 A 15）

この逸話は後世の創作かもしれない。しかし、ソクラテスの弟子として有名なアンティステネスは、ゴルギアスの教えも受けていた。また、「反論することは、不可能である」という、プロタゴラスと同様のソフィスト的議論を展開した人物でもある。反論可能性を否定する立場が、エレア派の議論という典型的なケースに対して、実践的に示されたのである。

最後に、ソフィストの中ではプロタゴラスが、『あるについて』という著作でパルメニデスの議論を用いていたと伝えられる。メリッソスの著作と同名のこの標題は、後世に一箇所言及があるだけの、不確かなものである。エウセビオス『福音の準備』によれば、新プラトン主義者ポルフュリオスが、プロタゴラスの『あるについて』をたまたま読んでいて、一元論からの剽窃に気づいたという（DK 80B2）。現存しないその著作を、彼の主著『真理』と同一視する研究者もいる。『真理』の冒頭では、こう宣言されていた。

「人間は、すべての物事の尺度である。あるものについては、あることの。ないものについては、ないことの。」（DK 80B1）

相対主義を唱えるこの有名な一文は、「あるは、ある／ないは、ない」というパルメニデスの原則に、一見忠実であるように見える。しかし、プロタゴラスの相対主義は、パルメニデスが批判した人間たちの思いこみ（ドクサ）を、そのまま真理とする仕方で、パルメニデスの立場を転倒している。その主著の本論でも、プロタゴラスがパルメニデスの議論を用いながら、何らかそれに対抗していたことが、十分に想像される。ゴルギアスが『ないについて』を執筆したのは、このような思想状況を背景としてであった。

(二) エレア派の議論の転用

ゴルギアスは、第一段階の「何もない」の論証において、エレア派に挑んでいる。そこでは、他の哲学者たちも意識されているかもしれないが、標的は明瞭にエレア派に向けられている。その挑戦を、パルメニデス、メリッソス、ゼノンというエレア派の哲学者たち、そしてその影響下にあった原子論者レウキッポスについて、順に検討していこう。

『ないについて』の第一論証は、何よりも、パルメニデスが絶対的な真理とした「ある」を全面的に否定する。ゴルギアスは「ある」の主語に立つ候補として「あるもの、ないもの、その両方」の三つを挙げ、そのいずれをも退けることで、「何もない」という結論を得る。三者に対する議論は内容も身分も異なるが、それらを合わせて得た結論は、「ある」に充当する主語がまったく存在しないがゆえに、パルメニデスの立場が全否定されるというものであった。パルメニデスが哲学詩において提示する「ある」に、どのような主語があるのか、あるいは、ないのかは、現代でも解釈者を悩ませる問題であり、ゴルギアスはその難点を突いている。何を主語に立てても「ある」が成り立たないとしたら、「何もない」のである。

だが、一連の議論においてゴルギアスは、あらゆる論点でパルメニデスに反対している訳ではない。[B]「ないものが、ある」、および、[C]「あるものとないものの両方が、ある」を退ける立場は、パルメニデスが人間たちの混乱した思いこみ（ドクサ）を退ける方向と一致する。また、[A]の中でも、[A-1-ii]「あるものが、生じたものである」を否定する議論は、パルメニデス自身の立場と共通する。パルメニデスの議論は、むしろ一部利用される形で、全体として否定されているのである。

第一段階の論証は、個々の証明過程でもエレア派の議論を使っている。MXGの著者は、その事情について、こうコメントしている。

「「ない」ということについては（ゴルギアスは）他の人々によって語られたことを寄せ集めている。彼らは、あるものについて語りながら、互いに反対の――と思われる――ことを明らかにしている人々である。ある人は、一であり多ではないと主張し、別の人は今度は、多であり、一ではないと主張した。また、ある人は、不生であると、別の人は生成したものであると示した。彼（ゴルギアス）は、これらのことを、双方に反対しつつ推論している。」（MXG 5・2）

著者は、ゴルギアスが用いる「他の人々」の例として、メリッソスとゼノンの名に言及している（MXG 5・3）。二人はパルメニデスを受け継ぐエレア派の論客であった。MXG（6・9）は、[A-1-i]「あるものは、生じないものである」という仮定において、ゴルギアスがメリッソスの議論を用いている、と指摘する。「生じないものは、始まりを持たない」がゆえに「無限」であり、そこから、「どこにもない」ことが帰結する。そこからは、ゼノンの空間についての議論に従って、「どこにもないものは、ない」が帰結する。しかし、メリッソスの議論を用いたというこの論証は、トリッキーである。「生じない」とは「永遠」を意味するというセクストス版を参照すると、「不生／生成」という選択肢が「時間における無限／有限」を意味することは明らかである。ところが、ゴルギアスの議論は「無限」を「空間における無限」へと移し変えて、「どこにもない」を帰結させる。ゴルギアスが犯しているかに見える同語異義の誤謬は、しかし、メリッソス自身に由来する。

「（それが）常にあるちょうどそのように、大きさの点でも常に無限でなければならない。」（シンプリキオス『アリストテレス『自然学』註解』109・29＝DK 30B3）

この断片を引用したシンプリキオスは、これは「空間的な拡がり」ではなく、「存在の至高性そのもの」を意味している、と註記している。しかし、メリッソスが「あるは分割されない」という論点から不動性を証明していることを考えると（DK 30B10）、空間性という理解は排除できない。実際、メリッソスの議論は、時間的無限と空間的無限を混同しているものと、しばしば批判されている。ゴルギアスがこの議論を用いた時、その問題点に気づいていなかったとは考えにくい。彼はその点を重々承知で、誇張してあえて利用しているようにも見える。もしそうであるとすると、メリッソスの議論の混乱に焦点を当て、そのおかしさを明示する意味で、彼の論理を自ら用いていることになる。

さらに、「ある」を「無限」とするメリッソスの議論を用いることには、より重大な意味がある。パルメニデスは「ある」を「限定されたもの」と捉えており（DK 28B8・30-33）、メリッソスはそれに異を唱えていたからである。ゴルギアスは、エレア派の内で対立する論点をあえて用いることで、全体として双方を否定する論を組み立てていたのである。

次に、パルメニデスの議論を逆説（パラドクサ）を用いて擁護した、ゼノンとの関係を見てみよう。MXGの著者は、ゼノンの議論が二箇所で用いられていることを指摘する。一つは、メリッソスの議論から導いた「どこにもない」から「ない」を帰結させる箇所である（6・9）。これは、古代に知られたゼノンの難問を用いていた、と考えられる。その難問とは、「もし場所が何かあるものであれば、それは何のうちにあるのか？」というもので、アリストテレスはこれを、「もしすべてのあるものが場所の内にあれば、場所の場所があることになり、無限進行する」と説明している（アリストテレス『自然学』第四巻三章＝DK 29A24）。「あるものは、すべてどこかにある」という前提が誤りであることは、アリストテレスの弟子エウデモスも、「健康も勇気も、その他無数のものも、場所のうちにあるとは言われない」と批判している（DK 29A24）。この点でもゴルギアスが、ゼノンの議論の問題性を認識した上で、あえてそれを用いている可能性が高い。

ゼノンの名が直接言及される第二の箇所は、残念ながらMXGのテクストが壊れていて、どの論点がどのように用いられていたのか、明確ではない（6・13）。その文脈は「一／多」という選択肢から否定を導く議論であり（セクストス版のA-2に対応）、おそらく、「ゼノンの議論によって一を取り去ってしまえば、多でもないことは必然である」といった要旨であったと推定されている。とすると、ゼノンの議論は、セクストス版のA-2-iで用いられていたのであろう。「一である」とは「量か、連続体か、大きさか、物体である」が、これらすべての場合に分割可能性が認められ（「分割」「アキレスと亀」のパラドクス）、それは一でなくなる。アリストテレスは「難問集」と呼ばれる『形而上学』第三巻でこの議論を用い、ゴルギアスを意識した難問を提起している。

「一そのものが分割不可能であるならば、ゼノンの要請によって、何もないことになろう。というのは、それが付け加わっても取り去られても、ものを大きくも小さくもしないようなものを、彼はあるもののうちに入れないからである。」（『形而上学』第三巻四章）

ゴルギアスは、こういったゼノンによる議論を組み合わせて、「一である」の否定を帰結させる。

周知のように、ゼノンの逆説（パラドクサ）は、「もし多があるとすれば」という仮定から不合理な結論を導くことで、多元論を否定する背理法であった。私たちは「多である／一である」を排中律で捉えており、それゆえにゼノンの議論が有効であると考える。しかし、そもそも「一がない」としたら、それを論拠にして「多がない」も帰結する。多は一から成るからである（A-2-ii）。ゼノンの議論は、「一である」［A-2-i］と同時に「多である」［A-2-ii］も否定してしまう可能性をはらんでいる。ゴルギアスがゼノンの議論を用いて「ない」を結論するこの箇所は、一元論と多元論をもろともに退ける、根本的な問題提起となっている。

最後に、MXGは、「あるものは、運動するか、不動か」を論じる文脈で（セクストス版に直接対応する部分はない）、原子論者レウキッポスに言及している。ゴルギアスは「分割されている限り、その点で欠如している」と論じるが、そこでの「分割された」という表現は、レウキッポスの著作での「空虚」の代わりであったという（MXG 6・16）。

「もしあるものが動き、一が変化したら、それは連続したものではないので、あるものは分割されており、その点では、ない。その結果、もしあらゆる仕方で動くとしたら、あらゆる点で分割されている。」（MXG 6・15）

運動が可能であれば、あらゆるところで存在が分割され、そこには「空虚」しか残らないことになる。ゴルギアスは、こうして再び「何もない」という結論を得たのであろう。

エレア派を念頭において展開されたこの議論を、私たちは一体どう捉えるべきか。この論考にはさまざまな評価が下されているが、まず、論証の特徴を慎重に検討しなければならない。

(三)「パロディ」としての議論

第一の特徴としては、この議論が、エレア派の概念や議論を多用して組み立てられている点が挙げられる。「ある／ない」、「一／他」、「生成／永遠」といった対概念の使用が顕著である。

第二に、エレア派の議論を用いながらも、その反対の全否定を帰結させている。

第三に、いくつかの議論は、明らかに特定の思想家の特定の議論を用いている。そこには、エレア派だけでなく、他の思想家も含まれる。

第四に、誤りがあると他の人々によって指摘されていたり、問題視されている議論を、とりわけ重点的に取り上げている。ゴルギアスはそれらの問題性を承知で、あえて利用しているように見える。

第五に、エレア派の内での意見の相違にあえて焦点をあてて、双方を退ける論を組み立てている。

では、これらの五つの特徴から、何が言えるのか。「何もない」という結論が、ゴルギアスによって自身の哲学的立場として提出されているのか、という問いには、第四の特徴から否定的な答えが予想される。誤った前提や誤謬推論をあえて用いているとしたら、結論が健全でないことは十分に意識されていると考えられるからである。「何もない」という虚無主義（ニヒリズム）を、ゴルギアスの存在論と認定はできない。

しかし、議論が健全でないことは、その意図が真面目でないことをかならずしも意味しない。エレア派の立場には自己矛盾があり、それを明示することがここで意図されているのかもしれない。そうであるとすると、エレア派の論駁という意味では、至極真面目な哲学的意図を持っている可能性もある。その場合、第四や第五の特徴が、特定の思想家の誤りや不整合を明示するという哲学的意義を示唆しているのかもしれない。

しかし、エレア派の「論駁」と言っても、誤謬を用い、論理性を損なっているとしたら、哲学からは「ソフィスト的論駁」、あるいは、「争論」に過ぎないものと見なされる。誤謬を用いて不合理な結論を導いてみせたところで、問題性を意識させる以上の積極性はない。あくまで破壊的な議論なのである。

この議論の破壊性は、ゼノンの「逆説」（パラドクサ）やその元にあるパルメニデスの論理の破壊性とは、根本的に異質とも思われる。エレア派の強烈な論理は、私たちの常識を破壊することで「ある」の真理を認識させようという、真面目で積極的な哲学的意図を担っていたとされるからである。だが、哲学の「意図」とは何か。真面目でありさえすれば、哲学と認められるのか。実際、イソクラテスは、ゴルギアスの結論を、エレア派の主張と同列に置き、すべてをいかがわしいものとして批判している。

「人はいかに凌駕できよう。大胆にも、あるもののうちには何もない、と主張したゴルギアスを。あるいは、同じ物事が可能であり、今度は不可能である、と示そうとしたゼノンを。あるいは、多さで無限にある事物の中で、万物は一である、という証明を見出そうとしたメリッソスを。だが、彼らは、何であれ提示することについて、誤った言論をでっち上げることは容易だということを、かくも明らかに示したのである。人々は、まだこんな話題にうつつを抜かしている。」(イソクラテス『ヘレネ頌』3‐4)

ゴルギアスの「哲学的」な議論は、無意味《ナンセンス》の域にまで達することで、全面的な破壊をもたらした、と言えるかもしれない。「何もない」という第一段階の結論も十分に無意味であるが、この特徴は、第二、第三段階でより顕著になる。ゴルギアスはその言論で、「把握不可能性」を証明し、「伝達不可能性」を読者に伝えていく。しかし、私たちが「あるものは把握できない」と把握できたとしたら、それは一種の自己矛盾となる。私たちが把握しているのが「ある」のでないとしたら、それは「ない」ことになるのか。「ないものを把握する」とは「何も把握しない」と同義ではないか。さらに、仮にあるものを把握できたとして、それを伝達できないことを、ゴルギアスは私たち読者に伝達しているのではないか。私たちが彼の議論を承認しないとしたら、それはまさに「伝達できない」証明となるのかもしれない。

そもそも、「何もない」と訳した第一段階の命題「ウーデン・エスティン」は、「無がある」と訳すことも可能であり、また、ギリシア語の日常表現としては「何の意味もない」とも理解される。この命題自体が、無意味を宣言しているのである。

この論考を、まったくの無意味《ナンセンス》として退けることも可能である。従来も、真理とはまったく関わらないレトリックの練習であるとか、言論（ロゴス）の空虚さを示す冗談《ジョーク》である、といった解釈が研究者たちから提出されてきた。対照的に、ここには至極真面目な哲学的議論があるとする解釈もある。たとえば、カーファードは、ここには哲学的ニヒリズムが語られているとし、グロート以来、超越的な非感覚的存在が否定されているとする解釈や、パルメニデスが退けた人間たちの「思いこみ」（ドクサ）を復活させているといった解釈も提出されてきた。だが、ゴルギアスが自身の哲学的立場を提唱しているという解釈が困難であることは、すでに論じたとおりである。

破壊的な論の無意味さと、ある種の真面目さとは、理論的には両立可能である。破壊性を持ったナンセンスを意図的に論じることが、まったく無意味であるとは限らない。それを「遊び」、あるいは、「パロディ」として捉えてみよう。「パロディ」とは、元になる作品をもじり、誇張し転用することで、その価値を何らか逆転させる文学手法である。アリストテレスは『詩学』第二章で、「パローディア」という語を初めて用いている。タソス出身で前五世紀後半にアテナイで活躍したヘゲモンという詩人が、「パローディア」の創始者であったという。それは、叙事詩や他ジャンルの文学作品を諷刺的に真似る営為であった、と推測されている。

ゴルギアスは、エレア派のさまざまな議論を動員し、もじって、それによってその議論そのものを否定する。これは、哲学の議論が相互に、あるいは、内部でどれほど対立し、一つであるはずの真理をめぐって完全に混乱しているかをあざ笑うかのようである。ゴルギアスの営為は、結果として懐疑主義に近いものかもしれない。しかし、彼は哲学の一つの立場としての懐疑主義、すなわち、真理への判断保留という態度そのものを、馬鹿げたものとして笑い飛ばすであろう。実際、ゴルギアスは『ヘレネ頌』(13)で、「哲学的言論の闘争」をそのようなものとして捉えていた。ゴルギアスによるパロディは、哲学議論の真面目さを覆すものであった。

「パロディ」というギリシア文学に由来する概念は、今日でも文化のさまざまな局面に登場する。パロディとは、まず、語り手や演じ手が、何らかの人物や事柄を標的にして、それをデフォルメして模倣するものである。そのデフォルメは、単純な模倣や模倣の失敗とは異なり、ある意図に基づいて加えられる。模倣する者だけでなく、それを見たり聴いたりする者も、模倣されている元の素材を知っていることが、パロディの必要条件となる。模倣されたものとオリジナルを比べ、その類似とひねり具合の落差を楽しむからである。原物とパロディ作品との関係を見て取ることには、知的な快楽が伴う。逆に、模倣された原物について知識がないと、この娯楽を享受することは難しい。無論、デフォルメそのものがもつ身体的な可笑しさは、笑いの対象となる。しかし、そこに知的な楽しみは生じない。

パロディの場合、そこで提供される内容よりもむしろ、そういった模倣を提示する営為、つまり、パフォーマンスに意味が込められる。歪めて演じる行為そのものが、模倣対象への揶揄や批判を喚起するからである。パロディの対象となる標的は、何らかの権威を有する、社会的に一ランク上の存在である場合が多い。それを揶揄して斜に見ることは、秩序や価値の転倒という政治的・社会的意味をも帯びる。そして何よりも、パロディの本質は、笑いを喚起することにある。

では、こういった「パロディ」の性格を念頭に置きつつ、ゴルギアスの議論が「エレア派哲学のパロディ」としてどのような意味を持つのか、考察していこう。

五 「笑い」論法

哲学のパロディとは何か。その意義は、真面目さをひっくり返す「笑い」に認められる。ゴルギアスは『ヘレネ頌』の結語で、それまで自信を持って提示してきた議論を自ら茶化し、それに真剣に応答しようとしていた私たち読者をあざ笑うかのようなコメントを放つ。

「私はこの言論を、ヘレネにとっては頌歌として、私にとっては遊びとして書こうと思ったのだ。」(『ヘレネ頌』21)

真理を「整いし様」(コスモス)とする「言論」(ロゴス)も、所詮「遊び」(パイディア)に過ぎない。「悪女ヘレネ」の罪状を数え上げようが、その一つ一つを反駁しようが、結局は、神話か歴史のお話に過ぎない。それでは、なぜ、ゴルギアスはその立派な言論を書いたのか。あえて「遊び」と言い放つ彼の言語行為そのものに、究極の転倒を見るべきかもしれない。

では、ゴルギアスの言論は、単なる「遊び」として、哲学とは何の関係もないものなのか。むしろ、反対である。彼にとって「遊び」や「笑い」こそが、哲学を打ち倒す「反哲学」の手法であった。

「可笑しいことを言うことは、討論においていくらか有用性をもっている。敵対する人たちの真面目さは笑いによって、笑いは真面目によって、破壊すべきである、とゴルギアスが言ったが、彼は正しく語っている。」（アリストテレス『弁論術』第三巻一八章＝DK 82 B 12）

この断片を、新プラトン主義者オリュンピオドロスも、『プラトン『ゴルギアス』註解』で「ゴルギアスの教え」として紹介している。

「もし相手が真面目なことを言ったら、笑いなさい。そうしたら、彼を打ちのめす。また、もし真面目なことを言った君のことを彼が笑ったら、君自身を緊張させなさい。彼の笑いがもっともだと思われないように。」（『プラトン『ゴルギアス』註解』20・5）

ここでは「打ちのめす」という表現がボクシングをイメージさせ、言論による闘争としてのソフィスト術にいかにも相応しい。ゴルギアスは「笑い」を弁論術の一つの有効な手法として理論化し、実際に用いていたのである。

この註が付されたのは、プラトンが『ゴルギアス』で、ソクラテスにポロスを揶揄させている箇所である。論理で相手を追い詰める「論駁」によって「真理」に迫ろうとするソクラテスに対して、ポロスは、多数者がけっして同意しないといった理由で、ソクラテスはすでに「論駁された」と主張する。つづいて、ポロスは、ソクラテスの非常識（パラドクサ）を笑い飛ばす。

ソクラテス「ポロスよ、何でこんなことを？　君は笑うのか？　これもまた別の種類の論駁なのかね？　誰かが何かを言うと、論駁することなく、笑い飛ばすことが？」

（『ゴルギアス』473E）

古代の註釈家たちが指摘するように、ポロスのやり方には、ゴルギアスの「笑い」の手法が反映している。プラトンはこうして、ゴルギアスの「笑い」を大いに笑い飛ばしている。だが、「笑い」は、単純な動作に留まらず、より高尚なものでもあり得る。「パロディ」が言論によって笑いを誘うかぎり、それはゴルギアスの破壊的論法の実践となるのである。

他方で、プラトンが描くソクラテスにも「笑い」の要素がある。それは『テアイテトス』の「脱線部」に登場する「哲学者」のように、世間の人々には常識と思われることに無知であるがゆえに引き起こす、可笑しさである（172C-177C）。しかし、そのような笑いは、『ポリテイア』第七巻の「洞窟の比喩」によれば、洞窟の奥で影だけを見てあれこれおしゃべりする人々の輪から抜け出し、外の世界で真実の事物の姿を見知った哲学者が、再び洞窟に降りて来た際に人々から浴びせられるような「笑い」である（516E-518B）。『ゴルギアス』でも、ソクラテスは、評議会の当番議長を務めた折に評決の仕方を知らず、大いに「笑われた」という経験を語る（473E-474A）。しかし、これが前四〇六年の有名なアルギヌサイ海戦後の裁判を指すとすると、事態はそれほど単純ではない。八名の将軍を一括して裁判に掛けようと、法律に反した圧力をかける煽動政治家や民衆に抗して、ソクラテスが唯一人法律に従った裁判を主張したのである。結局は、翌日別の議長のもとで不法な裁判が決行されてしまうが、ソクラテスの正義の行為が一般の人々には「笑い」を誘うものであったことは、大いなる皮肉であった。

「笑い」の手法を語る断片は、ディールス以来、ゴルギアスの失われた『弁論術書』といった著作に帰されてきた。そのように、これは弁論術のテクニックではあっても、哲学とは無関係と思われるかもしれない。しかし、ゴルギアスが哲学も含めたあらゆる討論を「弁論」に取り込んでいることは、『ゴルギアス』冒頭のやりとりでも示唆されている（第五章の最初で紹介）。ソクラテスは弁論術の「演示」ではなく「対話」をして欲しいと頼むが、ゴルギアスの代理人カリクレスは、そういった「対話」もゴルギアスが得意な「演示」に含まれるとして承諾するのである。

哲学を笑い飛ばすゴルギアス弁論術は、哲学をも自らの権域に取り込み、そこでの闘争に勝利する言論の技術である。言論の魅力を妖しく語り私たちを説得する一方で、その言論の力を冷徹に見据える目が、ゴルギアス反哲学の基礎となっている。

六 「真理」への挑戦

最後に、ゴルギアスが哲学にどう挑戦しているかを、言論の「真理」という観点から考察してみたい。

哲学は、言論を正確に用いる論理を重視し、真摯な「真理」探究を評価してきた。逆に、論理を外れること、誤謬や詭弁は、避けられ否定されるべき不真面目さ、不誠実さと見なされる。これに対して、ソフィストは、しばしば正確な論理に外れた言論に訴えてでも、相手の説得を目指す。こういったソフィストの術は、哲学の側からは、「真理」に反する「非哲学」として批判されてきた。彼らの「説得」は、真理の基盤を欠く口先のテクニックに過ぎないという批判が、哲学からくり返し浴びせられてきた。

他方で、ソフィストの側から哲学を見ると、どうなるのか。ゴルギアスが笑いによって哲学を転覆させる時、両者の関係は逆転する。哲学も一種のレトリックではないか、挑戦者はこう問いかける。レトリックの本性が演示、すなわち、聴衆を言論によって魅惑して彼らを支配する力にあるとしたら、哲学も言論によって――それが「論理」を名乗ろうが、実質が何であれ――そういった力を行使している同類に過ぎない。哲学者こそが言論による勝利、つまり、相手の説得を目指す者ではないか。それが、哲学者の言う「真理」ではないか。

この視点からは、哲学が宗旨とする「真理」も逆転して現われる。絶対の探究を標榜する哲学が、自らの言論によって「真理」を証明していると主張することは、結局は、もう一つの「思いこみ」(ドクサ)を作り出して相手に強制しようとする試みに他ならない。思いこみを「真理」とすることほど哲学に反することはないはずである。にもかかわらず、「哲学者」を名乗る人々は、日夜こういった言論活動を行なっているのではないか(エレア派に限らず、今日もその例には事欠かない、と考える人もいよう)。よき意図や真面目さは、ゴルギアスの挑戦の前では、もはや免罪符とはならない。むしろ、自らの営みを「真面目」として免責する態度こそが、不健全な権威づけであり、それ自体が一つのレトリックに他ならない。そういった「哲学者」は、「誠実、真面目」の名のもとに隠れるだけ、より不誠実かもしれず、それを糾弾するソフィストの方が、よほど「誠実」かもしれない。ソフィストの笑いは、哲学を真にひっくり返すように見える。

哲学の言論を笑いによって打ち倒すソフィスト術を、「不健全」として頭ごなしに否定するだけでは、もはや済まされない。哲学は、ソフィストの挑戦を避ける訳にはいかないのである。また、哲学の側が「笑い」を逆用することで、ソフィストを退けることも許されない。ソフィストの議論に、同じ土俵で、同種の議論で対抗すれば、まさに自らがソフィストとなってしまう。

哲学にできることは、おそらく、ソフィストの「笑い」が持つ魅力や魔力、そしてそれが隠蔽する力さえも冷静に分析し、それに対処することであろう。そのために哲学は、まず、自らの内なる対立、混乱、矛盾に向き合い、それらと対決することが必要となる。哲学の言論とは何か、それが追求する「真理」とは一体何なのかを、改めて根源から問うことが強いられる。

『ないについて』の言論は、哲学を突き詰めた所に現われる限界状況を、エレア派の論理のパロディという逆転によって見事に暴き、そうして自らの言論の力を突きつける、ゴルギアスからの挑戦であった。私たちの本当の「敵」は、ゴルギアスがまさに転覆させようとしている者、つまり、私たちの内に「哲学者」ぶって居座る思いこみ、「内なるソフィスト」とでも呼ぶべき者に他ならない。

第八章

言葉の両義性——アルキダマス『ソフィストについて』——

一　忘れられたソフィスト・アルキダマス

ハリカルナッソスのディオニュシオスは、しばしば、ゴルギアスの文体を、その影響下にあったとされる歴史家トゥキュディデスの文体と並べて紹介している。直接の師弟関係の外でも、ゴルギアス弁論術の影響力は、広くアテナイからギリシア各地に及んでいた。高名なソフィスト・ゴルギアスは、多くの弟子を残している。

プラトン『ゴルギアス』では、同じシチリア島のアクラガスから弟子入りし、ゴルギアスに従っているポロスの姿が描かれている。アリストテレスの報告から、ポロスには「経験」(エンペイリア)を重視する理論が帰されている。だが、それは、『ゴルギアス』の中でポロスがなした主張に由来するものかもしれない。『パイドロス』(267C)では、「重複話法、格言話法、比喩話法」といった修辞技法が、彼に帰されている。

同じくプラトンの『メノン』では、青年メノンが、テッサリアでゴルギアスの教えを受けたとされる。メノンはゴルギアスを信奉し、彼の「徳」の定義を誇らし気に紹介する。

ソクラテスの有力な弟子で、プラトンのライヴァルであったアンティステネスも、若い頃にゴルギアスの弟子であったと伝えられる。弁論の技法を学んだアンティステネスが、後にソクラテスに近づいたことでゴルギアスの影響から脱したと考える必要はない。彼は、ゴルギアス風の著述を残したとされ、ソフィスト的な議論も展開していたからである。

このような幅広い影響を与えたゴルギアスの弟子として、次世代のソフィスト・弁論家の代表となったのは、イソクラテスとアルキダマスの二人であった。イソクラテスは、アテナイに生まれ、若い時からその才能が高く評価されていた。プラトン『パイドロス』では、ソクラテスが、まだ若いイソクラテスの天賦の才と人格の高貴さを誉め、いずれリュシアスらよりもはるかに優れた仕事をするであろう、と予言している（278E-279B）。無論これは、すでに名を成し、プラトン最大のライヴァルとなっている時点で書かれた、フィクションであろうが。

イソクラテスは、前三九〇年代に、プラトンの学園アカデメイアに先立ってアテナイで弁論術の学校を開いた。そのための宣伝パンフレット『ソフィスト反駁』では、商売敵のソフィストたちのやり方を批判している。ただし、イソクラテス自身は堂々とした弁論を披瀝することが不得意で、おもに著作において「弁論」を演示していた。

アルキダマスは、前五世紀後半に小アジアのエライアに生まれ、前四世紀前半にかけて活躍したもう一人の重要なソフィストである。彼は、少なくとも前四三二〜四一一年頃にはアテナイに滞在し、その間にゴルギアスから影響を受けたものと推定される。『スーダ』というビザンティン時代の事典は、アルキダマスがゴルギアスの学校を引き継いだと報告している（DK 82A2）。「学校」（スコレー）とは、後世の時代錯誤的な表現であるが、数あるゴルギアスの弟子の中で、彼が筆頭後継者と見なされていたことは確かであった。

多数の著作を残したイソクラテスとは比べようがないが、アルキダマスにも二つの作品と、少数の断片が残されている。一つは、『書かれた言論を書く人々について、あるいは、ソフィストについて』（Peri tōn tous graptous logous graphontōn ē Peri tōn sophistōn: 以下、『ソフィストについて』と略記）という論考である。このあまり冴えない標題は、後に付けられたものかもしれない。もう一つは、『オデュッセウス』という演示作品であるが、今日では他の人の作とも疑われている。この時代には、ゴルギアスの『ヘレネ頌』や『パラメデスの弁明』に始まる手法として、トロイア戦争などの英雄伝説を素材にした模擬弁論作品が多く作られていく。アンティステネスにも、『アイアス』と『オデュッセウス』という小編が伝承されている。アルキダマスは、古代には『ムーセイオン』という大作で有名であったが、その作品は失われ、断片的な情報しか残されていない。

現代ではほとんど誰も（専門研究者ですら）知らないこの人物は、前四世紀のギリシア世界では、おそらく、もっとも成功した著名なソフィストの一人であった。彼こそは、ゴルギアスの「即興演説」のスタイルを受け継ぐ、代表的な弁論家と見なされていたのである。アリストテレスは、『弁論術』の中で、しばしばアルキダマスの文体を例に用いている。アルキダマスを考察するにあたり、その焦点は、ゴルギアスのもう一人の弟子で「書かれた弁論」に専念したイソクラテスとの対比、対決に向けられる。今日まで、なぜ、イソクラテスが有名であり続け、対照的に、アルキダマスはすっかり忘れ去られてしまったのか。「即興演説」と「書かれた弁論」の対比に、そのヒントが隠されている。

アルキダマスは、現代では、ほとんどまともに研究されてこなかった。彼をとりまく事情は、ソフィストの忘却という一般的な問題と重なりながら、より鮮鋭な姿をとっている。その事情を追ってみよう。

まず第一に、アルキダマスは、他のソフィストたちと同様、「哲学者」として扱われてはこなかった。まして彼には、プロタゴラスの「相対主義」やアンティフォンの「ノモス／フュシス」といった哲学的な理論も見られず、哲学史において彼の名が言及されることはほとんどない。第三章で紹介した『メッセニア演説』の一節が、自由主義的な思想として言及されるくらいである。

しかし、前五世紀後半に活躍したプロタゴラスやゴルギアスらは、「古い時代のソフィスト思想」として、ディールスとクランツが編集した『ソクラテス以前の哲学者断片集』

に含められ、証言や断片、作品が広く哲学研究に供されてきた。にもかかわらず、アルキダマスについては、その項目に含められることなく、したがって古典期のソフィストとして論じられることもなかった。基本的な資料集からの排除は、このソフィストに、大きな負の影響を残した。

アルキダマスが「ソフィスト」として論じられなくなったのは、最近のことではない後三世紀のフィロストラトス『ソフィスト列伝』でも、彼の名は言及さえされない。（ディールスとクランツはこの著作をおもな典拠に資料集を編んでいる）。「ソフィスト術の父」としてゴルギアスを重視するフィロストラトスが、その一番弟子であったアルキダマスを完全に無視したことは、歴史の皮肉である。

他方で、彼は通常の「弁論家」としても取り上げられてこなかった。アンティフォン、リュシアス、アンドキデス、イソクラテス、デモステネス、アイスキネスら古典期の「弁論家」たちの作品は、文学的作品として、あるいは、法律や社会についての歴史資料として注目され、研究対象となってきた。しかし、アルキダマスの作品は、その中途半端な理論性ゆえに、文学と歴史のどちらにも使い道がなかった。

それでも、ルネサンス期以降しばしば編集された「弁論家作品集」では、アルキダマスの現存作品が収録されることは通例であった。一八二四年のベッカー版、一八五〇年のバイター・ザウペ編『アッティカ弁論家集』には、アルキダマスもゴルギアスらと並んで収められていた。しかし、それ以後現在に近づくにつれて、彼はこの範疇からも排除されてしまう。一九五一年に出版されたラダーマッハーの『弁論技術の著者たち』という専門的な資料集を除いて、アルキダマスの作品は一般の「弁論作品集」には登場しなくなっていたのである。

アルキダマスの『ソフィストについて』は、理論書としては体系的な意義を持たず、それゆえ、アリストテレスの『弁論術』やアナクシメネスの『弁論術』(従来アリストテレスに帰されてきた『アレクサンドロスに贈る弁論術』のこと)のような教科書的な使用には耐えられない。しかし、リュシアスやアンドキデス、デモステネスやアイスキネスらのような、実際の法廷弁論としての社会的な意義や迫力も持っていない。似た作品としては、イソクラテスの『ソフィスト反駁』があるが、彼の場合は幸いにも著作が一括して伝承され、つねに研究に付されてきたのである。

後世の冷淡な態度と比べると、同時代には、アルキダマスにより多くの注目が集まっていた。プラトンは、アルキダマスの名に直接言及こそしないが、後で検討するように、『パイドロス』で『ソフィストについて』の一部を用いていると推定される。また、アリストテレスによる弁論の理論書『弁論術』は、アルキダマスのスタイルを六箇所で取り上げ、批判的に検討している(第一巻一三章、第二巻二三章、第三巻三章に四箇所)。とりわけ、第三巻三章では、アルキダマスの文体が、ゴルギアスと同じく、詩的だが不自然である、と評されている。ただし、『弁論術』での言及は概してあまり公平とは言えず、アリストテレスの検討対象の偏りも考慮されるべきである(たとえば、アリストファネスの喜劇は一切無視されている)。

アルキダマスが、同時代にはきわめて重要で有名な弁論家であったとして、なぜ、後世すっかり忘却されてしまったのか。その秘密は、彼が書き残した論考『ソフィストについて』がすでに示している。アルキダマスが従事した弁論術(レートリケー)は、ゴルギアス流の「即興演説」を活動の中心に据え、この作品など少数を除いて、あまり書き物は残さなかったからである。

弁論代作家リュシアスや、アルキダマスのライヴァル・イソクラテスは、「書き物」によって西洋文明をつうじて長く人々を魅了してきた。他方で、アルキダマスが人前で演示した弁論は、どれほど優れたものであり、聴く人々に強烈な印象を残したとしても、人々の記憶からすぐに消えてしまった。聴衆は飽き易く、また、記憶はそれを持つ人々と共に死んでいったからである。

ここに、「書かれた言論」の「語られた言論」に対する優位という、文化史的・哲学的問題が見て取られる。その問題は、深く西洋文明と「哲学」の成立に関わり、プラトンの哲学営為の根幹にも触れている。エリック・ハヴロックが『プラトン序説』で強調するように、口承文化から書き物へという転換点に立っているのがプラトンであった。二種の言論の関係を強く意識しながらも、数多くの「対話篇」を「書かれた言論」として残したプラトンは、結局、ゴルギアスやその弟子アルキダマスに、歴史の上では勝利したのである。その様子を、アルキダマスの著作『ソフィストについて』から検討していこう。

二　『書かれた言論を書く人々について、あるいは、ソフィストについて』（訳）

［一］

（1）ソフィストと呼ばれる人々の一部は、探究と教養を怠り、語る能力には素人と同様に無経験でありながら、言論を書くことには訓練を積んできていて、本をつうじて自身の知恵を示すことで重々しく振舞い、自負を持っている。そして、弁論能力の低次の部分を所持することで、その技術全体を持っていると主張している。この理由で、私は書かれた言論に対する告発を試みよう。

（2）それは、彼らの能力が私自身のものとは別だと思ってではなく、他の点で私は書くことにもより大きな自負を持っているが、〈語ることの〉訓練の副業においてあるべきだと考えてのことである。そして、まさにこのこと（書くこと）に人生を費やす者たちは、弁論術《レートリケー》も哲学《フィロソフィア》も大いに欠いていると理解している。そして、（彼らを）「ソフィスト」よりも「作家《ポイエーテース》」と呼ぶ方が正しいと信じる。

［二］

（3）さて最初に、人は書くことを次の点から、つまり、書くことは攻撃しやすく容易で、ありふれた素質の者にも手に入れやすいことから、軽蔑するかもしれない。一方で、出くわした主題について瞬時に適切に語ること、そして、アイデア《エンテュメーマ》を素早く、言辞《オノマ》を順調に用いること、そして、事柄の時宜《カイロス》と人間の欲望に狙いよく従って、相応しい言論を語ることは、まったく素質によるものでも任意の教育によるものでもないからである。

（4）他方で、多くの時間をかけて書き、暇な時に修正すること、そして、以前のソフィストたちの書き物を傍らに置いて多くの箇所から同一のものへとアイデア《エンテュメーマ》を集め、上手く語られた成功例を真似ること、そして、素人の助言から修正を加えたり、しばしば自身で検討してきれいに書き直してしまうこと、これらは無教養の人にとってさえ本性的により容易なのである。（5）善く美しいことはすべて稀で難しく、苦労をつうじて生じる慣しであるが、粗末で劣ったものは、容易に所持することができる。そうして、私たちには、書くことは語ることよりもより手に入れやすく、それ（書くこと）の所持も、より小さな価値しかないと考えるのは、ありそうなこと《エイコトース》である。

［三］

（6）次に、思慮ある人であれば、語るのに手強い人々について、少しだけ魂の状態を変形すれば適切に言論を書く、と信じない者はいないだろう。他方で、書く練習を積んだ人々について、同一の能力から語ることも出来る、と信じる者はいないだろう。一方で、困難な仕事を成し遂げる人は、より容易なものに知性を向け変えた時には、順調に事柄の仕上げを取り扱うのがありそうな《エイコス》ことであり、他方で、容易なもので練習してきた人には、より困難なことへの配慮は険しいものである。人は次の例から、このことが分かるだろう。(7) 大きな錘《おもり》を持ち上げることができる人は、より軽いものの所に行くと、容易に取り扱うだろうが、軽いものにしか力が及ばない人は、より重いものは何一つ持つことができない。また、速い走者は容易により遅い者に付いていくことができるが、遅い走者はより速い人と一緒に走ることはできない。さらに、これに加えて、遠くの的に槍を投げたり矢を射ることができる人は、近くのものも容易に射るが、身近なものに投げることを知っている者がより遠くのものも当てることができるかどうかは、まだ明らかではない。(8) 言論についても、それと同様に、瞬時に立派にそれら(言論)を用いる人が、時と暇をかけて書くことにおいても卓越した言論作家となることは、不明ではない。他方で、書くことに時を過ごす者が即興の言論に移ったら、知性を行き詰まりと迷いと混乱とで満たすことは、不明瞭ではない。

[四]

(9) 私が思うに、人間の生にとっても、語ることはその都度つねに役に立つが、書く能力はその人にとってほとんど時宜に適った《エウカイロン》ものとなることはない。誰が、次のことを知らないだろうか？　瞬時に語ることは、議会で演説する人にも、法廷で論争する人にも、私的なつきあいを為す人にも必要であり、事柄のチャンス《カイロス》はしばしば予期せずに行き当たるのである。そのような状況で沈黙する人は軽蔑すべき者と思われてしまうが、語る人は神にも等しい知性を持つ者として他の人々によって尊敬されるのを、私たちは見ている。(10)　過誤を犯した人を叱責したり、不運な人を励ましたり、我を忘れた人を宥《なだ》めたり、突然加えられた責めを解消する必要がある時、その時には、語る能力は人間たちに必要な助けとなり得る。他方で、書くことは暇を必要とし、時宜《カイロス》よりも長い時間がかかる。というのも、人々は（法廷）論争にあたって速やかな助けを要求するが、書くことは言論を暇にまかせてゆっくりと完成するからである。その結果、思慮ある人なら、これだけ時宜《カイロス》を欠いている能力を羨《うらや》むであろうか？　(11)　もし伝令が、「市民のうち誰が演説したいのか？」と呼びかけた時、あるいは、法廷ですでに（水時計の）水が流れつつある時に、話し手が言論を構成したり学ぼうとして書き物の方へ進むとしたら、どうして笑うべきでないことがあろうか？　本当に、もし私たちがポリスの専制君主であったとしたら、法廷を招集したり公共の問題について思索をめぐらすことは私たちの意のままであり、そうして、言論を書いたら、その時には他の市民たちにそれを聴くことを要求するだろう。だが、これらのことを司っているのは他の人々なので、私たちは言論について何か他の訓練（書くこと）をなすことは愚かではないか、……（欠落）……反対に、精確である。

［五］

(12) それは、もし言辞によって作り上げられて、言論というより詩作品に似ており、自発的でより多く真実に似ているものを投げ捨てておく言論が、準備を伴って形作られ、まとめられていると思われながら、聴く人々の理解を不信と妬みで満たすならば、……（欠落）……(13) 次のことが最大の証拠となる。すなわち、法廷向けに言論を書く人々は精確さを避けて、即興的に語る人々のスタイル（表現）を真似ている。そして、書かれたものにもっとも似ていない言論を提供した時に、もっとも立派に書いたと思われている。他方で、言論作家たちにとってもこれが適切さの規準なので、即興的に語る人々を真似る時に、どうして、かの教育、つまり、そこから私たちがこの種類の言論（語ること）に対して順調な状態になる教育を、尊重すべきでないことがあろうか？ (14) 思うに、次の理由からも、書かれた言論は無資格だと退けるに値する。すなわち、（書かれた言論を）取り扱う人の生き方を不釣り合いにしてしまうのである。すべての事柄にわたって書かれた言論を知ることは、本来不可能なことの一つであり、他方で、あることを即興的に語り別のことを（書き物に）刻印する時、言論が不類似になり、語り手に非難を提供するのが必然である。そして、それら（書き物）は舞台演技や朗読により近いように思われるが、他方（即興の語り）はかのもの（書き物）の精確さと並べられると、ありふれた、劣ったものに見えてしまう。

［六］

(15) そして、哲学（フィロソフィア）を標榜して他人を教育すると約束する者が、書き物や本を持っていれば自身の知恵を示すことができるが、それらに与らない時は無教育な連中より少しも優れた状態にならないというのは、恐ろしいことだ。そして、時間が与えられれば言論を生み出すことができるが、主題が提示されてもすぐには素人よりも押し黙っているのは。また、言論の技術を公言してはいるが、語ることの能力をほんの少しも自身のうちに持っていないことが明らかになるのは、恐ろしいことだ。書くことの訓練は、語ることには最大の行き詰まりを与えるのだから。

(16) 人が言論を細部にわたって作り上げ、精確さとリズムをもって叙述を組み立てて、ゆっくりした思考の動きを用いて表現を完成するのが習慣であれば、次のことは必然である。すなわち、即興的な言論へ赴き、慣れ親しんだことに反対のことを為すと、知性が行き詰まりと騒音で一杯になり、すべてのことに耐え難くなって、か細い声の人と何ら変わらなくなる。そして、魂の回転のよい機知を用いて滑らかに人好きするように言論を取り扱うことは、けっしてないのだ。(17) しかし、ちょうど、長い時間の後に束縛から解放された人々が、他の人々と同じに道を歩くことができずに、縛られていた時にそう歩かざるを得なかった姿勢やリズムに戻ってしまうのと同じように、書くことは知性にゆっくりとした歩みを提供するので、反対の習慣にある語ることの訓練をなすと、魂を行き詰まりと捕縛の状態に置き、即興的言論におけるまったく滔々《とうとう》とした流れを妨げる。

［七］

（18）そして、私が考えるに、書かれた言論は学習が難しく、その記憶は苦労の多いもので、論争の場で忘却すると恥ずべきことになる。小さなことは大きなことより、多くのことは少ないことより、学んだり記憶するのがより困難であると、すべての人が同意するだろうから。一方で、即興的言論については、アイデア《エンテュメーマ》にだけ知性を向け、言辞により瞬時に明示すべきである。他方で、書かれた言論においては、言辞とアイデア《エンテュメーマ》とシラブルの記憶と学習を精確にすることが必要である。（19）言論において、アイデア《エンテュメーマ》は数が少なく重要であるが、言辞や言い回しは数が多くありふれていて、それぞれほとんど異ならない。そして、各々のアイデア《エンテュメーマ》は一度に明示されるが、私たちは、同じ言辞を何度も用いる必要がある。それゆえ、一方（アイデア）の記憶は易しいが、他方（言辞）には記憶を取り戻すことが難しく、学習を監督することは難しい。（20）さらに一方で、即興的言論をめぐる忘却は、恥を不明なままにする。スタイル（表現）が柔軟で、言辞は精確に彫琢されている訳ではないので、もしアイデア《エンテュメーマ》の何かが失念されても、語り手がそれを飛ばすことは難しくなく、次にくるアイデア《エンテュメーマ》を摑めば言論に何の恥を着せることもなく、失念したことも、もし後で思い出せば、容易に明示することができる。（21）他方で、書かれたものを語る（暗記した書きものを音読する）人には、もし論争のもとで小さなことですら省いたり変更したら、行き詰まりや混迷や探索が生じるのは必然である。つまり、長い時間中断するか、しばしば沈黙で言論を分断してしまうが、その行き詰まりは体裁が悪く笑うべき代物で、救い難いものとなる。

［八］

（22）また、即興的に語る人は、書かれたものを語る人よりも上手に聴き手の欲求を用いる、と私は考える。論争の前に書き物で大いに苦労する者は、時に時宜《カイロス》を誤ってしまう。つまり、欲求よりも長々と語ってしまい聴衆に嫌悪をもよおさせるか、人々がまだ聴きたがっている時に言論を先にやめてしまうのである。（23）それは、人間による予測が将来生じることに達して、その結果、聴き手の知性が語られることの長さに対してどのような状態にあるかを予め精確に知っておくことが、難しいか、おそらくは、不可能だからである。他方で、即興的な語りにおいては、（聴衆の）知性の能力を見やりながら言論の会計管理をし、長いものを切り縮めたり、簡潔に考察されていたものをより長く表わすことも、語り手の裁量のうちにある。

（24）これらとは別に、各々の人が実際の論争で与えられたアイデア《エンテュメーマ》を同じようには用いることが出来ないのを、私たちは見る。一方で、書かれていないことを語る人々には、論争相手から何かアイデア《エンテュメーマ》を獲得するか、自身の思考の集中から自分自身で考え出す場合、（それらを）秩序に置くことは易しい。瞬時にすべてについて言辞で明示して、考察されたこと以上のことを語る時も、けっして言論を不規則で混乱したものにすることはないからである。(25) 他方で、書かれた言論を伴って論争する人々には、もしあるアイデア《エンテュメーマ》が準備なしで与えられた場合、調和を保ち正しい仕方で用いることは難しい。言辞を完成する精確さは、自発性(その場で生ずること)を容認せず、幸運で与えられたアイデア《エンテュメーマ》をまったく用いないか、あるいは、用いるにしても言辞の秩序を分解し取り壊すのが必然である。そうして、あるものを精確に、別のものはでたらめに語ることが、スタイルを混乱した不調和なものにするのだ。(26) しかしながら、よき思慮をもつ誰が、次のような訓練を採用するだろうか? すなわち、自ずと生じた諸々の善いことの利用を妨げ、時に、運よりも劣った助けを論争する者に与え、そして、他の技術が人間の生をより善いものへと導くのが習わしであるのに、自ずと生じる順調さに邪魔にもなるような訓練を。

[九]

(27) そして、私はこう考える。書かれた言論は「言論《ロゴス》」と呼ばれることすら正しくはなく、それはちょうど、言論の影や姿や模像のようなもので、私たちがそれらについて、青銅の像や石の彫像や書かれた絵画についてと同じ考えを持つのは、ありそう《エイコトース》なことである。それらは真正の物体(肉体)の模像であり、その鑑賞で快さを与えるが、人間の生には何一つ便宜を与えないようなものなのだから。(28) 書かれた言論は、同一の仕方で、一つの形と秩序を用いていて、本で見られると何かしらインパクトをもつが、時宜《カイロス》に反応せず、それを持つ人に何の利益も与えない。その代わりに、ちょうど、真正の物体（肉体）が美しい影像よりもずっと劣った見かけをもっても、実際の行為で何倍も多くの利益を与えてくれるように、そのように言論も、一方で、瞬時に思考そのものから語られれば、魂を持ち、生きていて、事柄に従い真の物体（肉体）に似たものであるが、他方で、書かれたものは、言論の似像に似た本性を持つが、すべてのよき行ないには与らないのである。

［十］

(29) おそらく、人はこう言うかもしれない。（一）書く能力を告発しながら、その当人がそれ（書く能力）によって証明をなしているように見えることは、不合理である。（二）また、それをつうじてギリシア人の間でよい評判を得ようと準備しているその営み（書くこと）に、予め偏見を持つこと、（三）さらに、哲学的研究《フィロソフィア》に時間を費やしていながら、即興的言論を誉めること、（四）そして、偶然が予めもつ考えよりもより役立つものであり、でたらめ《エイケーイ》に語る人の方が準備して書く人よりも思慮深いと考えることは、不合理であると。

(30) しかし、（一）私は第一に、書く能力から完全に資格を剝奪しようとしているのではなく、即興の能力より劣っていると考えて、語る能力に最大の配慮を払うべきであると思って、今までの言論を語ってきた。（二）次に、私が書くことを用いるのは、これに最大の自負を持ってではなく、この能力に自信を持っている人々に対して、私たちは少しの労力を払えば彼らの言論を覆い隠したり破壊することが出来るのだ、と演示するためなのである。

(31) これに加えて、(三-一) 私は、大衆に向けて公開する演示のためにも、書くことに触れている。一方で、私たちに頻繁に会う人々には、私たちが提示されたことすべてに時宜に適って《エウカイロース》教養的に答えることが出来る場合は、あの仕方で(言論を聴くことで)私たちの試みを把握するように勧める。他方で、時間をおいて聴きに来る人々や、以前に一度も私たちに会ったことがない人々には、何か書かれたものを示すように試みるのだ。それは、他の人々から〈書かれた〉言論を聴くことに慣れている人々は、おそらく、私たちが即興で語るのを聴くと、私たちについて、実際に値するよりも低い評価しか抱かないかもしれないからである。(32) 他方で、(三-二) これらを離れても、思惟において生じそうな進歩の徴も、書かれた言論の下でもっとも明瞭に見て取ることができる。一方で、私たちが以前よりも今、より上手く即興で話せるかどうか、判定するのは容易ではない。以前に語られた言論を記憶しているのは、困難だからである。他方で、鏡をのぞき込むように、書かれたものを見て魂の進歩を見て取ることは、容易である。(三-三) さらに、私たち自身の記念碑を残すことにも熱心で、名誉欲を喜ばせようとして、言論を書こうと試みているのである。

(33) しかし、(四) 私たちが即興の能力に書く能力よりも優先して栄誉を与える時、でたらめに語ることを勧めているのだ、と（いう批判を）信じるには値しない。語り手は予測をもってアイデア《エンテュメーマ》や構成を用い、言辞の表示にあたっては即興で話すべきだ、と私たちは考えている。書かれた言論の精確さは、その場で語る人々の表示が時宜《エウカイリア》に適うほどには、利益を与えないからである。

［十二］

（34）さて、十分な言論作家ではなく手強い語り手（弁論家）になることを欲する者、精確に言辞を語るよりもむしろ立派に時宜《カイロス》を用いようと望む者、また、妬みを敵にすることよりも聴き手の好意を助けに持つことに熱心な者、さらに、知性を柔軟にし記憶を闊達にして忘却を隠蔽したいと望む者、そして、人生の必要に対して調和のとれた言論能力を持つことに熱中する者は、誰でも、もし即興的に語る訓練をつねにずっと活性化させ、書くことは遊び《パイディア》で副業として配慮するならば、よく思慮する人々によってよく思慮していると判定されるということは、ありそうな《エイコトース》ことではないだろうか？

三『ソフィストについて』の位置づけと意義

アルキダマスというソフィストの活動を再考することは、古代における知的活動の忘却された側面を照らし出すことである。それは、プラトンや、別の意味ではイソクラテスら、表舞台で光に当たってきた思想家たちの伝統を、影の側から反省することでもある。

この作業は、ホメロス以来、古代ギリシアにおける伝統的な「語り言葉」の重視と、新たに勃興した「書き言葉」という知的活動との間の緊張を問題にする。古典期のギリシア社会においても、「語り言葉」が絶対的な優位を占めていたことは、言うまでもない。そもそも「言葉」（ロゴス）という語は「語る」（レゲイン）の名詞形であり、「書く」の分詞からなる「書かれた言葉」（グラフトス・ロゴス）に先立つ。しかし、その古典期から「書き言葉」は次第に文化の中心となっていく。二種の言葉が実際にどのような緊張関係にあったかは、状況から推定するほかない。しかし、アルキダマスの『ソフィストについて』という論考は、まさにこの対立を直接に取り上げた、時代の証言なのである。

また、『ソフィストについて』という著作は「弁論術」（レートリケー）の最初期の理論書の一つであり、現存する中では最古のものと言ってもよい。前五世紀半ばにシチリアで誕生したという弁論術は、民主政の政治や社会制度の需要によって大いに興隆した。コラクスとティシアス以来、弁論家たちは語りの「技術」（テクネー）をまとめ、一種の技術書（マニュアル）として流布させていたと伝えられる。「弁論術」の名でその技術を宣伝し、最初に理論化を進めたのは、おそらく、アルキダマスの師ゴルギアスであった。

現代の私たちにとって「弁論術」は、むしろプラトンによる哲学からの批判によって知られている。『ゴルギアス』では、ゴルギアスの標榜する「弁論術」が徹底的に検討され、

「技術」ではなく「迎合」に過ぎないものと位置づけられる。また、『パイドロス』では、言論代作家リュシアスを主要な標的として、優れた言論の技術とは何かが検討され、「ディアレクティケー」(対話の技術)こそがそれにあたることが示される。弁論術は事柄の真理を知ることなしに、人々に思われることだけを説得する、と『ゴルギアス』は規定する。その批判は、『パイドロス』では、「ありそうなこと」(エイコス)は真実の似姿に過ぎない、という見方に展開される。このような「哲学」の側からの弁論術批判は、イソクラテスやアルキダマスら弁論術推進派に、緊張をもたらしたことであろう。双方がくり広げる応酬が、この時代の一つの知的論争の焦点となっていた。

そのような応酬において注目されるのが、プラトン『パイドロス』最終部での「書かれた言論」への批判である。そこでプラトンは、「生きた語り言葉」が「書かれた言論」(直接には、言論代作家リュシアスの言論作品を指す)に優位することを論じる。その議論には、誰の目にも明らかなアルキダマスとの照応箇所が散見される。アルキダマスの『ソフィストについて』と『パイドロス』との関係については、後で検討しよう。

プラトンの手厳しい「弁論術」批判を何らか緩和し、かつ、イソクラテスの「弁論術」教育への対抗から成立したのが、アリストテレスの『弁論術』である。精緻な理論体系として整備された「弁論術」講義は、先駆者たちの創案も数多く取り入れて成立したと推定される。アリストテレスが「弁論術的推論」の核と見なした「エンテュメーマ」は、これまで彼の独創と見なされることが多かった。しかし、アルキダマス『ソフィストについて』では「エンテュメーマ」という語が数多く用いられ、きわめて重要な役割を担っている。アリストテレスは、おそらく、この議論を意識しつつ自己の理論に改鋳したのであろう。

このように、「弁論術」の歴史においてきわめて重要な意義を持つアルキダマスの著作は、内在的な理解は無論のこと、プラトンやアリストテレスの哲学との関係も考慮して分析、評価されなければならない。

ここで、『ソフィストについて』の議論を、二つの基本的な対比を軸に整理しておこう。アルキダマスの論述は、かならずしも明快とは言えないからである。彼が論じるように、骨組みとなる「アイデア」をまず摑むことが肝要となる。

第一の対比は、書くことに従事する言論作家と、語る能力を持つソフィストの区別にある。それらは二種の職業的弁論家であり、通常は「ソフィスト」として一括して扱われている人々である。アルキダマスは、その二種を区別し、前者をきびしく批判しながら、後者の意義を強調する。

第二の対比は、人間ではなく、「書くこと」と「語ること」という営みの区別である。書くことは精確さを求め、推敲を旨とするが、語ることは即興を真髄とすることが示される。

これら二つの対比は、議論において重ねられていくが、アルキダマスの意図は、第一の対比を示すために、第二の、より基本的な対比を用いるという戦略にあった。

ここでは、全体を便宜上、十一の部分に分けて、それぞれの趣旨を辿る。

［一、書かれた言論の告発：主題提示］

冒頭で、第一の対比がまず示され、この論文の主題である「書かれた言論に対する告発」が宣言される。この言論自体が、アルキダマスによる一つの弁論、つまり、法廷弁論に擬した作品となる。

著者はまず、「ソフィストと呼ばれる人々の一部は、探究と教養を怠り、語る能力には素人と同様に無経験でありながら、言論を書くことには訓練を積んできていて、本をつうじて自身の知恵を示すことで重々しく振舞い、自負を持っている」と述べる（1）。ここで書く能力を誇る、いわゆる「ソフィスト」が批判され、彼らは本来「ソフィスト」というより「作家」と呼ばれるべきであるとする。弁論術のうちより低い部分に通じた彼らと比べて、そういった技術を「練習の副業」として用いながら、本来の仕事である「語ること」に通じる弁論家こそ、真のソフィストである。それは、アルキダマス自身を意味する。弁論家とは、本来「探究、教養、哲学」を兼ね備えた技術者なのである。

［二、書くことと語ること：基本的な対比］

二種の人々の区別は、二種の行為、すなわち、書くことと語ることとの区別と価値づけに依拠する。書くことは、多くの時間をかけて修正を加え、先行例を収集して真似できるため、素人にさえ容易な、ありふれた営みである。他方で、時宜に応じてその場で適切な考えを言葉に組み立てることは、長い訓練が必要な困難なことである。

［三、難易度による優劣関係：基本的な対比の応用］

書くことと語ることという二種の営みについて、難易度の差による位置づけが続く。より容易である書くことに優れた人は、より困難である語ることを上手く遂行はできない。反対に、語ることに優れた人は、書くことも上手に遂行できる。

難易度による優劣関係は、重いものを運ぶ人と軽いものを運ぶ人から、速く走る人と遅く走る人へ、そして、遠くに投槍する人と近くに投槍する人の対比へと、類比的に拡大、移行する。即興で立派に言論を語る人は、そうした身体運動との類比で、より優れていることが帰結する。

［四、生活における有用性］

書く能力と語る能力が、今度は日常の生における有用性で判定される。議会での演説、法廷での論争や、私的なつきあいの場で何よりも必要なのは「時宜」（カイロス）に適うことである。そこでは、予期せぬ状況に瞬時に対応し、適切な言論を与えることが大切なのである。それに対して、長い時間をかけて推敲した書き物に頼ることは、せっかくのチャンスを逃し、臨機応変に対応できなくさせる。

［五、優劣の証拠］

ここでアルキダマスは、語られる言葉の優位を、二つの論拠から論じる。まず、法廷のために言論を書く作家は、実際には即興的に語る弁論家のスタイルを真似ている。にもかかわらず、もっとも書き物らしくない、語り言葉らしい言論が称讃される。したがって、即興の語りこそがもっとも重視され、教育されるべきである。また、書き物に従事することは、その人の生を異なったスタイルによって不釣り合いにしてしまう。二つの違った評価規準の間で、作者はどちらを為す場合にも批判されることになるからである。

［六、書くことを自負する人の欠陥］

言論を書くことに従事する人は、いくつかの重大な欠陥を避けられない。まず、書かれた書物なしに知恵を示すことができない。次に、そのような人は、主題が提示されても直ちには語ることができない。書く訓練は語ることを邪魔するからであり、書くことに専従する人は、語る能力を欠くからである。最後に、書くというゆっくりした知的作業に慣れた人は、語るという素早い知性の働きの要求に対して、すぐに行き詰まってしまう。

［七、記憶と提示］

次に、書かれた言論を用いることが、学習や記憶の面から批判される。書き物は精確な記憶を必要とし、それを語る場で忘却すると変更が難しく、重大な問題を引き起こす。これに対して、即興的な言論は「アイデア」(エンテュメーマ)への集中が核となる。少ない数の「アイデア」を習得しておけば、多彩な言辞を用いてそれを一度に明示できるからである。その場合、失念はあまり大きな問題とはならず、つねに柔軟な対応が可能なのである。ここで本格的に提示される「アイデア」の役割については、後で検討する。

［八、聴き手の欲求、予期せぬ状況］

即興的に語る人の特長は、聴衆の欲求に合わせた言論を提供できることにある。反対に、書き物に依存する語り手は、実際の欲求より長すぎたり、短すぎる言論を与えてしまう。事前にそれらを精確に予測することは、不可能であるから。また、そのような人は、時宜や状況に応じて新しい考えを用いることに失敗し、それらを調和ある秩序に置くことも出来ない。

［九、二種の言論の身分］

ここで著者は、やや唐突に、書かれた言論を「言論の影像」に喩える。彫像や絵画は美的で快いものかもしれないが、私たちの生には役立たない。それは、いつも同じように一つの形を用いており、時宜に応じることもない。語られる言論は、たとえ見かけが劣っていても、「瞬時に思考そのものから語られれば、魂を持ち、生きていて、事柄に従」う(28)。それは、私たちの生に大きな有益性を与える。ここが、「魂を持ち、生きた」言葉と「書かれた言論」との対比という、『パイドロス』の議論との照応が問題となる箇所である。これも後で検討しよう。

［十、想定される四つの反論とそれへの応答］

アルキダマスは、これまでの議論に対して想定される反論を四つ提示し、それらに応答していく。

まず第一に、著者自身が、書かれた言論への批判を書いているではないか、という反論がある。これに対して、彼は書くことそのものを退けているのではなく、それが即興で語ることより劣っていると主張しているだけであると言う。

第二に、著者はこの書き物によってギリシア人の間で評判を得ようとしているのに、その活動に偏見を持っているのは、不合理であろう。この批判に対しては、著者の意図は、書く能力に自信をもつ連中の鼻を折るためであり、それ自体を自慢しようとしている訳ではない、と語られる。

第三に、著者も「哲学」（フィロソフィア）と呼ばれる理論研究に時間を費やしていながら、即興を称讃していることは、矛盾ではないか。この批判に対して、アルキダマスは間接的な仕方でしか応答しない。まず、直接アルキダマスの即興演説を聴くことができる人々には、無論その方が望ましいが、その機会がない大衆に向けては、書き物で示すように試みている。次に、知的進歩は、語りよりも書き物において、より明瞭に見て取られるからである。即興の語りは一時的で、記憶に残ること、以前と今を比較することが難しいという欠点を持っている。そして、記念碑として、名誉欲のためにこの言論を書き残していることも付け加える。これは、多くの書き物で名声を得ているイソクラテスへの当てこすりかもしれない。

第四の批判は、アルキダマスが即興演説という「でたらめに」（エイケーイ）、つまり、意図されない偶然的な仕方で語ることを、準備や思慮に優先して推奨しているのではないか、という論点である。これに対して、彼は、即興で語ることはけっして「でたらめに」ではないと応答する。アイデア（エンテュメーマ）と構成は予測をもって準備されるべきであり、表現が即興的にくり出されるに過ぎないからである。

［十一、即興的語りの訓練の推奨：結び］

よき語り手となろうとする思慮ある人は、即興的に語ることの訓練に励み、他方で書くことを「遊び、副業」と見なすべきである。こういった読者への推奨で、アルキダマスはこの論考を結んでいる。

『書かれた言論を書く人々について、あるいは、ソフィストについて』と題されたこの作品は、言うまでもなく、アルキダマスによって「書かれた言論」である。著者は意図と行為の間での、一見矛盾する関係にも敏感である。その中で、他の言論作家たちを批判する時、著者自身は、彼らよりも優れた書き物を容易に提供できるという自負を示している

（6、30）。

だが、この「書かれた言論」が、長い時間をかけて精緻に推敲されたと見なすことは難しい。彼はそのような「精確さ」を低く評価し、話し言葉と書き言葉とで異なったスタイルを用いることが人のあり方を分裂させてしまう、と批判しているからである。もしアルキダマスがこの批判を避ける仕方で当の言論を書いているとしたら、彼の作品は堅固に構想された精確な論述というより、彼の弁論スタイルを真似た書き物、つまり、即興的言論の代替物と考えるべきであろう。

だが、この立場は、書くという行為に独立のスタイルを認めないことになり、結局は、語り言葉の「影像」に過ぎないものにしてしまう。人々への流布や後世への記憶と評判を意識しながら、このような書き物への批判を書かざるを得なかったアルキダマスのジレンマが、ここに垣間見られる。

実際、この作品は、周到に書かれたイソクラテスの弁論や、美しく構成されたプラトンの対話篇、精緻に論理を組み立てたアリストテレスの論考に慣れ親しんだ私たちには、どうしても見劣りしてしまう。だが、この言論が滔々と私たちの前で語られたとしたら、次々とくり出されるアイデアと言辞は、私たちをそれなりに魅了していたかもしれない。少なくともアルキダマスは、この書き物が、彼が本領とする即興の語りの余技であるかのような見かけを演出している。

四　「語り言葉、書き言葉」と弁論術

アルキダマスが直面する問題をより精確に捉えるためには、古代ギリシアにおける「語り」の優位と、「書く」営みの発生について理解する必要がある。知をめぐる文化史の文脈で、彼の問題提起はより普遍的な意義を担うからである。

周知のように、フェニキア文字がギリシアに輸入され、それが表音文字として用いられるようになったのは、古くて前十世紀、一般には前八世紀頃と推定されている。現存する最古の文字資料が、前七三〇年頃のものとされるからである。このアルファベットの発明が、後に「書き言葉」の文化を成立させる原点となった。

その前八世紀は、ホメロスの英雄叙事詩が成立した時代である。前七〇〇年頃には、ヘシオドスが『仕事と日々』や『神統記』を歌っている。盲目の詩人とされるホメロスをはじめその時代の詩人たちは、文字に書き記すことなしに、言葉を韻律にのせて歌った。詩作品はすべて暗記され、口承によって伝達され、人々の前で演示されていた。歌い手（アオイドス）は、神々からインスピレーションをうけて即興的に歌う専門家であり、それを記憶して再現するのが吟唱詩人（ラプソードス）であった。両者は、いわば作曲者と演奏家にあたる。

文字はすぐに実用化され普及した訳ではなく、きわめて限定された役割を担うに過ぎなかった。古い時代のおもな文書資料は、法律や条約などの碑文である。それらは、公の場に告示する政治的な意義を持ち、また記録として情報を伝える役割を果たしていた。しかし、句読点もなくべったりと石に刻まれた大文字の文字列は、とても読み易いものとは言えない（初期には「牛耕式」と呼ばれる、左右に行き来する書式さえ用いられた）。それらはすでに内容を知っている人にとっては、記憶のよすがとして役に立ったことであろう。しかし、語り言葉での理解なしに、文字だけから情報を得ることは、当初はあまり期待されていなかったようである。

文字は、エジプトから輸入されたパピルスに書写されることで、学問や文学で用いられるようになる。エジプトではパピルスによる巻き物が、すでに紀元前二千年代という途方もない昔から用いられていた。アジアの先進文明と直接の交渉があった小アジア半島のギリシア植民市は、タレスらによる自然探究が始まった前六世紀初めには、すでにそのような書き物に接していたことであろう。ミレトスでタレスと同時代に活躍したアナクシマンドロスは、最初に「書物」を著わした人物と伝えられ、その一節は後世の引用をつうじて今日にまで伝承されている。

また、近郊のエフェソスでも前六世紀末には、ヘラクレイトスが神託に似た箴言風の考察を一巻の「本」にまとめ、それをアルテミス神殿に奉納したと伝えられる。「書かれた知恵」は神聖な意義を帯びていたことが想像される。ヘラクレイトスの言論（ロゴス）では、語り言葉では表現不可能な数々の「謎」が、書かれた文字に込められている。私たちが知る限り、「書き言葉」に独立の意義を見出し、それを哲学の手法として積極的に利用したのは、ヘラクレイトスが最初であった。

バビロニアからもたらされたデータから独自の理論化をとげる天文学や、ピュタゴラス派とも関わりながら発展する数学や音楽も、文字による表記や記録を伴っていたはずである。また、前五世紀後半からコス島などで盛んに執筆された医学の記録・理論書は、「ヒッポクラテス文書」としてまとめられている。学問研究が著述を伴って遂行されることは、自然科学に限られない。歴史や地理では、前六世紀末にイオニア自然学の影響下にヘカタイオスが活躍し、前五世紀には、ペルシア戦争を中心にした壮大な歴史・風俗誌を著わしたヘロドトスと、ペロポネソス戦争を客観的に分析したトゥキュディデスが現われた。政治論考やパンフレットも出版されるようになり、アテナイとスパルタの国制論が、今日まで残されている。

前五世紀末のアテナイでは、アナクサゴラスらの書物が出回り、アゴラで容易に購入できたことが、プラトン『ソクラテスの弁明』（26D）から知られている。前四世紀に入ると、「ソクラテス文学」と呼ばれる独自のジャンルが成立し、アンティステネスやプラトンやクセノフォンやアイスキネスらが、競ってソクラテスを主人公とする対話篇を書き著わす。リュシアスやイソクラテスの弁論作品も、書き物として流布していく。アルキダマスが『ソフィストについて』を公刊したのは、その時代であった。

初期には詩人たちが歌い継いだ叙事詩や叙情詩は、やがて文字テクストに移されて伝承される。ホメロス作品は、前六世紀後半、アテナイの僭主ペイシストラトスのもとで書き物に編纂されたという。その編纂事業は、パンアテナイア祭で朗唱されるホメロス叙事詩について、公式の写本を確立するためであったと推定される。しかし、詩の伝統はあくまで「語り」にあり、書かれた詩が文献学的に編集され批判的に研究されるようになるのは、ヘレニズム期のアレクサンドリア図書館においてであった。

アテナイで興隆した悲劇や喜劇も、基本的には一度限りの演技（パフォーマンス）であったが、ポリスから任命された詩人（作家）が台本を準備し、それが後に何らか公刊され普及したと想像される。ただ、演劇台本にはつきものの問題として、誰が、どの段階で、どのような意図でテクストを出版したかは不明である。アテナイの大ディオニュシア祭などで公式に上演された悲劇・喜劇については、市の公文書館が公式写本を保管していたことが知られる。それらが後にアレクサンドリア図書館に持ち出されて、それを基本にした写本が今日に伝承されたのであろう。

アルキダマスは、書かれた言論を評して、「詩作品」に似ている(12)、「舞台演技や朗読」のようである(14)、と述べている。彼の時代には、すでに、詩や悲劇・喜劇は台本に書かれ、読み上げられるものと理解されていたことが分かる。

ヨーロッパにおいて古代ギリシアが初めてアルファベットを導入し、それを用いた「書き物」の文化を打ち立てた。しかし、このことは、ギリシア文明が「語る」能力を「書く」能力よりも重視していたことと矛盾しない。書く営みは、つねに従属的な意義しか持たず、おもに奴隷や下僕の仕事とされた。この特徴は、オリエントの先進文明と比べると際立つ。エジプトの神聖文字やメソポタミアの楔形文字は、「書記」や「神官」といった社会的に高い身分の者たちに独占されていた。文字に通じることが文化人の条件であり、政治や宗教への権力を意味していた。これは、中国や東アジアにおける「漢字」の読み書きが、国家官僚や文化人の必須条件であったこととも共通する。

ギリシア人が発明した二四文字のアルファベットによる全ギリシア語の音声表記は、文明の進歩において画期的であった。読み書きの習得がきわめて容易で、専門技術を必要としないため、民主政下で多くの人々がその能力をもって政治に参加できたからである。他方で、習得の容易さは、社会における「文字」の権威をあまり高めなかった。人前で語る「言論」が基本であるその文化において、「文字」はあまり便利ではない不完全な写し、つまり、本来の言葉である「語り言葉」の影に過ぎないという見方が生じた。これが、アルキダマス『ソフィストについて』（27-28）とプラトン『パイドロス』が表明する「書き言葉」批判の背景である。

ギリシア社会において「語り言葉」が優位を占めたことは、貴族政や民主政における、説得（ペイトー）の役割から説明される。独裁的な権力が育たない環境において、議会や集会における言論活動はつねに大きな意味を持っていた。ホメロスの英雄たちが互いに演説をしながら政策や戦闘方針を決定していく姿は、前八世紀の（ホメロスの）社会を反映していたことであろう。ゴルギアスに代表される「弁論術」（レートリケー）は、このような背景から誕生した。弁論術の教師は、人前でより印象的に「語る」ための具体例を教授しながら、説得の技術を理論化していったのである。

弁論術を職業とした人々には、リュシアスら、もっぱら他人に代わって弁論を作文する「言論代作家」（ロゴグラフォス）がいた。在留外人（メトイコス）のリュシアスは、基本的にアテナイ法廷に立って自ら語ることはなかったが、依頼人たちは彼が書いた原稿を暗記して法廷で語ったのである。他方で、弁論を「技術」としてある程度理論的に教育するソフィストがおり、トラシュマコス、ゴルギアスらが有名であった。アテナイ人アンティフォンは、やはり他人のために弁論を代作しながら「弁論術の教師」も務めていたようで、政治の場面では自ら演説も為した。

弁論においては、人々の前でどのように上手に「言論」（ロゴス）を語り、説得や評価を手に入れるかが重要であった。聴衆や場の雰囲気に応じて論者がくり出す声振りや身振りは、一体となって、その語りに独特の効果を醸成する。それが演示（エピデイクシス）

であった。それに対して、書かれた弁論はその派生物であり、「語り手」を意味する「弁論家」（レートール）に元来馴染みのものではなかった。

だが、ゴルギアスの『ヘレネ頌』や『パラメデスの弁明』は、明らかに読まれる「言論」（ロゴス）として書かれている。そうした言論は、あくまで人前で語る「弁論」のために、その技術の練習や宣伝を意図して書かれていた。プラトン『パイドロス』は、ソクラテスが言論好きの若者パイドロスと出会う印象的な場面で始まる。リュシアスにいれこむパイドロスは、彼の弁論習作を手に入れ、暗唱しようとしている。弁論術はそのように、「語り」の現場を離れて「書き物」の文化に浸透していたのである。

ゴルギアスは『ヘレネ頌』の末尾で、「私はこの言論を、ヘレネにとっては頌歌として、私にとっては遊びとして書こうと思ったのだ」と書いていた(21)。アルキダマスが、書かれた言論は「遊びで副業」に過ぎないと書くのも(34、cf. 2)、ゴルギアスのこの言明を意識したものかもしれない。書き物を単なる「遊び」（パイディア）とすることは、卑下と同時に、イソクラテスへの批判を含意しているかもしれない。彼は、『ヘレネ頌』や『ブシリス』などの演示言論をいくつも書いていたからである。

ゴルギアス、イソクラテス、アルキダマスら弁論家・ソフィストの間の影響関係や対抗関係は、『ソフィストについて』が書かれた意味を開示する。弁論家が書物を公刊するのは、おもに人々にその技術を宣伝し勧誘するというソフィストの職業性に由来する営為であった。イソクラテスは自らの弁論教育を宣伝する目的で、前三九〇年頃に『ソフィスト反駁』を公刊している。他のソフィストたちの活動をきびしく批判したそのパンフレットは、半分だけが現在まで伝承されている。アルキダマスは『ソフィストについて』を、イソクラテスによる『ソフィスト反駁』の出版の後、それへの反論として執筆したと考えられる。

アルキダマスがイソクラテスを強く念頭に置いていることは、状況から明らかであるが、とりわけ「か細い声の人」(16)という表現が彼への揶揄と考えられる。弁論家は本来、ゴルギアスのように人前で朗々と言論を語りかけることを本業とする。ところが、イソクラテスは生来声が弱く、それゆえ公開の場で語ることを避けて専ら著述に打ち込んだとされる。「か細い声」という表現に、当時の読者はイソクラテスを連想したことであろう。イソクラテスは、前三八〇年頃『民族祭典演説』(パネギュリコス)(11)でこれに応答した、と見なされている。共にゴルギアスに学んだ二人は、ソフィストとしての名声をめぐって批判を応酬していたのである。

このような応酬は、けっして弁論家間だけのものではなかった。彼らはプラトンら哲学者との間でも、同様のやりとりをくり広げた。プラトンが『ゴルギアス』で、大御所ゴルギアスと弟子ポロスを揶揄しながら、理論的な批判を展開したのは、おそらく前三八〇年代のことであった。プラトンはまた、『パイドロス』で、直接にはリュシアスを取り上げながら、弁論術の「言論」(ロゴス)を徹底的に吟味した。その対話篇の末尾で、「哲学」への可能性と才能を持つ若者としてイソクラテスを称讃するソクラテスの言葉は、プラトンのライヴァルへの屈折したメッセージと受け取られている。

イソクラテスの主著『アンティドシス』は、プラトン哲学への対決をも明瞭に意図する。イソクラテスの弁論術に対抗して、アルキダマス、アリストテレスが『弁論術』を講義したとされるのは、そのやや後のことであろう。アルキダマス、イソクラテス、プラトン、アリストテレスら、前四世紀前・中半の知識人たちは、「言論の技術」をめぐって激しい対抗意識を展開していた。その応酬は、演場で競う「語り」の優劣によってではなく、すでに「書き物」をつうじて行なわれていた。

五　プラトンの「書かれた言葉」批判

アルキダマスの『ソフィストについて』が、古代哲学研究者の間でかろうじて話題に上るのは、この著作ときわめて類似した内容と表現が、プラトン『パイドロス』に登場するためである。ソクラテスは、弁論術に心酔するパイドロスを相手に、言論の技術とはどうあるべきかを議論し、最後に、リュシアスの書かれた弁論作品を念頭に置きつつ、「書かれた言論」への批判を展開する(274C-278B)。その議論には、アルキダマスとの並行表現が多く見られる。

第一に、『パイドロス』では、書かれた言論を批判するにあたり、それが「絵画」に似ており(275D)、生きた言論の「影」(エイドーロン)と呼ぶべきであると語られる(276A)。これに対して、アルキダマスは書かれた言葉を語られた言葉の「影」や「模像」(ミーメーマ)と呼び、絵画や彫刻に喩えて批判している(27-28)。

第二に、『パイドロス』での批判は、書かれた言葉がつねに一つの同じことを指し示し、押し黙っている点に向けられる(275D-E)。これに対して、アルキダマスも、「書かれた言論は、同一の仕方で、一つの形と秩序を用いて」いると指摘する(28)。

第三に、『パイドロス』には、次のようなやりとりがある。

ソクラテス「知識を伴って、学ぶ者の魂に書き込まれた言論は、自身を守ることが出来るのであり、知識を持って、然るべき人に対して、語ったり黙ったりできるのだ。」
パイドロス「知っている人の言論は、生きて《ゼーン》いて、魂を持って《エンプシュコス》いますが、書かれた言論は、何らかその影像であると言えば、正当でしょう。」(『パイドロス』276A)

アルキダマスも、語られた言葉が「魂を持ち」(エンプシュコス)、「生きている」(ゼーン)と述べる(28)。この文字どおりの対応が、対話相手パイドロスの口から発せられるのは興味深い。言論を好んで暗唱する文学好きの青年が、（対話設定上では時代錯誤ながら）有名な著作の一節を引用しているようにも見えるからである。

第四に、『パイドロス』は、言論の種子を「遊び」（パイディア）のために播くと語る（276D）。アルキダマスも、優れた語り手は「遊び」において書くことを強調している（34）。

こういった並行記述は、一種の決まり文句《クリシェ》を用いている可能性を越えて、明瞭に意図的なものであろう。まったくの偶然で、二つの著作が同じ字句や主張を重ねているとは、とうてい思われないからである。だが、どちらがどちらを借用しているのか、影響関係については、両著作の執筆年代がはっきりしないために論争の的となっている。研究者の中には、アルキダマスがプラトンを読んで書いたとする者も、プラトンがアルキダマスを下敷きにしたとする者もいる。想像を膨らませれば、両者が何らかの共通の資料《ソース》を用いている可能性も排除できず、あるいは、一方的な関係だけでなく、時間をおいて書き直しながら、相互に影響し合っている可能性すら考えられる。

だが、私は『パイドロス』という対話篇の性格から、ほぼ間違いなくプラトンがアルキダマスを下敷きに使い、それを読者に意識させる形でソクラテスに言論を展開させている、と考えている。『パイドロス』は、さまざまなジャンルの言論（ロゴス）に言及し、それらをもじり批判しながら、哲学が追求する「言論の技術」、すなわち、「ディアレクティケー」を対比的に示す哲学作品である。そこでは、文学青年パイドロスを悦ばせるように、さまざまな詩や文芸ジャンルが取り上げられている。

リュシアスが書いたとされる「弁論作品」がまず読み上げられるが、その言論も、おそらくはプラトンがリュシアスの何らかの作品や文体を下敷きに作った模倣であろう。言論の技術を論じる箇所では、イソクラテス『ソフィスト反駁』の一節（16-18）も、明瞭に転用されている（271C-272B）。当時の代表的な著作家たちの作品を意図的に用いながら、ソクラテスに言論について語らせるのが、『パイドロス』の手法であった。その一つの標的が、アルキダマスの『ソフィストについて』であった。

アルキダマスは、言論を書く人々、とりわけ、イソクラテスを念頭に置き、その営みを批判していた。自らもそうして「言論を書いている」ことは承知しながら、自身の弁論術の本領が即興演説にあることを自覚し、あくまでその補助として書いている。それに対して、プラトンが「書かれた言論」を二次的なものとする時、その批判は、自身が生涯従事した「対話篇」執筆に跳ね返ってくる恐れがある。ソクラテスはつねに人々と対話し、語っていたが、何一つ書き著わしはしなかった。しかし、プラトンはその対話を「書かれた言論」にした。書き言葉への批判は、アルキダマスよりもより深刻に、プラトン自身に及ぶはずである。

プラトン研究では、この一節をおもな論拠として、プラトンは対話篇を単に「遊び」や補助的な「忘備録」として書いたとする、「テュービンゲン＝ミラノ学派」の解釈も提出されてきた。書き物への低い位置づけを文字どおりに受け取り、真の哲学理論は口承で、つまり、学園アカデメイアで弟子たちに直接伝えられた、とする見方である。しかし、私は、そういった対話篇理解は、基本的にプラトン哲学に相応しくなく、何よりも『パイドロス』の読解として誤っている、と考えている。

アルキダマスは「語り言葉」の伝統に立って、「書き言葉」優位の時勢に抗して批判の言論を書いた。それに対してプラトンは、生涯「対話」だけに従事し、何も書き残さなかったソクラテスを、自らの「対話篇」に書き著わす意義を、ここに込めているのである。哲学には、今この現場で語る「対話」を、くり返し読みながら、距離をおいて理解していく「対話篇」が必要である。そこでは、語り言葉と書き言葉は対をなし、相互補完的に哲学を遂行する。アルキダマスによるある意味で単純な「書かれた言論」への批判は、プラトンによって転換され、哲学の本質へと深められている。

『パイドロス』末尾近くにもう一箇所、アルキダマスからの転用がある。プラトンが「哲学者」（フィロソフォス）との対比で、より劣った言論の専門家たちを「作家（ポイエーテース）、言論の書き手、法律執筆者」と呼ぶべきであるとする箇所は（278D-E）、『ソフィストについて』の冒頭に対応する。

「まさにこのこと（書くこと）に人生を費やす者たちは、弁論術《レートリケー》も哲学《フィロソフィア》も大いに欠いていると理解している。そして、（彼らを）「ソフィスト」よりも「作家《ポイエーテース》」と呼ぶ方が正しいと信じる。」（『ソフィストについて』2）

ここでアルキダマスが教養や学識といった意味で用いる「哲学」に、プラトンは「知者」（ソフォス）との区別で、決定的に重要な意義を与えている（278D）。プラトンはアルキダマスの表現を転用し、そこに自らの弁論術批判を込めたのである。アルキダマスの著作を用いたこの箇所の直後で、若いイソクラテスの名が言及され、将来への嘱望が語られることは意味深長である（278E-279B）。プラトンは、同時代のソフィストたち、アルキダマスやイソクラテスを念頭に置きながら、自らの書き物で、哲学者ソクラテスにそれらを語らせているのである。

六　アルキダマスの弁論術理論

最後に、アルキダマスの『ソフィストについて』が、弁論術の理論書としてどのような意義を持つのかを、「即興、時宜、ありそうな、アイデア」という四つの鍵概念から考察しよう。

第一の明らかな特徴は、ギリシア社会の伝統に根ざす「語り」優位の言語観が、「即興」の能力として強調されている点である。「即興演説」の創始者はゴルギアスであった、とフィロストラトス『ソフィスト列伝』は伝えていた。

「即興言論を創始したのも、ゴルギアスであったと思われる。この人物はアテナイの劇場に赴き、勇敢にも「主題を投げかけよ」と言い、この冒険的な発言を初めて行なった。それはおそらく、あらゆることを知っていると示し、あらゆることについて時宜《カイロス》に適って語ることを許すためであろう。」（フィロストラトス『ソフィスト列伝』1・482＝DK 82 A 1 a）

フィロストラトスはまた、「私がすでに述べたように、彼はもっとも容易に、即興で演説をしたのである」（1・492）とも述べている。

この「即興演説をする」（アウトスケディアゼイン）という語は、トゥキュディデスの『戦史』第一巻138に最初の用例が見られるが、アルキダマス『ソフィストについて』では、関連語も含めて計十七回使用されている。対照的に、アルキダマスが標的にするイソクラテスには、明瞭に軽蔑を含んだ二例しかない。『エウアゴラス』（41）では、エウアゴラスが即興を軽視していることが述べられ、『ソフィスト反駁』（9）では、「素人の即興より劣ったソフィスト」という言い方がなされている。プラトン『パイドロス』(236D)にも「素人の即興」といった表現があり、「即興」という概念が、他の論者では、ゴルギアスやアルキダマスのように積極的な意義を担っていないことが分かる。

この語に関して興味深いのは、アリストテレスが『詩学』第四章で、詩作と悲劇が「即興」から発展した、と述べている点である。詩作を「自然本性」の発展として理解する『詩学』は、伝統の起源をこの「即興」という概念に求めたのである。

次に、ゴルギアスが「即興言論」に込めた「時宜」(カイロス)の重視も、明瞭にアルキダマスに引き継がれている。『ソフィストについて』では、随所でこの論点が「語り」の核心として強調されている。

まず、言論を語りかける聴衆の欲求との関係で、適切な時に適切な長さの言論を語ることが必要である(3、22)。また、反応の素早さが「時宜」の利点であり(10、28)、それは大きな有益性を持つ(9、28、33)。アルキダマスはこう論じながら、自分のやっている演示こそが「時宜」に適ったものであると自負している(31、34)。

「時宜」という概念は、弁論術の鍵として、現代でも大いに注目されている。アルキダマスがイソクラテスらの「書き物」に向ける批判、つまり、固定された言論が「時宜を失する」という問題は、プラトン『パイドロス』も自覚する重要な難点であった。

他方で、時宜を適切に捉える技の習得が必要であるとして、それは、どのように教育され、受け継がれていくのか。その場ごと、聴衆や主題ごとに一回限り実現する「時宜」は、理論によっては説明できず、おそらく場数や経験を重ねることによってのみ身に付けられるものであろう。では、「時宜」を実現する「技術」は、どのように成立するのか。これが、ゴルギアスやアルキダマスに向けられる問題点であった。それが単なる「馴れ」や「経験」とは異なるとすると、その優越性を支えるものは何なのか。ゴルギアスの別の弟子ポロスは、プラトン『ゴルギアス』の中で、自らの弁論術が「経験」（エンペイリア）であることを、誇りをもって語っている。それを「技術」には当たらないと批判するプラトンの議論は、弁論術と哲学の根本的な対立点を示している。

「時宜」がその場の聴衆の感情や欲求に狙いを定めるという特徴も、アルキダマスが利点とし（3、10、22-23）、逆に、プラトンがきびしい視線を向けた論点である。弁論術は魂の情態（パトス）を操るだけであり、その善さには関わらない、というのが、プラトンによる批判の焦点であった。弁論術が対象とする「感情」のあり方は、アリストテレスが『弁論術』第二巻で、哲学的に検討していく。

アルキダマスの弁論術は、単に修辞技法や即興的な語りの美しさだけを追求したものではなく、むしろ適切な内容を提示する有益な技術として推奨されている。そこで彼が強調する技法は、「ありそうな」（エイコス）と「アイデア」（エンテュメーマ）であった。「ありそうな」という表現で議論の妥当性を説得する論法は、弁論術の創始者ティシアスからゴルギアスらに受け継がれたとされる。アテナイの弁論家アンティフォンも、『四部作』と称される模擬弁論作品で、この論法を多用している。アルキダマスは、他の弁論家と同様、「ありそうな」という論法を主題に取り上げて論じたり、その妥当性を擁護したりはしていない。むしろ、『ソフィストについて』という作品の各所でこの論法を使うことで、実践的にその有効性を演示しているのである。

この論法が用いられる四つの箇所（5、6、27、34）のうち、一つを具体的に見てみよう。

「善く美しいことはすべて稀で難しく、苦労をつうじて生じる慣わしであるが、粗末で劣ったものは、容易に所持することができる。そうして、私たちには、書くことは語ることよりもより手に入れやすく、それ（書くこと）の所持も、より小さな価値しかないと考えるのは、ありそうなこと《エイコトース》である。」（『ソフィストについて』5）

ここでは、分かりやすい例からの類推（アナロギア）で、語ることの価値を強調している。別の例では、「困難な仕事／容易な仕事」の対比に訴えた一般原則を「ありそうなこと」として提示し、それを「語る／書く」の対比に適用している（6）。

アルキダマスは、『ソフィストについて』の末尾も、「ありそうな」を用いた文章で締めくくっている(34)。この論考全体が、「ありそうな」(エイコス)論法に依拠した、読者に対する説得の実践となっているのである。

プラトンは『パイドロス』でティシアスやゴルギアスが依拠する「ありそうな」(エイコス)という概念を取り上げ、真理の知識を伴う言論との対比で、決定的に劣ったものと批判している(267A、272D-274A、cf. 259E-260D)。だが、ゴルギアスについて検討したように、弁論家にとって「真理」は百パーセント確実な論証知識ではあり得ず、「ありそうな」という弁論技法を用いた説得が聴衆を納得させさえすれば、それで十分な弁論的真理であった。

もう一つの鍵概念「アイデア」(エンテュメーマ)については、アルキダマスは、明示的に自らの理論に位置づけを与えている。「エンテュメーマ」は、弁論術の歴史においてとりわけ有名な概念である。それは、アリストテレスが『弁論術』第一巻一章において「説得議論(ピスティス)の本体」と見なし、中心概念と位置づけたからである。それ以来、この概念は、中世から近代にかけて論理学で重視されてきた。アリストテレスは、いつものレトリックで、自分より前の弁論術は「エンテュメーマ」を論じてはこなかった、とコメントしている。しかし、彼以前にもこの言葉は弁論家によって用いられており、とりわけ、アルキダマスの『ソフィストについて』では中心的な役割を果たしている。

この語は、ソフォクレスやクセノフォンにも用例が見られるが、「考え」、つまり、「こころ(テュモス)の中に〈エン〉あるもの」という以上の意味を持っていない。それに対して、イソクラテスの著作には五つ用例がある（『ソフィスト反駁』16、『エウアゴラス』10（二回）、『アンティドシス』47、『パンアテナイコス』2）。そのうち、『ソフィスト反駁』では、弁論術の手法を論じる重要な箇所に、この語が登場する。

「私は、すべての言論を語り構成する型《イデア》について知識を把握するのは、まったく困難なことには含まれない、と主張する。……（中略）……他方で、各々の事柄に必要な型をそれらから選択し、互いに混ぜ合わせ、やり方に従って配置すること、さらに、時宜《カイロス》を誤ることなく、言論全体を考え《エンテュメーマ》で適切に多彩に色付け、リズムと音楽にのって言辞《オノマ》を語ること、それらは、多くの配慮を必要とし、勇敢で考えに満ちた魂の仕事なのである。」（『ソフィスト反駁』16）

この一節は、アルキダマスと共通する術語を多く用いているが、「エンテュメーマ／言辞」の対比の扱いには、すぐに確認するように、重要な相違が見て取られる。アルキダマス『ソフィストについて』では「エンテュメーマ」に十三の用例があり、この語がよりテクニカルに用いられている。しかし、その語義はここで改めて説明されてはおらず、「考え」という意味の語を、自らの理論において特定の仕方で用いたものと推定される（私は「アイデア」と訳した）。

まず、「アイデア」の素早さが「言辞」（オノマ）の順調さと対比され（3）、即興演説ではそれに注意を向けて「言辞」によって瞬時に明示することが論じられる（18）。「アイデア」は数が少なく重要であるが、記憶しやすい（19）。また、たとえ失念しても、飛ばして次のアイデアを摑むことができる（20）。そういった「アイデア」は、書き物から収集したり（4）、論争中に相手から手に入れたり、また自分で考案する（24）。そのように、「アイデア」は前もって準備する対象であり（33）、調和を伴って用いることが必要である（25）。

ここで示された「エンテュメーマ」概念は、弁論術の実践理論として十分にテクニカルで、アリストテレス理論の先駆と見なし得る。この理論では、「言辞／アイデア」という基本的な対比と組み合わせが、即興言論を可能にしている。つまり、予め周到に準備される「アイデア」が、その場の即興で「言辞」による修辞をくり出すのである。弁論家は、まず、中心をなす「アイデア」を骨組みとして組み立てる。それは覚え易いものであり、そこに意識を向けながら言論を語っていけば、本筋を逸れることはない。それに対して、豊富で多彩な「言辞」が、場や聴衆に即して即興でくり広げられ、アイデアを一挙に表現するのである。

アルキダマスの「アイデア」（エンテュメーマ）とは、単なる内容ではなく、秩序や単純な構造を持つが、他方で、アリストテレスの「弁論術的推論」ほど厳密なものではない。それは、考えの内容という従来の語義と、弁論術特有の推論というアリストテレスの新義の両者を仲立ちする、「アイデア、論点、論の大筋」を意味しているのであろう。

アリストテレスは、自らの理論書（講義）をまとめるにあたり、アルキダマスらの古典的な技法を、弁論術に特有の「何らかの推論」として洗練し、「弁論術」理論を整備したのである。だが、アルキダマスの「アイデア」は、論理性に還元できない重要な側面をも合わせ持つ。何らかの議論構造を備えた論点という「アイデア」概念の豊かさと柔軟さが、弁論術の実践的意義を支えているからである。アリストテレスによる厳密化・論理化とは別の、古代の豊かな「語りの言論」文化が、アルキダマスには残っている。

「語られた言葉／書かれた言葉」の対において見ると、「アイデア」（エンテュメーマ）は、即興演説で聴衆に語るダイナミズムにおいて最大限の役割を果たす。だが対照的に、イソクラテスの「書かれた言論」においては、基本をなすアイデアは言辞の修辞と一体化してしまい、両者を区別する意義が失われる。この特徴は、引用した『ソフィスト反駁』（16）の一節にすでに見て取られ、アルキダマスの『ソフィストについて』（18）でも「書かれた言論」の特性として示されている。

即興言論では、予めしっかり練られた骨組みのアイデアと、その場でくり出す多彩な言辞が、性格の異なる二つの要素として、いわば縦糸と横糸の織り合わせのように、弁論術の二つの柱をなしていた。だが、イソクラテス流の、長い時間書き直され洗練された言論は、想案だけでなく言辞にも時間をかけて推敲が加えられる。そこでは、両者の本質的な相異はほとんどなくなってしまう。そうして出来上がった言論は、文学作品に近いものであっても、もはやギリシアの伝統が培った、生きた「語り」ではない。

アルキダマスは自ら即興演説のプロを自認し、その実践に関心を向ける中で、この理論を確立していった。この点では、『弁論術』におけるアリストテレスも、同様に「書かれた弁論」にはほとんど無関心であった。アルキダマスの考察にも共通する、次のような一節がある。

「文字の言語表現は、もっとも精確なもので、討論の言語表現は、もっとも演技に適したものである。……(中略)……そして両方の言葉を比較してみると、読むために書く人たちの言論は、討論の場ではケチなものに見えるが、弁論家たちのそれは、語られた時にはよいが、手に取って読む時は素人くさく見える。そしてその原因は、討論の場では演技的なものが調和することにある。」(アリストテレス『弁論術』第三巻一二章)

哲学者アリストテレスは、アルキダマスの立場を理解しつつイソクラテスらの立場に対抗し、他方で、その着想を「ディアレクティケーの対」としての「弁論術」理論へと結晶させたのである。

アルキダマスは『書かれた言論を書く人々について、あるいは、ソフィストについて』と題される書き物で、「書き言葉」優位への警戒や批判を展開するにあたり、自らが「書いている」ことを自覚し、言い訳すら加えている。自らのジレンマに気づいていた点で、彼は、伝統的なソフィスト術の限界、そして、歴史における忘却を、ほのかに予感していたのかもしれない。プラトンやアリストテレスら同時代人は、そういったジレンマを共有していた。しかし、ゴルギアスやアルキダマスの弁論術が持つ豊かな「言論」の力を、以後の哲学理論は覆い隠してしまうのである。

結び　ソフィストとは誰か

私たちはこれまで、「ソフィスト」をめぐって、それが何を意味するかを検討し、叙述してきた。「ソフィストとは誰か」については、彼らを規定し批判しようとする哲学者の側から、および、ソフィストと見なされる人々自身の側から、それぞれの視点によって、大きく異なる姿が現われ出る。最後に、その姿を振り返りながら、この叙述から一体何が判明したのかを確認したい。

まず、哲学者がソフィストを問題にし、それをきびしく批判するのは、「哲学者」（フィロソフォス）という生き方が真理の探究者として成立する契機を、「ソフィストではない」という仕方で追求したからである。哲学は、ギリシア社会でさまざまな活動をくり広げたソフィストたちの実践を、普遍的な仕方で、つまり、哲学の影、「非哲学」として規定していく。そこでは、「ソフィスト」という名称が、単一の実体を指示するという強い仮定において、その本質を定義する探究がなされる。ソフィスト批判こそ、哲学が自らの営みを確立するために従事すべき最大の挑戦であった。ソフィストは、哲学が成立する限り、それと対として現われる存在であった。

しかし、ソフィストが哲学者と区別されるという見方は、古代ギリシアにおいては、自明な事柄とは程遠かった。むしろ、ソフィストとして処刑された「哲学者ソクラテス」を焦点に、哲学者とソフィストとはつねに、ある必然性をもって重ねられてきたのである。ソフィストの定義は、それを区別しようとする哲学者の側の挙証責任であった。ソフィストを非哲学者として批判する試みは、歴史的には、プラトンが独自に始め、その流れを受ける「哲学」の本質をなしてきた。

他方で、ソフィスト自身の言説に基づいて、彼らが一体何を為しているかを分析することで、いくつかの注目すべき特徴が浮かび上がった。ここでは「言論の力」と「知への挑戦」という観点から、まとめてみよう。

ゴルギアスが提唱し、ソフィストによる教育の中核をなした「弁論術」（レートリケー）は、法廷や議会など特定の実践場面で有効であるだけでなく、およそ人間が活動するあらゆる側面で行使される「言論の力」である。それは、説得として相手の魂を動かし、暴力、魅力、そして魔力として、聴く者を自らの支配下に置くことが出来るとされた。ソフィストは、そのような言論の力を標榜することで、人々を自らの教育へと誘う。

ゴルギアスが演示した言論は、言葉を飾り立てる修辞を除けば、ありそうな論理を追求する二つの技法を特徴とする。「重層論法」、「枚挙論法」と名付けたその技法は、現実世界の論争場面にあえて哲学的な論理（とくに、エレア派の論理）を持ち込むことで、弁論を単なる実践的なコツから「技術」へと進化させていた。

他方で、ゴルギアスの言論技法は、哲学が目指す論理の演繹性や体系性、さらに一般性とは異なり、目の前の聴衆がどう言論に反応するかを考慮し操るものである。これは、ゴルギアスからアルキダマスに受け継がれる「即興演説」という技法の特徴となっていた。その場の「時宜」を活かし、聴衆の関心や場の雰囲気を読みながら、核となるアイデアをもっとも効果的に相手に伝える言論の技法が、社会において要求されたからである。ギリシアにおける口承言論の伝統を凝縮する彼らの「即興演説」は、哲学が志向する無時間的な真理や普遍性とは一見対照的であり、同時代には重要な意味を持ちながらも、文化の伝承において忘却される運命にあった。書かれた言論に専念した弁論家イソクラテスや、プラトン・アリストテレスら哲学者たちが、以後の伝統において主流を占めていく。

「言論の力」をさまざまな場で実践するだけでなく、それを自覚的に言説化し、人々に教授するというソフィストの営みは、必然的に従来の「知」のあり方への尖鋭な挑戦となり、とりわけ、ソフィストを「影」として捉えようとする哲学者にとって最大の挑戦を成していた。ソフィストの「言論」は、従来の知の営みが領域限定性において成り立つ場や個別ジャンルをのり越え、いわば領域横断的に、縦横無尽に言論を動かしていく。

叙事詩や悲劇の言説を模倣し、自然科学の知見を利用し、裁判や審議の場で実践的に活躍し、抽象的な理論を駆使して自らの立場を表明する。だが、それは、そもそも領域や境界性を取り払った自由で総合的な言論というものではなく、その都度、領界を越境し、それを動かすことで生じる「知の揺らぎ」を活用する言論である。超領域の立場は、それがのり越える領域性を最大限に利用している。こうしてソフィストの言論は、いわば「全知」を標榜し、やはりあらゆる事柄に関わる哲学に真っ向から挑むことになる。ソフィストは、哲学が作り上げた仮想敵ではない。すでに潜在的・顕在的に哲学を覆すべく言論を動かしている、尖鋭な知的挑戦であった。

ゴルギアスらソフィストは、そもそも「真理」を無視したり、隠蔽した訳ではない。彼らは堂々と「真理」を論じると宣言し、実際、言論の力を有効に働かせている。それが、弁論術が用いる「真理」であった。しかし、まさにこの点こそ、哲学が反発し、批判する焦点となる。この意味で、ソフィストが「懐疑主義、不可知論、相対主義、虚無主義」といった哲学的立場を取るかのように語られることは、不正確である。彼らは「哲学」という立場そのものを覆そうとしているのであり、哲学の内部で対立する一つの立場に身を置いて、より正統な他の哲学説に挑んでいる訳ではない。哲学の言説を呑み込み、それを相対化する力が、ソフィストの魅力であった。そしてそれは、ゴルギアスの「逆説的言論」、さらに「笑い論法」として、哲学の真摯な見かけに向けられる。哲学によって「非哲学」と批判されたソフィストの立場は、ある意味では、彼らから哲学に向けられた挑戦、「反哲学」であった。

私たちは、おもに資料の制約から、ゴルギアスとアルキダマスという二人のソフィストに絞って、彼らが残した言論にその立場を語らせてきた。プロタゴラス、プロディコス、ヒッピアス、アンティフォン、トラシュマコスといった他の重要なソフィストたちも、それぞれ特徴的な言説や立場を展開しており、哲学が把捉しようとした単一の実体を成していると言うことは困難である。だが、私たちが確保した基本的な視座は、それらソフィストの全体に何らか適用可能であろうと予想している。

たとえば、プロタゴラスの「相対主義」も、従来扱われてきたような哲学説の一つとしてではなく、哲学という枠組みそのものを相対化する立場、社会で実践される知的な営みそのものへの挑戦として読み解かれるべきであろう。また、アンティフォンらによる「ノモスとフュシス」の対比、および、それに基づく倫理的価値の社会契約という斬新な見方も、倫理的価値の本質を追求する哲学に対して、その営みそのものを疑い消去する過激な挑戦とも見なされ得る。こういった視点から、他のソフィストたちの断片も、今後さらに精密に検討する必要がある。

ソフィストの存在をめぐっては、哲学者の側とソフィストの側、それぞれから異なった姿が現われ出た。だが、この現われのズレこそが、「ソフィストとは誰か」という問題の核心を成す。ソフィストは、哲学がそう訴えかけるような単一の存在ではないかもしれない。個別の状況や観点、活動に応じて多彩な言論を最大限に発揮するのが、ソフィストの本領だからである。他方で、ソフィストは単なるレッテルや仮構ではなく、生まれ確立しつつある哲学という営みへの対抗、挑戦、パロディとして、何らかの思潮をなしている。

古代ギリシアのソフィストは、知と生への挑戦として、現代の私たちにも、根本的な問題を提起する。ソフィストを忘却の淵から呼び戻すことが、逆説的にも、現代において真に哲学を追求する可能性なのである。

参考文献

本書で言及した古典ギリシアの著作、および、関連する研究文献を紹介する。ここでは一般読者の便宜を考え、日本語文献を中心に挙げ、欧語文献は代表的なものに留めた。より専門的な研究文献は、それらに収録されている文献表を参照されたい。なお、古代の著作からの引用は、すべて著者自身による訳文であり、訳語や解釈はかならずしも以下に挙げる文献と対応していない。

[A] ソフィストの資料と研究

まずは、日本語で読めるソフィストの資料集と解説書を紹介する。

ディールス＝クランツ編『ソクラテス以前哲学者断片集』五分冊＋別巻、内山勝利編、岩波書店、一九九六—一九九八年（原書初版、一九〇三年、第六版、一九五一—一九五二年）

この資料集には、パルメニデス、メリッソスら初期ギリシア哲学についての証言（A）と断片（B）が収録されている。その第Ⅴ分冊は「ソフィスト」にあてられ、「ゴルギアス」については、小池澄夫訳が収められている。

田中美知太郎『ソフィスト』講談社学術文庫、一九七六年（初版、一九四一年）

戦前に刊行された名著。ソフィストについてのバランスのとれた概説書として、今日でも推奨される。この本をとりまく事情については、講談社学術文庫版に寄せられた、北嶋美雪「解説」が詳しい。

ピロストラトス、エウナピオス『哲学者・ソフィスト列伝』戸塚七郎・金子佳司訳、西洋古典叢書、京都大学学術出版会、二〇〇一年

その月報の拙論「ソフィストをめぐる哲学史の屈折」では、クリティアスがソフィストでないことを論述した。

ジルベール・ロメイエ＝デルベ『ソフィスト列伝』神崎繁・小野木芳伸訳、文庫クセジュ、白水社、二〇〇三年（原著、フランス語、一九八五年）

F・ハイニマン『ノモスとピュシス――ギリシア思想におけるその起源と意味』廣川洋一・玉井治・矢内光一訳、みすず書房、一九八三年（原著、ドイツ語、一九四五年）

次に、ソフィストについて、欧文の代表的な研究書を挙げよう。

M. Untersteiner, *The Sophists*, translated by K. Freeman, Basil Blackwell, 1954（原著、イタリア語、一九四八年）

W. K. C. Guthrie, *The Sophists*, Cambridge University Press, 1971（原著、*A History of Greek Philosophy* III, 1969）

G. B. Kerferd, *The Sophistic Movement*, Cambridge University Press, 1981

J. de Romilly, *The Great Sophists in Periclean Athens*, translated by J. Lloyd, Clarendon Press, 1992（原著、フランス語、一九八八年）

ゴルギアスについては、次の文献を参考にした。

T. Buchheim, *Gorgias von Leontinoi, Reden, Fragmente und Testimonien*, Felix Meiner Verlag, 1989

ゴルギアスのすべての断片と証言について、テクスト、翻訳、註釈を収めた定本。本書での翻訳も、この版のテクストに従った。
R. Wardy, *The Birth of Rhetoric: Gorgias, Plato and their Successors*, Routledge, 1996
納富信留「ロゴスと他者——哲学成立の緊張——」地中海文化を語る会編『ギリシア・ローマ世界における他者』所収、彩流社、二〇〇三年：附、ゴルギアス『ヘレネ頌』訳
納富信留「ソフィストの挑戦——ゴルギアス『ないについて』の反哲学」慶應義塾大学言語文化研究所、飯田隆編『西洋精神史における言語と言語観——継承と創造』所収、慶應義塾大学出版会、二〇〇六年：附、ゴルギアス『ないについて』第一論証（セクストス版）訳
以上二つの論文は、本書の第五章、第七章の元になったものである。
納富信留「ソフィスト思潮」内山勝利編『哲学の歴史1　哲学の誕生〔古代Ⅰ〕始まりとしてのギリシア』中央公論新社、二〇〇八年
アルキダマスについては、次の文献を参照。
J. V. Muir, *Alcidamas: The Works & Fragments*, edited with introduction, translation and commentary, Bristol Classical Press, 2001
注目されることの少なかったアルキダマスのテクストが翻訳・註釈とともに収められている。
加藤信朗「書かれた言葉と書かれぬ言葉——プラトン『パイドロス』274c-278bの解釈——」『哲学の道——初期哲学論集』所収、創文社、一九九七年
プラトン『パイドロス』とアルキダマスの関係に触れた研究論文。

[B] プラトン

プラトンについては、岩波全集を中心に、各種の翻訳がある。本書と関係の深い作品についてだけ、おもな訳書を挙げておく。

田中美知太郎・藤沢令夫編『プラトン全集』十五巻+別巻、岩波書店、一九七五—一九七八年

『ソピステース』については、第三巻に藤沢令夫訳がある。本書では、対話篇名を『ソフィスト』と表記している。

プラトン『ソクラテスの弁明』納富信留訳、光文社古典新訳文庫、二〇一二年

プラトン『プロタゴラス』藤沢令夫訳、岩波文庫、一九八八年：中澤務訳、光文社古典新訳文庫、二〇一〇年

プラトン『ゴルギアス』加来彰俊訳、岩波文庫、一九六七年

プラトン『パイドロス』藤沢令夫訳、岩波文庫、一九六七年

プラトン『ソクラテスの弁明ほか』田中美知太郎・藤沢令夫訳、中公クラシックス、中央公論新社、二〇〇二年

藤沢令夫訳の『ゴルギアス』を含む。

プラトンがソフィストをどう批判したかについては、欧文でも日本語でも、次の拙著が唯一の研究書である。

納富信留『ソフィストと哲学者の間——プラトン『ソフィスト』を読む』名古屋大学出版会、二〇〇二年

(原著、*The Unity of Plato's Sophist: Between the Sophist and the Philosopher*, Cambridge

University Press, 1999)
プラトン哲学一般に関心のある方には、次の文献が導き手となろう。
納富信留『プラトン——哲学者とは何か』NHK出版、二〇〇二年
納富信留「プラトン」東洋大学哲学科編『東洋大学哲学講座2：哲学を使いこなす』所収、知泉書館、二〇〇四年
納富信留『哲学者の誕生——ソクラテスをめぐる人々——』ちくま新書、二〇〇五年
最後の文献は、前四世紀前半の「ソクラテス文学」を論じたものであるが、ソフィストをめぐる知的動向とも関わる。

［C］本論で言及した古代の著作

弁論家をはじめ、西洋古典の著作には、日本語の翻訳もそろいつつある。ぜひ、実際の弁論作品を読んでみてもらいたい。
リュシアス『弁論集』細井敦子・安部素子・桜井万里子訳、西洋古典叢書、京都大学学術出版会、二〇〇一年
アンティポン、アンドキデス『弁論集』高畠純夫訳、西洋古典叢書、京都大学学術出版会、二〇〇二年
イソクラテス『弁論集』1、2、小池澄夫訳、西洋古典叢書、京都大学学術出版会、一九九八、二〇〇二年
イソクラテスについては、次の優れた研究書がある。

廣川洋一『イソクラテスの修辞学校——西洋的教養の源泉』岩波書店、一九八四年：講談社学術文庫、二〇〇五年
アリストテレス『ソフィスト的論駁について』納富信留訳、アリストテレス全集3、岩波書店、二〇一四年
アリストテレス『弁論術』戸塚七郎訳、岩波文庫、一九九二年
ディオニュシオス、デメトリオス『修辞学論集』木曽明子・渡辺浩司・戸高和弘訳、西洋古典叢書、京都大学学術出版会、二〇〇四年
セクストス・エンペイリコス『ピュロン主義哲学の概要』金山弥平・金山万里子訳、西洋古典叢書、京都大学学術出版会、一九九八年
ディオゲネス・ラエルティオス『ギリシア哲学者列伝』全三巻、加来彰俊訳、岩波文庫、一九八四—一九九四年

[D] その他の参考文献

ソフィスト観の変遷として、序章で触れた文献を中心に紹介する。
ショーペンハウアー「大学の哲学について」『ショーペンハウアー全集10 余録と補遺』有田潤訳、白水社、一九七三年
シュヴェーグラー『西洋哲学史』上・下、谷川徹三・松村一人訳、岩波文庫、一九五八年
　ヘーゲル的な哲学史観から書かれたこの哲学史は、日本でも一九三九年の翻訳以来版を重ね、広く読まれてきた。

ヘーゲル『哲学史』上巻、武市健人訳、ヘーゲル全集11、岩波書店、一九九六年
ニーチェ『権力への意志』上・下、原佑訳、ニーチェ全集、ちくま学芸文庫、一九九三年
カール・R・ポパー『開かれた社会とその敵　第一部　プラトンの呪文』内田詔夫・小河原誠訳、未來社、一九八九年。
E. A. Havelock, *The Liberal Temper in Greek Politics*, Yale University Press, 1957
A. W. Nightingale, *Genres in Dialogue: Plato and the Construct of Philosophy*, Cambridge University Press, 1995

本書で触れた次の二つの文献は、古代の文化・哲学への入門としても相応しい。

F・M・コーンフォード『ソクラテス以前以後』山田道夫訳、岩波文庫、一九九五年
エリック・A・ハヴロック『プラトン序説』村岡晋一訳、新書館、一九九七年

最後に、日本（語）における「レトリック」の歴史と可能性について、次の名著を薦めたい。

佐藤信夫『レトリック感覚』講談社学術文庫、一九九二年

初版あとがき

「ソフィストとは誰か?」という本を書く約束をしてから、ずいぶん長い時が経ってしまった。

ケンブリッジで、プラトン『ソフィスト』における、哲学者からのソフィスト批判を検討した後、ソフィストの側から問題を考える必要を感じていた。そんな折に、人文書院の谷誠二さんから、その主題で一冊の本をまとめるお誘いをいただいた。だが、ソフィストたちの断片や作品を研究する中で、それを論じる困難がだんだん大きくなるのを感じていた。私が感じる困難は、二つある。

一つには、プラトンやアリストテレスについて世界中でくり広げられているような、華やかな哲学論議ではないものの、十九世紀から今日まで、ソフィストについても地道で詳細な文献研究が重ねられており、それらを丁寧に検討するだけで膨大な時間と労力がかかることが判ってきた。ソフィスト研究文献の多くは、英語だけでなく、むしろ、ドイツ語、イタリア語、フランス語、ラテン語、オランダ語で書かれており、断片や証言といった資料の扱いについては、古代哲学研究に共通の方法論的な問題に直面する。

一字一句の読みを確定する作業は、楽しく有意義であるが、なかなか先が見えてこないもどかしさも伴う。本書を執筆するにあたっては、自分なりにある程度納得したテクストについてだけ、その読解を提示することにした。しかし、第二部に収めた翻訳では、研究者たちが厳しい議論を交わす解釈の諸問題には踏み込まず、私の読みを一方的に提示するに留めざるを得なかった。本書では、全体像と問題点を明晰に提出することを心掛け、個々の読解への論証は、より専門的な発表の機会に委ねることにした。

二つめに、そもそもソフィストの側から問題を捉えるという試みが、根本的な問題をはらむことも、より明瞭に自覚されてきた。哲学は「ソフィスト」を哲学者から区別し、批判する。しかし、ソフィストたちはその区別を認めずに、哲学の意義そのものを消去しようとする。「哲学」の概念や枠組みを前提せずに、ソフィストの目から「ソフィストとは誰か?」を捉えられるのか。本書は、方法論的に困難なその問題への切り込みを目指している。

だが、この問題こそ、哲学が現代において意味を持つのか、あるいは、哲学がそもそも可能であるのか、という根本的な問いを私たちに突きつける。「ソフィスト」という歴史上の人々を、私たちの目の前に現出させることが、今、必要なのである。この試みは、本書で完結するものではなく、むしろ、ここに始まるように思われる。

結局、九州大学にいた折に受けたお誘いを、慶應義塾大学に移り、在外研究でオランダで暮らすまで持ち越してしまった。その間、プラトンについての小著と、ソクラテスについての新書を先に出した。だが、時の熟成を経て、この困難な問題にある程度切り込むことができたのではないかと、今まで辛抱強く待って下さった谷さんに、心より感謝している。

一冊の本を仕上げるには、まとまった時間が必要となる。在外研究の機会を与えて下さった慶應義塾大学と哲学専攻の同僚、素晴しい環境を整えて下さったユトレヒト大学哲学科の同僚に、感謝申し上げたい。

人文書院は、高校時代に『ギリシア悲劇全集』を、大事に、毎晩待ち遠しく読んだ、想い出の出版社である。その社をこの夏に退かれる谷誠二さんに、この本を生み出していただいたことを、嬉しく思っている。

本書を、ケンブリッジの友人・哲学者、故リチャード・メイソンに捧げる。

二〇〇六年六月　ユトレヒト・ミクエルハウスにて

納富信留

文庫版あとがき

ソフィストという存在に根本的な検討を加えなければならない。その思いを形にした『ソフィストとは誰か?』を上梓して、もう九年になる。

本書には、おもに現代哲学を専門にしている方々から多くの書評が出て、二〇〇七年度のサントリー学芸賞をいただいた。古代ギリシアの研究が、現代の哲学や社会や文化に直接に関わることを改めて感じさせていただいた。他方で、本拠地というべき西洋古代哲学・西洋古典学の研究分野では本書への反応は稀薄で、残念ながら、その後ソフィストへの関心が高まっているようにも見えない。ソフィストは現代の日本で、依然無視されつづけているのかもしれない。その意味で、しばらく品切れが続いていた本書がちくま学芸文庫の一冊として再刊されることは、とても嬉しいことである。

執筆時から私のソフィスト研究は、すこしずつ範囲と主題を広げてきた。プロタゴラスを中心に、アンティフォン、プロディコス、ヒッピアスについていくつかの論考を発表した。それらは、いずれ別の形でまとめて公刊したいと考えている。『ソフィストとは誰か?』という大きなタイトルでゴルギアスとアルキダマスを扱った本書は、再版にあたっては、小さな記述や表記の修正を除いて、基本的に手を入れない方針をとった。学問で専門分化が一層進み、資格や技能が求められる社会で、ジェネラリスト養成という課題も、より重視されてきている。だが、古代のジェネラリストといえるソフィストという存在、それを批判した哲学者の議論を反省せずに不毛な教育改革を行っても、私たちの生や思考は善くならない。また、情報通信メディアの急激な進歩で、私たちのコミュニケーションのあり方が日々変化するなかで、言葉の力、考える力、想像する力があらためて問われている。その意味で、本書でのソフィストの考察が、哲学そのものにとって、そして現代社会においてどのような意義をもつのか、その展開は今後の課題である。

他方で、ソフィストを「現在」の課題として捉えようという論述には、九年の歳月で多少の違和感を感じさせる部分もある。二〇〇九年五月に導入された裁判員制度は、司法における言論にこれまでと異なる役割を付与している。また、二度の大きな政権交代に伴う混乱や一層の政治不信は、政治における言論に私たちの新たな自覚を求めている。そして、二〇一一年三月の東日本大震災とそれにつづく福島第一原子力発電所事故は、日本社会や私たちの生き方に見直しを強いる。ソフィストの問題を考えることがこの時代にどう応えるのか、著者としては、読者の一人ひとりにお任せするしかない。

新版に、尊敬する鷲田清一氏より解説をご寄稿いただけたことを、なによりも嬉しく思っている。文庫本化にあたっては、筑摩書房の増田健史さんに大変お世話になった。お礼を申し上げたい。

二〇一五年一月

納富信留

解説 《ソフィスト》という問題

鷲田清一

「哲学」が西欧から輸入されて一世紀半近くになるこの国で、ソフィストについて書かれた、これがまだ二冊目の本なのだというのはなんとも驚きである。日本の哲学研究はなぜソフィストを回避してきたのか。おそらくは、それが「哲学まがい」のものにすぎないと思いなされてきたからである。西洋の哲学史家の弁舌に従って。

そういう哲学史家の弁舌を一蹴し、ソフィストが「誰」であり「何」であり、それとの対立が「哲学」にとって最重要の問題であることを論じた書物が、一九四一年という時点ですでにあった。それが一冊目、田中美知太郎の『ソフィスト』である。

ソフィストの古代ギリシア語である「ソピステース」は、そもそも「智慧のよくはたらく人」「智慧のはたらきをよくしてくれる人」を意味していたのに、それが哲学史のなかで「にせものの知識を売物にして人を欺くような言論を試みる者」という「悪名」を被せられてきた。そこにはどういう歴史的な経緯があったのかという、当時としては世界的にもまだ正面から取り組まれていない問題を、田中はこの書物で果敢に論じたのであった。のちの哲学史家たちによって「ソフィスト」として一括りにされた古代ギリシアの思想家たちの実像は、遺された諸文献からみるかぎり、「にせものの知識を売物にして人を欺くような言論を試みる者」とはかなり異なる。その実像を精密に、しかしニュアンス豊かに再構成する一方で、彼らの言論を「ソフィスト」的言論としてモデル化したプラトンの問題提起にじつは「哲学」の可能性が賭けられていたことをあきらかにする。そしてその両者の齟齬や対立のうちにこそ「哲学」のもつほんとうの批判的精神が読み取れるとする、そのような先駆的な仕事であった。じつに七十年以上も前、太平洋戦争が勃発するまさにその年のこと、である。

本書の著者、納富信留は、その後に主としてヨーロッパで蓄積されたソフィスト研究の文献を渉猟し、田中の問題提起をさらに研ぎ澄ますかたちで、この《ソフィスト問題》に取り組んだ。

著者は、知的いとなみとしての哲学は「ソフィストではない」というかたちでしか自己規定できないし、逆にソフィストの存在も哲学者への挑戦としてしか意味をもたないと言い切る。ソフィストを、「哲学者の一種として無害化する」のではなく、（ヘーゲルのように）「前哲学の反省契機」と位置づけるのでも、（ニーチェのように）「反哲学のヒーロー」として持ち上げるのでもなく、「哲学者とソフィストが対をなす構造そのもの」を問うことが肝要なのだという。「ソフィストは哲学者への挑戦としてしか意味を持たない。他方で、哲学者もソフィスト批判なしでは、その役を果たし得ない」。《ソフィスト問題》とは、そうした「「哲学」そのものの成立可能性を賭けた「問題」」だというのである。そしてそれを象徴するのが、「哲学者」であるはずのソクラテスが、彼が批難したまさにその「ソフィスト」として処刑されたという逆説的な事実だというのである。

著者は、古代ギリシア文献についての驚くべき読解能力を駆使し、一方で、哲学者からみたソフィスト像を描きつつ、他方で、「哲学」の枠組みを前提とせずに、ソフィスト、とくにゴルギアスと、（日本ではほとんど論じられたことのない）アルキダマスの言説を解読する。重層論法や枚挙論法、即興演説の分析がそれである。これらの分析、とくに相手の議論を茶化したり、もじったり、さらにはパロディ化して議論の柱外しをするところなどは、それじたいがとても面白く、ついのめり込んでしまうのだが、問題はしかしもっと先にある。

「徳の教師」たらんとしたソフィストたちは、同時に弁論家であり、問答競技家でもあった。ただ弁論術にしても問答にしても、相手を煙に巻く、あるいは口説き落とす、泣き落とすためにレトリックを駆使してなされる口舌のことではない。理を争うのではあるが、ただその場合に、「論証」としての必然性に問答する者たちが付き従いうるためには、まずは、相手の言葉を聞き取り、反撃するだけでなく、その反応を仔細に確かめつつそれをなさねばならない。「その場の「時宜」を活かし、聴衆の関心や場の雰囲気を読みながら、核となるアイデアをもっとも効果的に相手に伝える言論の技法」の大切さを、著者もまた指摘している。「ギリシアにおける口承言語の伝統を凝縮する彼〔ソフィスト〕らの「即興演説」は、哲学が志向する無時間的な真理や普遍性とは一見対照的であり、同時代には重要な意味を持ちながらも、文化の伝承において忘却される運命にあった」ことを、残念なこととしている。

こうした思いの裏には、その場での判断を留保し、無時間的な真理や普遍性を標榜する「哲学」の真摯な語りの、まさにそのレトリカルな存立をこそ問いただす者としてソフィストを描こうとする著者の次のような思いが透けて見える。果てしない論争というかたちで問題を永遠に先送りしてきた哲学のあり方こそ「理性の危機」ではないかという思いである。著者自身のことばを二つ引いてみたい——

哲学の言説を呑み込み、それを相対化する力が、ソフィストの魅力であった。そしてそれは、ゴルギアスの「逆説的言論」、さらに「笑い論法」として、哲学の真摯な見かけに向けられる。哲学によって「非哲学」と批判されたソフィストの立場は、ある意味では、彼らから哲学に向けられた挑戦、「反哲学」であった。

「哲学者」（フィロソフォス）とは、古代において、職人や詩人と同じような職業を表わす語ではなかった。ピュタゴラスによって最初に用いられたという伝説の場面以来、「哲学者」とは、人間の生のあり方を意味していた。〔……〕「哲学者とは何か」は、ソフィストに対して初めて形をとる。「ソクラテスとは何者か」という問いに直面し、プラトンは対話篇で、彼が「ソフィストではない」という形で「哲学者である」ことを論証した。その過程は、ソクラテスを自明の哲学者として前提するものではなく、むしろソクラテスこそが本当のソフィストかもしれない、という深刻な問いに向きあうものであった。プラトンはその問いと生涯格闘を続けながら、自ら哲学者である生を選んでいったのである。

ソフィストの言論は、哲学の影でもなければ未熟な哲学なのでもない。ソフィストというのは、よく言われるように、懐疑主義、相対主義、不可知論といった哲学説の一つではなく、「哲学」という枠組みそのものを消去ないしは相対化するというもくろみをもった、「哲学という営みへの対抗、挑戦、パロディ」であると、著者は言う。そしてこれに応えきってはじめて、哲学は「哲学」という名の知的いとなみとして生成すると言う（ここでわたしは、「哲学をばかにすることこそ、真に哲学することである」（Se moquer de la philosophie, c'est vraiment philosopher）というパスカルのことばを思い出さずにはいられなかった）。

まさにそうした意味を込めて、「ソフィストを消し去ったこの二千年にも及ぶ哲学史は、その実、哲学が成立していない状況、哲学が名のみさまよう舞台であったのかもしれない」と、著者は書きつけたのである。

凄い問いかけである。

が、哲学者が哲学研究者というかたちで「専門家集団の内輪のパズルへと回収されて、象牙の塔のなかの遊戯と化してしまう」その後の哲学の行く末に思いをはせると、これはいまも「教育産業」の一翼をになう哲学への厳しい自己批判につながる。じっさい、授業料を取って学生たちに知識を教える大学という「教育産業」の機関に、哲学もまたその一講座としてしっかり位置を占めていること、それどころか、人としての《普遍的教養》を育むに哲学は不可欠だと言うのみならず、諸科学に知としてのその根拠を与える《基礎学》だという過剰な自負をもって大学というハイアラーキックな組織にしっかり鎮座していることを思い起こせば、このような「哲学教授」こそプラトンのいうソフィストではないのかという問いを、はたして現代の哲学研究者たちは撥ねつけることができるだろうか。著者が、ソフィストの存在は「哲学にとって一筋縄では扱えない、底知れぬ深淵」なのだというときには、きっとそこまで視線が及んでいる。

《ソフィスト問題》といえば、たしかに、多元主義と相対主義のせり上がり、（パラダイム論や解釈学、人類学的認識といった）知を歴史的・文化的に相対化する動向、言語行為論や脱構築論といった現代思想の中核にも潜んでいる。そういう意味で、《ソフィスト問題》は現代においても「哲学」の可能性を根底から問いなおすことを迫っている。

あるいは、これは田中の指摘したところではあるが、「問答競技は、パルメニデスに発した論理的思惟が、プラトンの問答法やアリストテレスの論理学に発展する重要な一段階をなすものであって、ギリシア思想が伝統的な治国斉家の教えや、狭い日常経験と世俗的人情のみに即するレトリックを越えて飛躍的な発展を遂げるためにも、これらの一切を無視するエリスティケー（問答競技）論理の破壊的な仕事が充分な意義をもつものであったことを認めなければならない」というふうに、ソフィストたちの哲学史的な位置づけをめぐってさらに突っ込んだ文献研究が求められるということもあろう。

けれども、わたしがこの本を読んで正面から受けとめることになったのは、《ソフィスト問題》が、「哲学する」者たちの、いってみれば足許を突き崩すような類の問題だという指摘である。ソフィストの存在は「哲学にとって一筋縄では扱えない、底知れぬ深淵」だと著者が言うのもつまりはそういうことであろうし、田中が七十年以上も前に、現代のソフィストである「哲学教授」もまた「自分の売る品が本当に人の身のためになるのか、また害になるのか自分自身よく知らないで、ただ品物を褒める」小売り商人とおなじように、「みだりにその商品を褒め立てて、われわれを欺くことがありはしないか」とあらためて問いただすこともそうであろう。とりわけわが国の初等教育において「徳育」（道徳教育）の教科化が進められているなかで、「哲学教授」がこの《ソフィスト問題》に蓋をして沈黙を決め込むことは、みずから現代のソフィストであることを自己証明するようなものだという警告をここに聴いたとしても、読み込みすぎということにはならないだろう。

著者はこの本を上梓したあと、二〇一二年に『プラトン　理想国の現在』（慶應義塾大学出版会）を世に問うている。そのなかで、この国で「理想」ということばが「観念」ということばとともに爆発的に広まるきっかけとなったプラトンの『ポリテイア（国家）』が、『理想国』の表題で抄訳として出版され、続々と解説書が現れ、やがて戦後、それがアカデミズムの議論へと撤退してゆく過程とその意味を、仔細に論じている。いますこし突っ込んでいえば、この『ポリテイア』は、明治以来、設計主義的な社会改革理論、つまり社会主義の起源、ユートピア思想の原型、民主主義を超える哲人政治思想などとして、一方で国家主義の、他方で社会主義の系譜で解釈されてきたのだが、プラトン思想に潜む全体主義については、戦後ヨーロッパではポパーらが激しく批判したのとは対照的に、日本ではそうした総括がほとんどなされることなく、非政治的解釈へと逆流していったということである。その過程を自己批判的に描きだすという、これまで日本のプラトン研究者のだれもが携わらなかった作業に、著者は取り組んだ。

ここにわたしは著者なりの《ソフィスト問題》の真摯な引き受けを見る。この社会で、日本語で「哲学する」ことの意味は何かという問いただしに、著者が、古代哲学史家としての仕事とは別に（あるいはそれに重ねあわせて）取り組むその姿を、これからも注視してゆきたいとおもう。

マ 行

ラ 行

ナ 行

ハ 行

サ　行

タ　行

カ　行

索　引

以下，本書で言及した人名と書名を掲げる。
人名には神・英雄や架空の人物は含まれない。

ア　行

本書は二〇〇六年九月二〇日、人文書院より刊行された。

重力と恩寵
シモーヌ・ヴェイユ
田辺保訳
「重力」に似たものから、どのようにして免れればよいのか……ただ「恩寵」によって。苛烈な自己無化への意志に貫れた、独自の思索の断想集。ティボン編。

ヴェーユの哲学講義
シモーヌ・ヴェーユ
渡辺一民／川村孝則訳
心理学にはじまり意識・国家・身体を考察するリセ最高学年哲学学級で一年にわたり行われた独創的かつ自由な講義の記録。ヴェーユの思想の原点。

工場日記
シモーヌ・ヴェイユ
田辺保訳
人間のありのままの姿を知り、愛し、そこで生きたい――女工となった哲学者が、極限の状況で自己犠牲と献身について考え抜き、克明に綴った、魂の記録。

有閑階級の理論
ソースティン・ヴェブレン
高哲男訳
ファッション、ギャンブル、スポーツに通底する古代略奪文化の痕跡を「顕示的消費」として剔抉した、経済人類学・消費社会論的思索の嚆矢。

論理哲学論考
L・ウィトゲンシュタイン
中平浩司訳
世界を思考の限界にまで分析し、伝統的な哲学問題すべてを解消する――二〇世紀哲学を決定づけた著者の野心作。生前刊行した唯一の哲学書。新訳。

青色本
L・ウィトゲンシュタイン
大森荘蔵訳
「語の意味とは何か」。端的な問いかけで始まるこのコンパクトな書は、初めて読むウィトゲンシュタインとして最適な一冊。（野矢茂樹）

法の概念〔第3版〕
H・L・A・ハート
長谷部恭男訳
法とは何か。ルールの秩序という観念でこの難問に立ち向かい、法哲学の新たな地平を拓いた名著。批判に応える「後記」を含め、平明な新訳でおくる。

解釈としての社会批判
マイケル・ウォルツァー
大川正彦／川本隆史訳
社会の不正を糺すのに、普遍的な道徳を振りかざすだけでは有効でない。暮らしに根ざしながら同時にラディカルな批判が必要だ。その可能性を探究する。

大衆の反逆
オルテガ・イ・ガセット
神吉敬三訳
二〇世紀の初頭、《大衆》という現象の出現とその功罪を論じながら、自ら進んで困難に立ち向かう《真の貴族》という概念を対置した警世の書。

レヴィナス・コレクション
エマニュエル・レヴィナス
合田正人編訳

人間存在と暴力について、独創的な倫理にもとづく存在論哲学を展開し、現代思想に大きな影響を与えているレヴィナス思想の歩みを集大成。

実存から実存者へ
エマニュエル・レヴィナス
西谷修訳

世界の内に生きて「ある」とはどういうことか。存在は「悪」なのか。初期の主著にしてアウシュヴィッツ以後の哲学的思索の極北を示す記念碑的著作。

倫理と無限
エマニュエル・レヴィナス
西山雄二訳

自らの思想の形成と発展を、代表的著作にふれながら語ったインタビュー。平易な語り口で、自身によるレヴィナス思想の解説とも言える魅力的な一冊。

黙示録論
D・H・ロレンス
福田恆存訳

抑圧が生んだ歪んだ自尊と復讐の書「黙示録」を読みとき、現代人が他者を愛することの困難とその克服を切実に問うた20世紀の名著。（高橋英夫）

考える力をつける哲学問題集
スティーブン・ロー
中山元訳

宇宙はどうなっているのか？　心とは何か？　遺伝子操作は許されるのか？　多彩な問いを通し、「哲学する」技術と魅力を堪能できる対話集。

プラグマティズムの帰結
リチャード・ローティ
室井尚ほか訳

真理への到達という認識論的欲求と、その呪縛からの脱却を模索したプラグマティズムの系譜。その戦いを経て、哲学に何ができるのか？　鋭く迫る！

ニーチェを知る事典
渡邊二郎
西尾幹二編

50人以上の錚々たる執筆者による「読むニーチェ事典」。彼の思想の深淵と多面的世界を様々な角度から描き出す。巻末に読書案内（清水真木）を増補。

概念と歴史がわかる
西洋哲学小事典
生松敬三／木田元／
伊東俊太郎／岩田靖夫編

各分野を代表する大物が解説する、ホンモノかつコンパクトな哲学事典。教養を身につけたい人、議論したい人、レポート執筆時に必携の便利な一冊！

命題コレクション　哲学
坂部恵
加藤尚武編

ソクラテスからデリダまで古今の哲学者52名の思想について、日本の研究者がひとつの言葉（命題）を引用しながら丁寧に解説する。

命題コレクション　社会学　作田啓一／井上俊 編

社会学の生命がかよう具体的な内容を、各分野の第一人者が簡潔かつ読んで面白い48の命題の形で提示した、定評ある社会学辞典。（近森高明）

貨幣論　岩井克人

貨幣とは何か？　おびただしい解答があるこの命題に、『資本論』を批判的に解読することにより最終解答を与えようとするスリリングな論考。

二十一世紀の資本主義論　岩井克人

市場経済にとっての真の危機、それは「ハイパー・インフレーション」である。21世紀の資本主義のゆくえ、市民社会のありかたを問う先鋭的論考。

相対主義の極北　入不二基義

絶対的な真理など存在しない――こうした相対主義の論理を極限まで純化し蒸発させたとき、そこに現れる「無」以上の「無」とは？（野矢茂樹）

増補　ソクラテス　岩田靖夫

ソクラテス哲学の核心には「無知の自覚」と倫理的信念に基づく「反駁的対話」がある。その意味と構造を読み解き、西洋哲学の起源に迫る最良の入門書。

スピノザ『神学政治論』を読む　上野修

聖書の信仰と理性の自由は果たして両立できるか。スピノザはこの難問を、大いなる逆説をもって考え抜いた。『神学政治論』の謎をあざやかに読み解く。

知の構築とその呪縛　大森荘蔵

西欧近代の科学革命を精査することによって、二元論による世界の死物化という近代科学の陥穽を克服する方途を探る。（野家啓一）

物と心　大森荘蔵

対象と表象、物と心との二元論を拒否し、全体としての立ち現われが直にあるとの立ち現われ一元論を提起した、大森哲学の神髄たる名著。（青山拓央）

ヘーゲルの精神現象学　金子武蔵

ヘーゲルの主著『精神現象学』の完訳を果たした著者による平易な入門書。晦渋・難解な本文に分け入り、ヘーゲル哲学の全貌を一望する。（小倉志祥）

倫理とは何か　永井均

「道徳的に善く生きる」ことを無条件には勧めず、道徳的な善悪そのものを哲学の問いとして考究する、不道徳な倫理学の教科書。（大澤真幸）

哲学的思考　西研

フッサール現象学を徹底的に読みなおし、その核心である〈実存的世界〉と〈客観的世界〉とのつながりを解明。考えあうことの希望を提起。（渡邊二郎）

現象学と解釈学　新田義弘

知の絶対化を伴う現象学と知の相対化を伴う解釈学が出合ったとき何が起きたか。現象学と解釈学の邂逅と離別の知的刺激に満ちた深層分析の書。（谷徹）

『論理哲学論考』《ウィトゲンシュタイン》を読む　野矢茂樹

二〇世紀哲学を決定づけた『論考』を、きっちりと理解しその生き生きとした声を聞く。真に読みたい人のための傑作読本。増補決定版。

入門 近代日本思想史　濵田恂子

文明開化以来、日本は西洋と対峙しつつ独自の哲学思想をいかに育んできたのか。明治から二十世紀末まで、百三十年にわたる日本人の思索の歩みを辿る。

忠誠と反逆　丸山眞男

開国と国家建設の激動期における、自我と帰属集団への忠誠との相剋を描く表題作ほか、幕末・維新期をめぐる諸論考を集成。（川崎修）

気流の鳴る音　真木悠介

カスタネダの著書に描かれた異世界の論理に、人間ほんらいの生き方を探る。現代社会に抑圧された自我を、深部から解き放つ比較社会学的構想。

日本数寄　松岡正剛

「趣向」こそがニッポンだ。意匠に文様、連歌に能楽、織部に若冲……。時代を往還する取り合わせのキワと核心。（芳賀徹）

日本流　松岡正剛

日本文化に通底しているもの、失われつつあるものとは。唄、画、衣装、庭等を紹介しながら、多様で一途な「日本」を抽出する。（田中優子）

ちくま学芸文庫

ソフィストとは誰《だれ》か？

二〇一五年二月十日　第一刷発行
二〇二三年六月五日　第三刷発行

著　者　納富信留（のうとみ・のぶる）
発行者　喜入冬子
発行所　株式会社　筑摩書房
東京都台東区蔵前二―五―三　〒一一一―八七五五
電話番号　〇三―五六八七―二六〇一（代表）

装幀者　安野光雅
印刷所　株式会社精興社
製本所　株式会社積信堂

ISBN978-4-480-09659-3 C0110